定説の検証

「江戸無血開城」の真実

西郷隆盛と幕末の三舟
山岡鉄舟・勝海舟・高橋泥舟

水野 靖夫

目次

七　京都朝議　——「駿府談判」の結果承認——

《凡　例》

（1）引用の「**史料**」は、文献・記録・日記等を、「**資料**」は史料を基に書かれた伝記・研究書等を指す。ただし両者は各章ごとに共通の通し番号とする。

（2）「**図表**」は文字通りの図、一覧表等で、通し番号は「史料」「資料」とは別とする。

（3）**傍点・傍線**は原則筆者によるもの。原典に傍点・傍線がある場合は「傍点・傍線原典」と注記する。

（4）引用等で、すでに原点に注記が（　）書きである場合と、筆者が注記する場合とがあり紛らわしいので、筆者の注記は**二重カッコ**《　》を付す。

（5）**引用**「史料」「資料」の**書名・著者名・頁**について

①後記の【**先学と著書**】に掲げた（一）二二人、（二）一〇人の著書を引用する場合、その都度著書名は記載せず、単に氏名と、その後ろにカッコ書きで「頁」のみを算用数字で付す。また文脈からこれら先学名が明らかな場合は、氏名も省略し「頁」のみ付す。複数の著書を引用する先学については、その都度著書名を記載する。ただし松浦玲氏については、『勝海舟』（筑摩書房）がほとんどなので、この書名は記載せず、これ以外の著書を引用するときのみ書名を記載する。

（一）（二）以外の先学の著書については、文中または各章の終わりに【注】として掲載する。

②「史料」「資料」を論ずる場合、当該「史料」「資料」の引用であることが文脈から明確な場合は、「史料名」「資料名」は省略し、「頁」のみを算用数字で付す。例えば『氷川清話』を論じている場合、『氷川清話』（123）とせず、単に（123）のみ付す。ただし、他の「史料」「資料」との比較等で紛らわしい場合は、「史料名」「資料名」も明記する。

③本書では、勝海舟の著書を多く引用するので、後記に【勝海舟関係資料】を掲載した。『**海舟日記**』という場合は、「慶応四戊辰日記」（江藤淳編『勝海舟全集1』講談社、一九七六年）を指す。「幕末日記」を引用する場合はその旨明記する。なお、引用の際は日付を明示し、頁は省略する。

（6）「本論」では「一　鉄舟派遣」から「九　江戸焦土作戦」までの九項目に分けて論じているが、これを「章」と称する。本文で「章」という場合はこれらを指す。ただし、原則単に「章」の数字だけでなく、そのタイトルも記載した。

【先学と著書】

本書では、史料と共に、多くの先学の諸説を資料として引用させていただくと同時に、批判も加えている。明治維新・戊辰戦争、そして「江戸無血開城」について後述する（一）の一二人の著名な歴史家を選び検証した。

なお本論で先学の著書を引用し、検証・批判するのは、飽くまで当該部分についてのみであり、他の箇所やその説全体ではないことを予めお断りしておく。以下本論では諸先学の敬称は省略させていただく。
（一）の一二人の先学は、松浦氏以外の方はすでに他界されており、著書も大部分昭和期に出版されている。そこで（二）では一〇人の比較的新しい時代の先学を選択した。その著書は大部分平成、ないし今世紀の出版である。この一〇人の選択については東洋大学開催の二回のシンポジウムにおける岩下哲典教授のレジメを参考にさせていただいた（二〇一九年六月二九日「『江戸無血開城』最大の功労者は西郷隆盛か、山岡鉄舟か」、同年一一月八日「基調報告②山岡鉄舟・高橋泥舟等史料からみた『江戸無血開城』」）。同教授は二二人の先学の中で唯一の「鉄舟説」（「序章」で解説）支持者であり、特に鉄舟関連の論究でたびたび引用させていただいた。
（一）と（二）の線引きに明確な論理的基準がある訳ではないが、偶然筆者の生年（一九四三年）がその基準となった。もちろん（一）（二）以外の先学の説も必要に応じ適宜引用する。
基本的に（一）の一二人の先学の諸説を本文中で引用・検証し、本文で触れない先学については各章の最後にまとめて採り上げる。ただし「四　パークスの圧力」と「五　江戸嘆願」については、本書の核心であるので、「六　先学の諸説」として独立した一章を設けて論究する。

「四　パークスの圧力」をここで一緒に論究する理由は、自説の「根拠」に「パークスの圧力」を挙げる先学が多いからである。

（二）の一〇人の先学の諸説は、「六　先学の諸説」でまとめて論ずる。ただし他の章においても、必要に応じ適宜引用する。

（一）一二人の先学とその著書

一九六三年『戊辰戦争』（塙書房）を刊行して歴史の諸学会に論争を巻き起こした**原口清**。

戊辰戦争研究史に大きな影響を与えたと言われる三人。すなわち**服部之総**・**遠山茂樹**、および日本近代史研究の第一人者と言われた**井上清**。

原口と論争した実証史学の**石井孝**。

文部省維新史料編修官を経て東京大学史料編纂所教授を勤めた、幕末史専門の**小西四郎**。

『勝海舟全集』勁草書房、講談社双方の共同編者で、『海舟余波』の著者**江藤淳**。

江藤淳と共に『勝海舟全集』（講談社）の共同編者で、大著『勝海舟』（筑摩書房）を著し、勝海舟・横井小楠の研究者として評価の高い**松浦玲**。

江藤淳と『勝海舟全集』（勁草書房）の共同編者で、『勝海舟』（ＰＨＰ）の著者**勝部真長**。

大作『遠い崖――アーネスト・サトウ日記抄』を著した**萩原延壽**。

日本仏教史の研究家で『西郷隆盛』（岩波新書）の著者**圭室諦成**。

明治維新史学会会長を務め、『戊辰戦争』（中公新書）を著した**佐々木克**。

○**著書**

服部之総　『維新史の方法』（理論社、一九五五年）
圭室諦成　『西郷隆盛』（岩波新書、一九六〇年）
石井孝　①『戊辰戦争論』（吉川弘文館、二〇〇八年）（初版一九八四年）。②に加筆。
②『維新の内乱』（至誠堂、一九七四年）（初版一九六八年）
③『明治維新の国際的環境』（吉川弘文館、一九六六年）
④『勝海舟』（吉川弘文館、一九七四年）
⑤『明治維新の舞台裏』第二版（岩波新書、一九七五年）（第一版一九六〇年）
小西四郎　「勝海舟とその時代」『勝海舟のすべて』（新人物往来社、一九八五年）
井上清　①『西郷隆盛』（下）（中公新書、一九七〇年）
②『日本現代史Ⅰ　明治維新』（東京大学出版会、一九五一年）
遠山茂樹　『明治維新』（岩波書店、一九五一年）
勝部真長　『勝海舟』下巻（ＰＨＰ研究所、一九九二年）
原口清　『戊辰戦争論の展開』（岩田書院、二〇〇八年）
参考収録書　初出　①「戊辰戦争」、一九六三年
②「江戸城明渡しの一考察」、一九七一年、一九七二年
萩原延壽　『江戸開城（遠い崖７）』（朝日文庫、二〇〇八年）

（朝日新聞連載時期は一九八一年）

松浦玲　①『勝海舟』（筑摩書房、二〇一〇年）

②『勝海舟　維新前夜の群像3』（中公新書、一九六八年）

③『勝海舟と西郷隆盛』（岩波新書、二〇一一年）

江藤淳　『海舟余波　わが読史余滴』（文春文庫、一九八四年〈単行本は一九七四年〉）

佐々木克　『戊辰戦争』（中公新書、一九七七年）

（二）一〇人の先学とその著書

宮地正人　東京大学名誉教授。前国立歴史民俗博物館館長。専門は日本近代史。

松尾正人　中央大学名誉教授。専門は日本近代史。

三谷博　東京大学名誉教授。跡見学園女子大学教授。専門は日本近代史。

家近良樹　大阪経済大学経済学部教授。専門は日本近代政治史。特に幕末史。

保谷徹　東京大学史料編纂所教授。専門は幕末維新史。

岩下哲典　東洋大学教授。専門は幕末維新史。

竹村英二　国士舘大学21世紀アジア学部教授。

安藤優一郎　早稲田大学講師。専門は日本近世史。

磯田道史　国際日本文化研究センター准教授。専門は日本近世・近代史・日本社会経済史。

森田健司　大阪学院大学経済学部教授。専門は江戸時代の社会思想史。

○著書

宮地正人『幕末維新変革史』下（岩波書店、二〇一二年）
松尾正人『維新政権』（吉川弘文館、一九九五年）
三谷博『維新史再考 公議・王政から集権・脱身分化へ』（ＮＨＫ出版、二〇一七年）
家近良樹 ①『幕末維新の個性1 徳川慶喜』（吉川弘文館、二〇〇四年）
②『徳川慶喜』（吉川弘文館、二〇一四年）
③『西郷隆盛』（ミネルヴァ書房、二〇一七年）
保谷徹『戦争の日本史18 戊辰戦争』（吉川弘文館、二〇〇七年）
岩下哲典 ①『江戸無血開城 本当の功労者は誰か？』（吉川弘文館、二〇一八年）
②再検討「江戸無血開城」（『白山史学』〔第56号〕）
（東洋大学白山史学会、二〇二〇年三月）
竹村英二『幕末期武士／士族の思想と行為 第二編 山岡鉄舟』（御茶の水書房、二〇〇八年）
安藤優一郎『「幕末維新」の不都合な真実』（ＰＨＰ文庫、二〇一六年）
磯田道史 ①『素顔の西郷隆盛』（新潮新書、二〇一八年）
②『江戸無血開城の深層』（ＮＨＫ出版、二〇一八年〔二〇一三年放映〕）
森田健司『明治維新という幻想 暴虐の限りを尽くした新政府軍の実像』（洋泉社、二〇一六年）

【勝海舟関係史料】

本書では多くの史料・資料を引用するが、特に勝海舟関係の史料が多いので、本論に入る前にまとめておく。本書の引用は、特に断らない限り以下の史料とする。

『海舟日記』（『勝海舟全集』1、講談社 編集者：江藤淳・川崎宏・司馬遼太郎・松浦玲、一九七六年）

『海舟日記』のうち、幕府の倒壊に立ち会った部分を「幕末日記」といい、さらに慶応三年一〇月二二日～四年五月一五日の幕府の終焉を詳記したのが「慶応四戊辰日記」である。本書では単に『海舟日記』という場合は後者を指す。『海舟日記』については「巻末2」に詳述した。

この「『勝海舟全集』1」には二つの日記の他に、次の『解難録』と『鶏肋』が収録されている。

『解難録』一八八四年。幕末維新期に書いた「解難の書」を整理。

『鶏肋』「外交余勢」（一八八九年）「幕末始末」（一八九四年）「断腸之記」（一八七八年）が収録されている。

『氷川清話』

（講談社学術文庫 江藤淳・松浦玲編、二〇〇〇年）。講談社文庫（一九七四年）を底本。

松浦玲は「解題」で、角川文庫（勝部真長編、一九七二年）は、吉本襄が明治三一年にまとめたものを元にしているが、これは吉本が勝から直接聞いた話は僅かで、明治二〇年代から三一年にかけての談話を寄せ集め、しかも吉本がリライトしたと言う。この吉本の創作を修正したのが講談社版であると述べている。しかし、日清戦争等の時局批判については両書はかなり異なる部分があるが、「江戸無血開城」の記述に関する限りほとんど変わらない。以前は手元にあった角川版を使用していたが、無用な批判を避けるため、本書では講談社版を使用する。

『氷川清話』については、勝のホラ話であることは十分知られており、これを否定することは、それ自体無意味であるという批判がある。それについての筆者の考えは以下の通りである。

◯『氷川清話』がホラ話満載であることを知らない人は大勢いる。現に拙著（『勝海舟の罠』）に関し、このことについて「目からウロコ」というカスタマー・レビューも多くある。むしろ知らない人の方が多いのではなかろうか。

◯『氷川清話』の内容が全てホラと言うのではない。例えば「咸臨丸」で渡米し勝が大いに見聞を広めてきたのは紛れもない事実である。しかし「外国人の手は少しも借らないで」とか「日本の軍艦が、外国へ航海した初めだ」(36)という自慢話がホラなのである。

◯『氷川清話』に書かれていることを批判する場合は根拠を示して批判すればよい。前記「咸臨丸」について言えば、ブルック大尉以下一一人のアメリカ人水兵が同乗していること（『ブルック大尉日記』）、支倉常長が二五〇年も前にメキシコに渡っていること、を挙げて批判すればよい。

○『氷川清話』に限らないが、自慢話や他人の毀誉褒貶については注意が必要である。自慢話やライバル・敵対者についての批判は割り引いて読む必要があるが、逆に称賛は信憑性が高い場合がある。

『海舟語録』（『勝海舟全集』20、一九七二年）

明治二八～三二年にかけての勝の談話を巌本善治が筆録し、明治三二年『海舟余波』として出版した。岩波文庫ではこれを『海舟座談』として出版している。したがって、基本的には『海舟余波』『海舟座談』『海舟語録』は同じものであるが、本書では講談社の『海舟語録』を使用する。なお江藤淳の『海舟余波　わが読史余滴』はこれとは別である。

はじめに

「江戸無血開城」（以下単に「無血開城」）は、西郷隆盛と勝海舟の江戸での会談で実現したというのが「定説」になっている。ところが驚くことにこの「定説」を史実として証明する史料が見当たらないのである。これを否定する史料は数多くあるにもかかわらず、である。学問としての歴史は史料に基づいて記述されなければならないはずだが、「無血開城」は史料に基づいて伝えられていない。なぜなら史料とは言い難い勝の談話である『氷川清話』や『海舟語録』で、勝が「無血開城」は自分一人でやったように自慢し、海舟支持者がそれに尾ひれを付けて誇張したため、いつの間にかそれが「定説」として流布してしまったからである。そしていったん定着してしまうと中々改まらないのである。

この誤った「定説」を、なぜ学界は放置しているのであろうか。一つには、明治維新論・戊辰戦争論という時代の流れの性格付け、定義付けには関心があっても、「無血開城」といった個別の事象、ましてやその実現者は誰かなどには関心が薄いためかも知れない。そのため学者の研究対象になりにくいのであろう。

もう一つは、自然科学とは異なる人文科学としての歴史学の保守性に根差しているからかも知れない。故山本博文東京大学史料編纂所教授は「おおむね三十年間が、旧説が新説に改められるのに必要な時間である」と書いている（『こんなに変わった歴史教科書』〔新潮文庫 二〇一一年、9〕）。

本書の目的は、史料に基づかないこの「定説」を究明すること、すなわち「無血開城」の真実を解明することである。これまでも個別には様々な研究がなされ、それなりの出版もされているのだが、残念ながら研究論文として学界で採り上げられ、議論が交わされたという話は聞いたことがない。筆者も何回か研究書を世に送り出してはみたが（巻末8）、学術誌ではなく、筆者が学者でないためか、学界等の注目を集めることもなく、特に反論を聞かない。これまでの研究発表は、様々な事情のため意を尽くせなかった点が多々あったが、本書では諸々の制約抜きで、これまでの研究成果を集大成したつもりである。

なお本書は、薩長史観に対する徳川史観といった、歴史観を論ずるものではない。飽くまで、「無血開城」は西郷・勝の会談で実現したという「定説」を検証するのが目的であり、それ以外の項目は全てそのための傍証という位置付けである。

序章　江戸無血開城の流れ

慶応三年一〇月一四日大政奉還、一二月九日王政復古により、政治の担い手は徳川幕府から朝廷に移った。その直後の慶応四年一月三日に鳥羽・伏見の戦いが勃発し、徳川方は敗れ、一月七日新政府は徳川慶喜追討令を発した。慶喜は江戸に逃げ帰り、江戸城では和戦論議が沸騰したが、最終的に慶喜は上野寛永寺に蟄居謹慎すると決した。しかし新政府軍は慶喜を追討せんと江戸を目指し進軍してきたのである。徳川方は様々なルートから慶喜恭順の真実を伝えるべく救解の使者を派遣したが一向に受け入れられず、主力軍は駿府（現在の静岡）に到着した。

この慶喜追討軍の攻撃を阻止し、争うことなく城を明渡すまでの一連の経過、すなわち以下の三会談から江戸城明渡しまでが「無血開城」である。三会談は、会談・会議の場所「駿府」「江戸」「京都」、およびその性格「談判」「嘆願」「朝議」から、それぞれ「駿府談判」「江戸嘆願」「京都朝議」と呼ぶことにする。以下のような流れである。

（三月九日）　（一三、一四日）（二〇日）　（四月四日）　（七日）（一一日）

駿府談判 ➡ **江戸嘆願** ➡ **京都朝議** ↓ 降伏条件伝達 ↓ 請書 ↓ 江戸城明渡し

西郷隆盛の立場から見ると分かりやすい。西郷は、倒幕すなわち慶喜追討のため、江戸に攻め上ったが、途中駿府に慶喜の命を受けた山岡鉄舟がやって来て談判となった。西郷は鉄舟の説得に応じ、江戸城明渡しと引き換えに、慶喜追討の撤回と徳川の家名存続に合意した。これが第一の「駿府談判」であり、ここに江戸攻撃は回避され、「無血開城」は実質決定したのである。しかし鉄舟にはしかるべき肩書がなかった。このときの鉄舟の肩書は「精鋭隊（慶喜の警護隊）頭」に過ぎなかった。そこで西郷は徳川方のしかるべき肩書のある人物に確認を取るべく江戸に向かった。一方徳川方としては、提示された降伏条件を多少なりとも緩和してもらうため嘆願した。それが勝海舟との会談、第二の「江戸嘆願」であった。つまり「駿府談判」の「事後処理」に過ぎない。

しかし西郷は当時新政府軍の一番の実力者とはいえ、身分は一参謀に過ぎず、そのため朝命である慶喜討伐を撤回するには、上位者の決裁が必要であった。そこで慶喜追討軍の大総督・有栖川宮熾仁親王に決裁を仰ぐべく駿府まで戻ったが、有栖川宮もその権限はないとして、西郷を京都まで帰らせた。西郷は京都の朝議において、対徳川強硬派を説得し慶喜追討撤回・徳川家名存続の決裁を得た。これが第三の「京都朝議」である。ここに「無血開城」は正式決定した。

つまり「無血開城」は、駿府で実質合意し、江戸で徳川方に確認し、京都で新政府が決裁して正式決定されたのである。そして東征軍は四月四日に江戸城において徳川方に新政府側の決定を告げ、徳川方は七日に請書を提出、一一日に江戸城を明渡し、慶喜は水戸に旅立った。以上が「無血開城」のおおよその流れである。

なお「無血開城」が勝・西郷の会談（「江戸嘆願」）で決定したという「定説」を「無血開城・勝説」（略して「勝説」）と呼び、これに対し鉄舟・西郷の会談（「駿府談判」）で決定したという説を「無血開城・鉄舟説」（略して「鉄舟説」）と呼ぶことにする。

本書の目的は「無血開城」の真実を解明することである。そのために「定説」すなわち「勝説」の検証が必要で、核心は「五　江戸嘆願」にある。同じことのようだが、「鉄舟説」を立証するのが目的ではない。さもないと「勝説」と「鉄舟説」の平行線に陥ってしまう。本書においては、「鉄舟説」は飽くまで「勝説」検証のための傍証である。そこで、「五　江戸嘆願」に先立ち、「一　鉄舟派遣」と鉄舟・西郷の会談「二　駿府談判」の真実を追求する。さらに、勝が徳川のトップと思われているのでその真偽を「三　勝海舟の地位・権限」で追究し、「無血開城」の根拠として英公使パークスの圧力を挙げる先学が多いので「四　パークスの圧力」を論究しておく。この後に本論である「五　江戸嘆願」とこれに関する「六　先学の諸説」を検証する。そして「江戸嘆願」の結果たる「七　京都朝議」を究明し、最後に付加的に「八　大奥の女性」と「九　江戸焦土作戦」に論及する。

一　鉄舟派遣　――慶喜が直接命令――

慶喜が江戸に逃げ帰り、一月一五日小栗上野介ら抗戦派を退けて恭順を決定した後、新政府に対し様々なルートから次々と嘆願の書簡や使者が送られた。嘆願書は、慶喜はもちろん若年寄や譜代の諸大名らが書き送ったが、全く効果はなかった。

嘆願の使者は、先ず一月には和宮の上﨟・土御門藤子が京都に出掛け、議定・参与等に面会を果たしたものの効果なく、二月一五日には東征大総督が京都を進発、二一日には全ての嘆願は大総督府以外では一切受け付けないことが示達された。それに対し二月には前橋藩主・松平大和守直克、輪王寺宮公現法親王、元老中の淀藩主・稲葉正邦、三月には御三卿・一橋茂栄等が京都に向かったが、いずれも途中で阻止されたり、嘆願が拒否されたりで、いずれも功を奏さなかった。そうした上層部とは別に、大目付・梅沢孫太郎、目付・黒川嘉兵衛（雅敬）・朝倉藤十郎・桜井庄兵衛、そして精鋭隊頭・山岡鉄舟等が派遣された。さらには再度の土御門藤子や和宮女官の玉島、篤姫の年寄つぼねも派遣された。

ことごとく失敗であった中で、唯一鉄舟のみが駿府に到達し、ここでしか嘆願は受け付けないという東征軍の心臓部である大総督府に飛び込み、参謀西郷と直接面談を果たした。しかも西郷を説得の上条件の譲歩まで引き出し、「無血開城」の実質的決着を付けたのである。

本章では、その鉄舟派遣について論究する。

(1) 鉄舟・勝、互いに初対面と主張

鉄舟の駿府派遣は、勝の指示であるとよく言われるが、それは誤りである。鉄舟は勝の部下でもなければ、メッセンジャーでもない。その根拠は、鉄舟が駿府へ発つ直前の三月五日に勝を訪問するが、その時両者が初対面であったことである。それは二人がそれぞれ初対面であったことを記録に残していることからも明らかである。以下にその記録を検証する。

(ア)『海舟日記』(一見、其為人に感ず)

先ず三月五日の『海舟日記』である。

《**史料1**》鉄舟・勝初対面（『海舟日記』三月五日条）

旗下山岡鉄太郎に逢ふ。一見、其為人に感ず。同人申旨あり、益満生を同伴して駿府へ行き、参謀西郷氏へ談ぜむと云。

「一見、其為人に感ず」は初対面を意味する。そして鉄舟が信頼できる人柄であると感じ入っている。『海舟日記』は、当日ではなくともほぼその時期に書いたもので、真実に近い表現である。細かい日付等なら誤記もあろうが、初対面であった事実は書き誤らないであろう。

（イ）『氷川清話』（会ったのはこの時が初めて）

次は勝の談話『氷川清話』である。

《**史料2**》鉄舟・勝初対面（『氷川清話』、374）

山岡といふ男は、名前ばかりはかねて聞いて居たが、会つたのはこの時が初めてだつた。それも大久保一翁などが、山岡はおれを殺す考へだから用心せよといつて、ちつとも会はなかつたのだが、（後略）

勝は「会つたのはこの時が初めてだつた」と言っている。しかも、鉄舟が自分を殺しに来るかも知れない、と大久保一翁から注意されてもいたので、初め居留守を使い鉄舟に会おうとしなかった。このような人物に駿府派遣という重大な役目を任せるはずがない。三〇年も経ち「無血開城」の歴史的評価も固まった時期に、自分の功績にしようとして、「以前から知っており見込んでいた鉄舟を使者に立てた」とでも言うならそれは信用できないが、この話はむしろその逆である。

（ウ）『談判筆記』（余素ヨリ知己ナラズ）

鉄舟は駿府に行く直前の三月五日勝海舟を訪問したが、そのときの鉄舟と勝のやり取りを鉄舟直筆の『慶応戊辰三月駿府大総督府ニ於テ西郷隆盛氏ト談判筆記』[1]（以後『談判筆記』と略す）で見てみる。

《史料3》鉄舟・勝初対面（『談判筆記』、100）

> 余ハ国家百万ノ生霊ニ代リ、生ヲ捨ルハ素ヨリ余ガ欲スル所ナリト、心中青天白日ノ如ク、一点ノ曇ナキ赤心ヲ、一二ノ重臣ニ計レドモ、其事決シテ成難シトシテ肯ゼス。当時軍事総裁勝安房ハ、余素ヨリ知己ナラズト雖モ、曾テ其胆略アルヲ聞ク。故ニ行テ是ヲ安房ニ

> 計ル。安房余ガ粗暴ノ聞ヘアルヲ以テ少シク不信ノ色アリ。安房余ニ問曰。足下如何ナル手立ヲ以テ官軍営中へ行ヤト。余曰。官軍営中ニ到レバ、斬スルカ縛スルカノ外ナカルベシ。其時双刀ヲ渡シ、縛スレバ縛ニツキ、斬ラントセバ我旨意ヲ一言大総督宮へ言上セン。若其言ノ悪クバ、直ニ首ヲ斬ルベシ。其言ノヨクバ、此所置ヲ余ニ任スベシト云ハン而已。是非ヲ問ハズ、只空ク人ヲ殺スノ理ナシ。何ノ難キコトカ之アラント。安房其精神不動ノ色ヲ見テ、断然同意シ余ガ望ニ任カス。夫ヨリ余家ニ帰リシトキ、薩人益満休之助来リ同行セン事ヲ乞フ。

先ず「勝安房ハ、余素ヨリ知己ナラズト雖モ」と、この時まで鉄舟は勝と知り合いではなかったと言っている。

さらに、勝が「足下如何ナル手立ヲ以テ官軍営中へ行ヤ」と聞いたので、鉄舟はその覚悟を述べたところ、「安房其精神不動ノ色ヲ見テ、断然同意シ余ガ望ニ任カス」と、何か特別の策を授けた訳でもない。

勝は新政府軍の参与や西郷らに手紙を書いていたが効果はなく、万策尽き窮地に陥っていたのである。二月二五日には陸軍総裁辞任を申し出ている。同日いったん京都派遣を命じられたが即日中止となり、いわゆる「軍事取扱」を命じられた。ではその後三月五日鉄舟と会うまでの一〇日間、勝はどのようなことをしていたのか。三月一日近藤勇・土方歳三らを甲府へ向かわせた。二日益満休之助ら三名の薩摩藩士を預かった。三日信太歌之助に「江戸焦土作戦」（単に「焦土作戦」と呼ぶ）のため江戸市民疎開の準備資金として二五〇両を渡した。たった二五〇両で江戸市民を房総へ避難させる船の手配などできたのであろうか。それはともかくどう見てもいずれも江戸に迫り来る東征軍を阻止する手立てとは思えない。嘆願の使者派遣は疎かこの間は手紙一通書いておらず、凡そ新政府軍との交渉と見られる働きはしていない。つまり勝は「軍事取扱」などといっても、八方塞がりの状況であった。

そこに降って湧いたかのように鉄舟が現れたのであり、勝は飽くまでも受け身であった。勝は鉄舟の駿府行きに同意はしたが、既述のように何ら有効な策を授けた訳ではない。西郷への手紙を渡したというが、後述するように、それが有効であった訳ではない。多分勝は鉄舟の成果については半信半疑であったか、もしくはほとんど期待していなかったのではなかろうか。そもそも勝自身が鉄舟を派遣したなどと言っておらず、またそのような史料も存在しない。にもかかわらず勝が鉄舟を派遣したと主張する先学は一体何を根拠にしているのであろうか。

原口清は、鉄舟と勝が事前に会っていたという話を「一応異説として記しておく」と注記して『関口隆吉伝』(2)を紹介している（344）。だが、別の伝記『関口隆吉の一生』(3)には同じ話が書かれているが、こちらには鉄舟と勝は初対面となっている。しかも両書共、この件の出典は同じで、隆吉の養嗣子関口隆正が新聞記者から聞いた話である。隆正は前書の著者でもある。これは関口隆吉が勝に斬り付けて仕損じた話なので、隆吉は隆正に話さなかった。勝はそれを新聞記者に面白く話したのであろう。隆正は後にそれを読売新聞記者から聞いたが、隆吉にとって名誉な話ではないので、隆正は詳しく書かなかったのではないか。そのため前書にはわずか一頁しか書かれていない。ところが後書には一項目を設け一三頁にわたり詳述されている。しかもこのとき鉄舟と勝が会わなかった理由まで詳しく記されている。関口隆吉は初代静岡県知事である。後書の著者二人はいずれも静岡県生まれで、出版社は静岡新聞社である。執筆にあたっては新聞社の記録を参照したことは十分推測できる。このようなことから後書の記載内容は十分信ずるに足り、前書より信憑性が高い。原口の言うように前書を異説として特記するほどのことはないと思われる。

一方で松浦玲は、両人が初対面であることを、いかにも鉄舟の作り話であるかのように書いている。それも本文にではなく「注」にである。これを「初対面批判」と呼んでおく。

《資料4》「注146」「初対面批判」（松浦玲、816～7）

> 山岡鉄舟の自筆記述を大森方綱が刊行した『明治戊辰　山岡先生与西郷氏応接筆記』（一八八二年）がある。明瞭な記憶違いや誤った思いこみがあることは後述するが、命懸けの使節を買って出て「少シク不信ノ色アリ」だった勝安房を信用させる場面などは、いかにもそうであったろうと感じられて面白い。

『明治戊辰　山岡先生与西郷氏応接筆記』は『談判筆記』のことである。「いかにもそうであったろうと感じられて面白い」という表現は、そうではなかったと言っているに等しい。勝を信用させた場面がまるでよくできた作り話であるかのように語っている。だが前述の通り『氷川清話』で「大久保一翁などが、山岡はおれを殺す考へだから用心せよといつて、ちつとも会はなかつたのだが」と、勝自身が鉄舟の話が真実であることを裏付けている。松浦は前記の三史料を読んでいるにもかかわらず、なぜ「初対面批判」をするのであろうか。このようにまでして『談判筆記』を矮小化しようとするのはなぜなのか。『談判筆記』を認めてしまうと「無血開城・勝説」が崩壊してしまうことを危惧しているのではなかろうか。

（2）鉄舟派遣は「慶喜直命」で、鉄舟は「勝の使者」にあらず

鉄舟の駿府派遣が勝の命令でないとすると、誰が命じたのであろうか。

鉄舟は、徳川慶喜の警護をしていた義兄の高橋泥舟に推挙され、慶喜の直接の命令を受けて西郷に会いに駿府へ行ったのである。その経緯については『高橋泥舟先生詩歌』[4]に詳しい。実は鉄舟が書いたとされる『戊辰の変余が報国の端緒』[5]（『報国の端緒』と略す）にもこの経緯が書かれているが、『おれの師匠』[6]によれば、「此の書（『報国の端緒』）の出所が明かでないのと

著者の安部正人といふ男がどんな人か知らぬから信を置けない」(129) と書かれているので、本書では確実な『高橋泥舟先生詩歌』を引用し、以下にその触りの部分を紹介する。

《史料5》泥舟の鉄舟推挙（『高橋泥舟先生詩歌』、9～10）

> 公《慶喜》既に居士《泥舟》に命したれハ居士其命を奉して公前を退き将に発せんとす。公又遽かに居士を召し返して即ち曰く。汝去らは豈に麾下の士を大に煽動する者なきを知らんや。汝にあらされハ予か命を全ふするものなく、今汝去らは麾下の士を鎮定するものなし。嗟噫此時に当りて予汝か身体の二なきを憂ふるなり。今汝に代りて此使命を全ふするもの、予に於て誰を指さす所なし。汝が見る所これあるや否やと。公愁然として涕涙交々下る。是に於て居士即ち曰く。諺に曰く子を見ること親に如かずと。今麾下の士を見るに、尊命を全ふする者、臣か愚弟山岡鉄太郎に如くものなし。知らず公之に命するや否やと。公漸く涙を拭ふて曰く。汝の言既に如此。余豈に命せさらんや。汝直に命を伝へて疾く去らしめよと。居士曰く此一大事を命する豈に軽易のことならんや。公彼を召し親しく命するにハ若かさるなり。君命重からされは事をなす能ハす。若し誤りて此命を辱しむるに至らは駟も亦及バずと。是に於て公遽かに山岡を召して直に之を命す。

慶喜は最初、泥舟に駿府への使者を命じたが、泥舟が去ってしまうと、家臣の暴発を抑える者がいなくなってしまう。そこで誰か泥舟に代わる者はいないかと尋ねたので、義弟の鉄舟を推挙したのである。慶喜は泥舟に、鉄舟を派遣するよう指示したが、このような重要な任務は慶喜直々に命ずるべきであると助言した。そこで慶喜は鉄舟を召し、直接駿府行きを命じたのである。これを「鉄舟派遣・慶喜直命説」（単に「慶喜直命説」）と呼んでおく。ところが、鉄舟は勝が派遣したと主張する先学が実に多い。これを「勝の使者説」と呼ぶことにする。これに関する先学の諸説は、章の最後にまとめて検討する。

（3）益満同行は鉄舟の申し出

鉄舟は駿府へ行くとき、益満休之助を同伴した。益満は、清河八郎らと共に「虎尾の会」の仲間で、鉄舟とは旧知の仲であった。ところが益満は、前年一二月二五日、薩摩藩邸焼討事件で捕らえられて重罪人となっており、それを三月二日勝が預かったのである。

（ア）勝は「言上を経て」同意

《史料1》の通り、その益満を駿府に同伴したいと言って鉄舟が勝の前に現れたのである。

すると勝は、次のように言う。これは《史料1》に続く部分である。

《史料6》 言上を経て（『海舟日記』三月五日条）

> 我れ是を良とし、言上を経て、其事を執せしむ。

この短い文は、何を良とし、何を言上し、何を執せしめたと言っているのか。従来、多くの先学はこれを漫然と「鉄舟の駿府行き」と解釈していたのではないかと思われる。その結果「勝の使者説」が主張されるのではなかろうか。

しかしこの解釈だと、慶喜の直命を受けた鉄舟の駿府行きを、誰に言上するというのであろうか。トップである慶喜の命令に対し、その家臣である若年寄の許可を得ようというのでは筋が通らない。実はこれは「鉄舟の駿府行き」ではなく「益満の同伴」なのである。益満は死罪に相当する重罪人であるから、勝の一存で解放する訳にはいかない。鉄舟に同伴させるには上位者（慶喜なり若年寄なり）の許可が必要である。勝は、「益満の同伴」を「良とし・言上し・執せし」めたのである。

(イ)　申し出たのは鉄舟

『海舟日記』(《史料1》)によれば、益満同伴は鉄舟が要請したと勝は言っている。ところが『談判筆記』(《史料3》)によれば鉄舟は勝に益満同伴を願ってはいない。それどころか、家に帰ると益満が同行したいと言ってやってきた、と書いており、勝が益満を鉄舟の下へ差し遣わしたようにも読み取れる。益満同行を言いだしたのは鉄舟であろうか、それとも勝であろうか。

ここで前記の「言上を経て」と考え合わせると、以下の経緯だったと思われる。

三月一日　慶喜、鉄舟に駿府派遣を命令。
　二日　勝、益満を預かる。いずれ交渉の道具に使おうと考えていた。
　四日　勝、三度目の嘆願使者を命じられるが、中止となった。
　五日　鉄舟、勝を訪問。益満の同伴を要請。
　　　勝、益満の鉄舟同伴を上位者(若年寄)に言上、許可取得。
　　　益満、鉄舟の家に駿府に同行すると言ってやって来る。

勝が益満を預かった時点で、勝は益満を東征軍との交渉に利用しようとしたが、どうするかは決めていなかった。勝は四日に派遣を命じられた時、益満同伴を考えたであろうが、中止になってしまった。もし勝が鉄舟派遣を知っていれば、二〜五日の間に、益満を同伴させることを、一翁なり泥舟なりに建言したはずである。そのように利用するためにこそ益満を預かったにもかかわらず、五日に鉄舟がやって来るまで何の策も講じなかった。勝が益満の同伴を建言したのなら、勝は必ずそのことを日記に書くはずである。だが勝が日記に書いたのは、手紙を持たせたことだけである。こうしたことから、益満同行は鉄舟から言い出したと考えるのが妥当ではないか。どこにも書かれてはいないが、鉄舟を推挙した泥舟は、鉄舟と同様益満とは旧知の仲であり、勝に預けられたことは知っていたと考えられる。であれば泥舟が鉄舟に益満同行をアドバイスしたことは十分考えられる。

『おれの師匠』にも「益満休之助も勝が命じて山岡につけたものではなく、益満はもともと尊攘党の一味で勝以上に師匠《山岡》とはちかしかつたので独自の考から勝に話してついていつたのである」（133）と書かれている。

だが益満は三月七日、箱根の関所を過ぎた辺りで腹痛を起こして鉄舟と分かれた。鉄舟は途中東征軍に追われ薩埵峠の望嶽亭に逃げ込んだ。望嶽亭の主人松永七郎平は鉄舟を舟で親交のあった清水次郎長の下に送った。清水からは次郎長が東海道を避け、海沿いの久能街道を通って駿府迄案内をした。駿府まで益満と一緒だったかについては諸説あるが、この望嶽亭の経緯については『山岡鉄舟　空白の二日間』[7]（若杉昌敬）に詳細な研究成果が記されている。

それでは先学は益満同伴についてどのように述べているであろうか。

松浦玲は、益満同伴については触れていない（358～9）。

原口清も、「山岡鉄太郎が、勝海舟と打合わせたうえ、勝の西郷宛書翰をもち薩摩藩士益満休之助とともに駿府に行き」(299)と、いずれが言い出したか不明。

江藤淳は、一方で鉄舟が「余自ら益満休之助を伴ひて駿府に至り」(148)と言ったと書きながら、他方で勝が「薩人益満休之助を随行させ」(150)とも書いており、曖昧である。

石井孝は、「山岡は『益満生を同伴して駿府へ行き、参謀西郷氏へ談ぜむ』といったので、海舟はこれに同意し」(『勝海舟』168)と『海舟日記』の記載を引用しているので、一応鉄舟が言い出したと言えよう。

このように残念ながら先学たちは、益満同行をどちらが言い出したのか、その根拠、考え方について、明確には論じていないようである。

(4)勝の手紙、鉄舟持参は真偽不明

ほとんどの先学は勝が鉄舟に手紙を渡したと主張する。結論を言えば、鉄舟が勝の手紙を持参したか否かについては確証がない。勝は鉄舟に持たせたと言うが、鉄舟は持って行ったと言っていない。

《史料7》西郷宛手紙（『氷川清話』、374）

> それで山岡鉄太郎が静岡へ行つて、西郷に会ふといふから、おれは一通の手紙を托けて西郷へ送つた。

《史料8》西郷宛手紙（『海舟日記』三月五日条）

> 西郷氏へ一書を寄す。

いずれも勝が書いたり、語ったりしたものである。勝はこの手紙の全文を日記に記載している。ところがその前月の二月一七日条にも全く同文の手紙が記録されている。

《史料9》華川某に手紙を託す（『海舟日記』二月一七日条）

> 此頃、薩藩華川某上京を告ぐゆへに、此便に附して西郷、海江田之両氏へ一書を送る。

これには西郷と海江田へ送ったと書いている。鉄舟に渡した手紙には宛先は「参謀軍門下」であり西郷の名がない。西郷が大総督府の下参謀に任命されたのは二月一四日であるから、勝はまだそのことを知らなかったであろう。日記に書いたのはそれを知った後と思われる。また鉄舟が訪ねてきたとき、短時間でこのような長文の手紙を書けるとは思われない。この二月一七日の華川某に託したという手紙については、「三　勝海舟の地位・権限」で詳しく触れるが、事前に書いておいた手紙の控えを清書して三月五日の日付を付して鉄舟に渡したのであろう。この時点では西郷が参謀であることは知っていたはずであるが、手紙の宛先には西郷の名ではなく「参謀軍門下」と書かれている。いずれにしても鉄舟の『談判筆記』（《史料3》）のどこにも勝の手紙を受取って駿府へ持参したとは書かれていない。また西郷に面会した折も、勝の手紙を渡したという記載もない。つまり勝の手紙は、勝が言う以外にどこにも書かれてはいない。

重要なのは、西郷が勝の手紙を読み、どのような感想を持ったかという記録がないこと、そして何よりも重要なのは、その手紙により西郷が何らかの影響を受け、鉄舟に譲歩したというような記録が一切ないことである。ということは手紙の内容はもちろん、鉄舟が持参したか否かということは、「無血開城」の実現には何の関係もないということである。

なお、この手紙を「紹介状」という先学もいるが、紹介状ではない。「紹介」とは、「未知の人同士を引き合わせること」（『新明解国語辞典』三省堂）、「紹介状」はそのための書状である。紹介状なら、「自分は江戸を離れられないが、自分の意はこの手紙に記した。代わりに鉄舟を遣わすから、よく話を聞いてご賢察賜りたい」くらいのことは書くはずである。ところが、そうした内容は疎か、鉄舟の名前すら書かれておらず、紹介状の体を成していない。

勝部真長は「西郷を唸らせた手紙」と題して、以下のように書いている。

《資料10》 西郷宛名文の手紙（勝部真長、172）

山岡は、西郷に初対面のとき、海舟から託された手紙を持参した。それは、
　無偏無党、王道堂々（中略）
に始まる、一種の気迫のこもった海舟の名文である。

「気迫のこもった名文」というが、西郷が唸ったなどと、どこにも書かれていない。西郷の感想ならまだしも、飽くまで勝部の主観である。いずれにしても名文であるか否かは関係ない。
念のため勝の手紙の要点のみ箇条書きする。

《史料11》 勝の手紙要約（『海舟日記』三月五日条）

○君臣謹て恭順しているのは、徳川の士民も皇国の一民だからである。
○当今の形勢は、日本人同士が争っているときではない。
○だが、不教の民、不羈を計る徒がおり、鎮撫に苦労している。
○後宮の安全も、頑民無頼の徒による不測の事態を心配している。
○皇国の命運は新政府の処置の正否にかかっている。不正なら皇国は瓦解する。

○推参して事情を陳述したいが、無頼の徒の鎮撫でそれができない。
仮にこれを西郷が読んだとして、果たしてそれによって江戸攻撃を中止するような内容であろうか。新政府の処置が不正なら皇国は瓦解するなどとは、一種の脅しとも取れる。

ところが原口清は、西郷はこの書翰の内容に配慮したと次のように述べている。

《**資料12**》勝の手紙に充分の配慮（原口清、300）

山岡が持参した勝の西郷宛書翰は、どの程度西郷をうごかしたかは確証はないが、西郷として勝の主張には充分の配慮をせざるを得ないことは推察できる。


西郷が読んだか否か、ましてそれに対する西郷の反応などどこにも書かれてはいないから「確証はない」のは当然である。ではなぜ「充分の配慮をせざるを得ないことは推察できる」のか。原口はその根拠を語っていない。これでは反論のしようがない。敢えて反論するなら、鉄舟と西郷との談判の中に、「君臣謹て恭順」以外、勝の手紙に書かれた内容が出てこないということである。徳川の君臣が恭順していることなど、手紙に書かれていようがいなかろうが、鉄舟は力説したであろう。したがって勝の手紙に特に「配慮せざるを得ない」内容など見当たらない。

松浦玲は、勝の手紙の内容、それに対する西郷の反応などについては全く触れていない。

石井孝も江藤淳も圭室諦成も皆、勝の手紙を持参したという以外に、その内容等については言及していない。

変わったところで、井上清は、勝の手紙の中の「不教の民」「頑民無頼の徒」が民衆の蜂起をも指していた、として、持論の「民衆革命説」に結び付けている。井上の説によれば、西郷は勝の手紙により、民衆革命を恐れ、矛を収めたことになる。

（5） 先学の大勢「勝の使者説」は、根拠がない思い込み

以下に主な先学が、「慶喜直命説」「勝の使者説」どちらを主張しているか検証する。
さすがに原口清は正確に「慶喜直命」と記している。

《資料13》慶喜の直命（原口清、299）

> 徳川慶喜の直命をうけた精鋭隊頭山岡鉄太郎が、勝海舟と打合わせたうえ、勝の西郷宛書翰をもち薩摩藩士益満休之助とともに駿府に行き、西郷と会談したのは三月九日のことであった。

勝部真長も「慶喜からじかに」と明記している。

《資料14》直命（勝部真長、165）

> 高橋の推薦で、精鋭隊頭・山岡鉄太郎は慶喜からじかに、駿府の総督府へ、慶喜恭順の趣旨を伝える使者の役を命ぜられた。

岩下哲典は、もちろん完全な「慶喜直命説」で、それは泥舟の推薦であると強く主張している。

《資料15》慶喜直命説（岩下哲典、11）

> 泥舟が鉄舟を慶喜に推薦したのである。なぜ、泥舟が鉄舟を推薦したのか。それが実現したのか。それは、泥舟が慶喜から全幅の信頼を得ていたからに他ならない。

江藤淳は、『徳川慶喜公伝』を引用し「慶喜直命説」を述べるが、鉄舟が尊王攘夷党を結成したことから恭順論者であり、「鉄舟と海舟とが合作」と、それとなく勝を絡ませている。

《資料16》直命、鉄舟と海舟とが合作（江藤淳、148〜9）

鉄舟が義兄にあたる高橋伊勢守（泥舟）の手引きで、東叡山寛永寺に屏居中の主君慶喜に謁したのは、三月一日であった。『徳川慶喜公伝』にいう。（148）

二十三歳のとき、清川《河》八郎らとともに尊皇攘夷党を結成したという事実からも明らかなように（中略）鉄舟は当然もっとも熱心な恭順論者とならざるを得なかった。これは勤皇家たる彼の立場からして、ごく自然な帰結である。ここにおいて鉄舟と海舟とが合作する基盤が生じた。（149）

次は松浦玲が、鉄舟派遣に触れた箇所である。

《資料17》誰が派遣したか不明（松浦玲、358）

本多修理が勝安房から「今日薩人ニモタセテ大島《西郷》ト海枝《海江田》へ手紙ヲヤッタ」と聞かされた件、勝安房自身の日記ではもちろん山岡鉄舟の派遣だが両日記ともなぜか三月五日である。

この箇所では、鉄舟に持たせた「手紙」と三月五日という「日付」の話に重点が置かれているだけであり、誰が鉄舟に派遣を命じたかは書かれていない。

以上に対し、以下の先学は全員完全な「勝の使者説」である。

石井孝は、鉄舟派遣が勝の「第一の大きな仕事」と書いている。

《資料18》第一の大きな仕事（石井孝『勝海舟』、168）

> 徳川政権の実権者となった海舟がやった第一の大きな仕事は、山岡鉄太郎（鉄舟）の駿府派遣である。三月五日、海舟は山岡に会い、「一見、其の人と為りに感」じた。山岡は「益満生を同伴して駿府へ行き、参謀西郷氏へ談ぜむ」といったので、海舟はこれに同意し、慶喜への「言上を経て」、実行させたのである。

鉄舟が駿府へ行くと言って来たので「これに同意し」たことが、石井の主張するような勝の「第一の大きな仕事」などと言えるだろうか。上は宮様・御三卿・藩主等から下は目付まで、多数の救解の使者が拒否される中、当時全く無名の鉄舟を推挙し使者に立て、西郷と面談させ、交渉を成功に導いたのは、石井の言う通り正に「大きな仕事」である。だがこれをやったのは石井の言う「海舟」ではなく、「泥舟」である。石井の言葉を借りれば「泥舟がやった第一の大きな仕事」である。

《資料19》急行させた（井上清『西郷隆盛』（下）、76〜7）

そして勝は三月六日、山岡鉄太郎（鉄舟）を、大総督府参謀西郷にあてた勝の手紙をもって駿府に急行させた。

《資料20》勝の使い（佐々木克、52）

山岡は徳川家の代表者ではなく、勝海舟の使いであるにすぎないから、（後略）（傍点原典）

《資料21》勝の依頼（萩原延壽、44）

のちに勝の依頼をうけて駿府に来た山岡鉄太郎に、西郷がしめした慶喜処分案は、（後略）

アーネスト・サトウの日記を緻密に分析したほどの萩原が「勝の使者説」であるのは驚きであるが、先入観とはそのようなものかも知れない。萩原の研究対象はサトウの活動にあったのだが、もし「慶喜直命説」か「勝の使者説」かというテーマで掘り下げて分析すれば、多分このような安易な表現はせぬであろう。

先学の説は、以下の通りである。
「慶喜直命説」：原口清・勝部真長・岩下哲典・江藤淳
「勝の使者説」：石井孝・井上清・佐々木克・萩原延壽
不　　明：松浦玲

【注】
（1）山岡鉄舟『慶応戊辰三月駿府大総督府ニ於テ西郷隆盛氏ト談判筆記』（圓山牧田編『鉄舟居士の真面目』〔全生庵、一九一八年〕収録）
（2）関口隆正『関口隆吉伝』（何陋軒書屋、一九三八年）
（3）三戸岡道夫・堀内永人『関口隆吉の一生』（静岡新聞社、二〇〇九年）
（4）高橋泥舟著、小林二郎編『高橋泥舟先生詩歌』。これは一八九二（明治二五）年に発行され、二〇〇二年河越関古により『泥舟』（邑心文庫）に掲載された。
（5）『戊辰の変余が報国の端緒』（明治二年八月）
『おれの師匠』で小倉鉄樹はこの全文を紹介した上で、「此の文は師匠の書いたものとは思はれぬふしがある。師匠の文と異ふことは戊辰解難録とくらべて見るとよくわかる」（133）と、鉄舟の作であることに否定的である。なお小倉鉄樹が「此の文」という『鉄舟言行録』とは『鉄舟随感録』と同じである。「巻末4」参照。

筆者は、明治二年に鉄舟が『報国の端緒』を書いたことには甚だ疑問を抱く。『談判筆記』ですら明治一五年に岩倉の求めでやっと書いて提出したのである。その鉄舟が、明治二年にその前段である駿府派遣の経緯について、果たしてわざわざ書き残したであろうか。

（6）『おれの師匠』小倉鉄樹　島津書房、二〇〇一年

鉄舟の直弟子、小倉鉄樹の鉄舟に関する談話を、鉄樹の高弟石津寛が手記したが、実現を見ずに亡くなった。その遺志を継いで牛山栄治が、石津から引き継いだ手記を基に、さらに鉄樹を訪ねて確認し、遺族の話を聞き、史料を調査し、追記・修正して完成した（昭和一二年三月三〇日）のが山岡鉄舟の伝記たる本書である。

その後、牛島栄治の手により、この改訂版として『山岡鉄舟の一生』（昭和四二年一二月一日）、さらに『春風館道場の人々　山岡鉄舟』（昭和四九年四月二〇日）、『定本　山岡鉄舟』（昭和五一念四月一五日）、が刊行された。

【注】（5）（6）に関連する鉄舟関係書については、「巻末4」に詳述する。

（7）『山岡鉄舟　空白の二日間「望嶽亭・藤屋」と清水次郎長』（若杉昌敬、二〇一四年）

鉄舟の駿府迄の経緯には異説もあるが、この研究では舟で清水まで行く可能性について、当時の天候・潮位等を地元神社に残る古文書まで調べるなどしており、極めて信憑性が高い。

二　駿府談判　――「江戸無血開城」はここで決定――

鉄舟は慶喜の直命を受け、押し寄せる東征軍の中を突破して駿府の大総督府に辿り着き、西郷と面会を果たした。鉄舟はそこでどのような談判をしたのか。本章ではそれを論究する。

（1）鉄舟の功績は『談判筆記』に明記

駿府で西郷と談判した経緯については、鉄舟自身が『談判筆記』に書き残している。以下に『談判筆記』を全文引用するが、少々長いので、ハイライトである西郷隆盛との談判の部分だけを全文文語体の原文で記載し（枠内の枠内）、その他の部分は要約し口語体に訳して紹介する。ただし会話部分は分かりやすく改行して調整した。なお出典は全生庵『鉄舟居士の真面目』である。

《史料1》『談判筆記』（『鉄舟居士の真面目』、99～106）

戊辰の年、官軍側が我が主徳川慶喜を征討しようというとき、官軍と徳川の間が途絶していて、これを解決する道がなくなってしまっていた。家臣たちの議論は紛糾し、官軍に抵抗しようという者もあれば、脱走して事を計ろうとする者もあり、その混乱ぶりは言語に尽くせないほどであった。旧主徳川慶喜は、朝廷に対しては、全く偽りのない真心をもって恭順謹慎しており、家臣等にも恭順を厳守するよう達した。私は慶喜に、謹慎とは偽りではないか、何か企みでもあるのではないか、と尋ねたところ、慶喜はどんなことがあっても朝命には決して背かないと言う。それが真実であるならば、私はその気持ちをきっと朝廷に伝え、朝廷の疑念を払って見せます。私の目の黒いうちは、ご心配致しますな、と述べた。

そして、死を決して大総督宮へ慶喜の衷情を言上するつもりで、一、二の重臣に謀ったが、それは不可能だと言って賛成しない。そこで軍事総裁の勝安房守が、前から知己であった訳ではないが、胆略あると聞いていたので、相談に行った。ところが私が粗暴であるという評判を信じて、不信の念を抱いていた。勝は「お前はどうやって官軍の営中に行くのか」と問う。私は「官軍の営中に行けば、斬られるか捕縛されるでしょう。その時私は抵抗せず、相手のするに任せます。斬ろうとするなら、私の趣旨を一言大総督宮に言上します。

しかし、敵とはいえ、理由もなくいきなり斬りはしないでしょう。何も難しいことではありません」と答えた。勝は私の精神不動の様子を見て納得し、私の希望に任せた。薩摩の益満休之助がやってきて同行したいというので、承知し、直ちに駿府に急行した。行く先々で官軍先鋒の銃隊に出くわしたが、中央を突破して行ったところ、誰も止める者はなかった。隊長の宿営と思われる家があったので、案内も請わずに立ち入り、隊長らしき人に「朝敵徳川慶喜家来、山岡鉄太郎、大総督府へ通る」と大音声で断ると、誰も咎《とが》める者はなかった。さらに行くと長州の隊がいたので、益満を先にして、薩摩藩と名乗って先を急いだ。小田原あたりに着くと江戸の方で兵端が開かれたという噂で、尋ねると甲州勝沼あたりという。近藤勇であろうと思った。

昼夜兼行駿府ニ到着。伝馬町某家ヲ旅営トセル。大総督府下参謀西郷吉之助方ニ行キテ面謁ヲ乞フ。同氏異議ナク対面ス。余西郷氏ノ名ヲ聞事久シ。然レドモ曽テ一面識ナシ。

西郷氏ニ問曰「先生此度朝敵征討ノ御旨意ハ、是非ヲ論ゼズ進撃セラルヽカ。我徳川家ニモ多数ノ兵士アリ。是非ニカヽハラズ進軍トアルトキハ、主人徳川慶喜、東叡山菩提寺ニ恭順謹慎致シ居リ、家士共ニ厚ク説諭スト雖ドモ、終ニハ鎮撫行届カズ、或ハ朝意ニ背キ、又ハ脱走不軌ヲ計ル者多カラン。左スレバ主人徳川慶喜ハ、公正無二ノ赤心、君臣ノ大義ヲ重ンズルモ、朝廷ヘ徹セズ。余其ノ事ヲ嘆キ、大総督宮ヘ此事ヲ言上シ、慶喜ノ赤心ヲ達セン為メ、是迄参リシナリ」ト。

西郷氏曰「最早甲州ニテ兵端ヲ開シ旨注進アリ。先生ノ言フトコロトハ相違ナリ」ト云フ。

余曰「夫ハ脱走ノ兵ノナス所ナリ。縦令兵端開キタリトテ何ノ子細モナシ」ト云ヒケレバ

西郷氏曰「夫ナレバヨシ」トテ後ヲ問ハズ。

余曰「先生ニ於テハ、戦ヲ何途迄モ望マレ、人ヲ殺スヲ専一トセラル丶カ。夫デハ王師トハ云ヒ難シ。天子ハ民ノ父母ナリ。理非ヲ明ラカニスルヲ以テ王師トス」ト。

西郷氏曰「唯進撃ヲ好ムニアラズ。恭順ノ実効サヘ立テバ、寛典ノ御所置アラン」

余曰「其実効ト云フハ如何ナル事ゾ。勿論慶喜ニ於テハ、朝命ハ背カザルナリ」

西郷氏曰「先日静寛院宮　天璋院殿ノ使者来リ。慶喜殿恭順謹慎ノ事嘆願スト雖モ、只恐懼シテ更ニ条理分ラズ。空ク立戻リタリ。先生是迄出張江戸ノ事情モ判然シ、大ニ都合ヨロシ。右ノ趣大総督宮ヘ言上可致、此所ニ扣ヘ居ルベシ」トテ、宮ヘ伺候ス。

暫クアリテ西郷氏帰営シ、宮ヨリ五箇条ノ御書御下ゲ有タリ。其文ニ曰。

一城ヲ明渡ス事。

一城中ノ人数ヲ向島ヘ移ス事。

一兵器ヲ渡ス事。

一軍艦ヲ渡ス事。

一徳川慶喜ヲ備前ヘ預ル事。

西郷氏曰「右ノ五ヶ条実効相立上ハ、徳川家寛典ノ御処置モ可有之」ト。

余曰「謹デ承リタリ。然レドモ右五ヶ条ノ内ニ於テ、一ヶ条ハ拙者ニ於テ何分ニモ御請難致旨有之候」

西郷氏曰「夫ハ何ノ箇条ナルカ」

余曰「主人慶喜ヲ独リ備前ヘ預ル事、決シテ相成ザル事ナリ。如何トナレバ、此場ニ至リ徳川恩顧ノ家士、決シテ承伏不致ナリ。詰ル所兵端ヲ開キ、空シク数万ノ生命ヲ絶ツ。是王師ノナス所ニアラズ。サレバ先生ハ只ノ人殺シナルベシ。故ニ拙者此条ニ於テハ決シテ不肯ナリ」

西郷氏曰「朝命ナリ」

余曰「タトヒ朝命タリト雖モ、拙者ニ於テ決シテ承伏セザルナリ」ト断言ス。

西郷氏又強テ「朝命ナリ」ト云。

余曰「然レバ先生ト余ト、其位置ヲ易ヘテ暫ク之ヲ論ゼン。先生ノ主人島津公、若誤リテ朝敵ノ汚名ヲ受ケ、官軍征討ノ日ニ当リ、其君恭順謹慎ノ時ニ及ンデ、先生余ガ任ニ居リ、主家ノ為メ尽力スルニ、主人慶喜ノ如キ御処置ノ朝命アラバ、先生其命ヲ奉戴シ、速カニ其君ヲ差出シ、安閑トシテ傍観スル事、君臣ノ情、先生ノ義ニ於テ如何ゾヤ。此儀ニ於テハ鉄太郎決シテ忍ブ事能ハザル所ナリ」ト激論セリ。

西郷氏黙然暫クアリテ曰「先生ノ説尤モ然リ。然ラバ即徳川慶喜殿ノ事ニ於テハ、吉之助屹ト引受ケ取計フベシ。先生必ズ心痛スル事ナカレ」ト誓約セリ。

後ニ西郷氏余ニ謂フ「先生官軍ノ陣営ヲ破リ此へ来ル。縛スルハ勿論ナレドモ縛サズ」ト。

余答曰「縛ニツクハ余ガ望ムトコロ。早ク縛スベシ」ト。

西郷氏笑テ曰「先ヅ酒ヲ酌ン」ト。

数杯ヲ傾ケ暇ヲ告レバ、西郷氏大総督府陣営通行ノ符ヲ与フ。之ヲ請テ去ル。


急ぎ神奈川に着くと、乗馬五、六匹を連れている者があり、尋ねると江川太郎左衛門より出す官軍用の馬と言うので、二匹借りて益満と駆けて品川に着いた。そこで官軍の兵に呼び止められたが無視して行くと、銃で胸を撃たれた。ところが不思議なことに弾丸は発射されず、天が保護してくれたと益満と語り合った。

急ぎ江戸城に帰り、総督府よりの書付五ヶ条、西郷氏との約束を詳しく参政大久保一翁、勝安房等に示した。両氏その他の重臣はそれを大いに喜んだ。旧主徳川慶喜の喜びは言語に尽くせぬほどであった。直ちに江戸市中に、話し合いが付き、寛大な処置が約束されたので、安心して家業に専念するようにという高札を立てた。

これより後、西郷氏が江戸に到着し、高輪の薩摩藩邸で、西郷氏に、勝、私とが相会し、先日約束した四ヶ条を必ず実行すると誓約した。そこで西郷氏は承諾し、進軍を中止した。

この時、薩摩藩邸の後ろの海に、軍装した脱走兵とおぼしき五十人程が小舟七、八艘で近付いて来たため、西郷氏の兵士たちは驚き奔走した。西郷氏は私に向かって笑って「私が殺されると、兵隊がフルヒマス」と言った。その不動の精神には感じ入った。

そこで西郷氏が応接に来るたびに、その往復には必ず私が護衛した。西郷氏を殺そうとする者があっては、西郷氏との約束上恥ずべきであり、万一の場合は西郷氏と共に死せんと思って護送した。

この日大総督府下参謀より呼び出しがあり出頭すると、村田新八なる者が「お前は、先日官軍の陣営を無断で通過したであろう。中村半次郎とお前を追いかけ切り殺そうとしたが、追い付けず、取り逃がした。余りに口惜しいので、お前を呼び出してそのことを言たかっただけだ」と言った。そこで私は「それはそうだろう。私は江戸っ子なので、足が速い。お前さんたちは田舎者でノロマだ。私に追いつけるはずがない」と言って、お互いに大笑いした。

私が尽力して、旧主徳川慶喜が君臣の大義を重んずる心をしっかり認識し、四ヶ条の実効を成し遂げ、諸問題を解決することが、私が国家に報いる理由である。


参謀西郷との面会を果たした鉄舟は先ず、恭順している者を攻めるのは天皇の軍隊とは言えないと「理」を説いた。納得した西郷は、五ヶ条の降伏条件を示した。鉄舟は五ヶ条と書いているが、正しくは七ヶ条で、これについては後述する。①慶喜の備前お預け、②城明渡し、③軍艦引き渡し、④兵器引き渡し、⑤城内の家臣の向島移住、⑥鳥羽・伏見の戦いの責任者の厳罰、⑦江戸の治安維持は徳川が行う。そしてこれを受け入れるなら、徳川の家名存続は保証するという条件である。

これに対し鉄舟は、条件は全て呑むが、慶喜の備前お預けだけは受けられないと拒否する。西郷は二度まで朝命であると言い激論になる。鉄舟は「それならば立場を入れ替えて論じましょう。もしあなたの主君島津公が賊軍の汚名を着せられ、敵方に身柄を引き渡せという朝命を受けたとしたら、あなたは黙って島津公を引き渡しますか」と「情」に訴えた。さすがの西郷もこれには折れて、慶喜の身柄引き渡しは撤回（西郷に一任）し、ここに「無血開城」は実質決定した。

「実質」というのは、西郷も鉄舟もどちらも決定権はない。西郷は新政府軍の中で実質最高実力者であるとはいえ、肩書は「下参謀」である。上には二人の公家参謀（正親町公董・西四辻公業）がおり、その上に大総督・有栖川宮熾仁親王がいる。さらにその上に朝廷がある。一方鉄舟は、慶喜より直接交渉を任されたとはいえ、その肩書は「精鋭隊頭」に過ぎない。西郷としては参政である若年寄か、せめてその下の「総裁」の確認が欲しい。結局、西郷は江戸で確認すると、駿府から京都まで帰り、朝廷で正式決裁を得て、「無血開城」はここに「正式」に決定するのである。

（2）鉄舟の功績証明史料

鉄舟の『談判筆記』の信憑性を保証し、「無血開城」が「駿府談判」で決したことを裏付ける史料として「武蔵正宗」・『正宗鍛刀記』、「一番鎗断簡」がある。加うるに『海舟日記』も『談判筆記』の内容を裏付けている。さらに『明治天皇紀』等もある。これらは勝の言は信用しないのに、鉄舟の言は信用するのか、という批判に対する回答でもある。

（ア）徳川家達が認めた「武蔵正宗」、岩倉具視が認めた『正宗鍛刀記』

明治十四年、明治維新の勲功調査の際、鉄舟は勝との手柄争いを嫌い、賞勲局に自らの功績の報告書を提出しなかった。それを聞いた岩倉具視が、「《功績は》たとへ勝に譲るにしても、君の事業は事業として不朽に伝へて国民の亀鑑に資せなくちゃならぬ」と懇望し（『おれの師匠』226）、岩倉個人に提出させた報告書が『談判筆記』である。その直後に徳川宗家第十六代当主家達が、徳川の家名存続は鉄舟のお陰だと言って、家宝の名刀「武蔵正宗」を下賜した。もし勝の功績なら、「武蔵正宗」は当然勝に、少なくとも勝にも同時に同等の品が下賜されたはずである。徳川家は家名存続を勝の功績とは認めていないと言わざるを得ない。鉄舟はその「武蔵正宗」を元勲である岩倉に贈呈した。岩倉は鉄舟の行為を多とし、その経緯を当代一流の漢学者（川田剛）に漢文で書かせ、明治の三筆の一人（巌谷一六）に清書させた『正宗鍛刀記』を残した。だが学界では、なぜか余り重視されていない。

『正宗鍛刀記』には、「武蔵正宗」が鉄舟に下賜されそれが岩倉に贈呈された経緯、「駿府談判」の要約、そして刀の由来が記録されている（「家達鉄舟の功を追思し、報ゆるに此刀を以てす」）。家達が「武蔵正宗」を勝にではなく鉄舟に下賜したことは、「無血開城」の真の功労者が鉄舟であること、それは取りも直さず勝ではないことを証明している。その意味において、史料として大きな歴史的価値がある。これこそが「無血開城・勝説」支持者が、そして学界が『正宗鍛刀記』を軽視、ないしは無視する理由であろう。

『正宗鍛刀記』については、アンシン・アナトーリーの研究があるが、松浦玲は、『談判筆記』批判の「注」で、以下のように批判している。なおアナトーリーは以下の四論文を発表しており、今後たびたび引用するので【注】（1）に詳細とポイントを記載した。

① 鉄舟の諸著書
② 『正宗鍛刀記』の考証
③ 『談判筆記』と『報告の端緒』
④ ②の簡略版

《**資料2**》アンシン・アナトーリー批判（『勝海舟』「注148」、818～9）

> 『日本歴史』（吉川弘文館）七〇八号（二〇〇七年）にアンシンアナトリー「山岡鉄舟が書いた江戸無血開城の始末書」が載った。前記『明治戊辰 山岡先生与西郷氏応接筆記』の原本を全生庵で見たという以外には何の新味もなく、（後略）

これは論文③の批判で、この『明治戊辰 山岡先生与西郷氏応接筆記』は『談判筆記』のことである。

松浦は「『談判筆記』の原本を全生庵で見たという以外には何の新味もなく」と批判するが、松浦自身一四日の会談場所を鉄舟が高輪と書き間違えたことに対する批判（「高輪批判」と呼ぶことにする）を繰り返すだけであり、『談判筆記』の内容そのものについては全く触れていない。この「高輪批判」については「六　先学の諸説」で詳述する。

なおアナトーリーの論文②には、「現在、『正宗鍛刀記』の原本なるものの行方は不明である」と書かれているが、これは現在「武蔵正宗」と一緒に東京都墨田区の刀剣博物館が所蔵している。二〇一七年山岡鉄舟研究会の山本紀久雄会長がそれを発見し、詳しく報じている(2)。

ついでながら「武蔵正宗」は、『正宗鍛刀記』によれば、剣豪宮本武蔵が所有していたもので、それが巡り巡って鉄舟の手に渡り、現在刀剣博物館に所蔵されている。この刀剣博物館は従来渋谷区の代々木にあったのだが、二〇一八年一月に墨田区の旧安田庭園に移転した。奇遇なのはこの庭園の東南の角からその外部の道路にかけて、鉄舟の実父小野朝右衛門の役宅があり、鉄舟はここで産声を上げたことである。従来鉄舟の生誕地は墨田区の別の場所とされていたが、「すみだ」地域学研究家の松島茂氏の地道な調査で、前記場所であることが確定でき、山岡鉄舟研究会で発表されたのがほぼ同時期の二〇一七年一〇月であった。「武蔵正宗」は剣豪武蔵の手から転々とし剣豪鉄舟の手へ、そして最後は奇しくもその鉄舟の生誕の地に、正に納まるべきところに納まったという次第である（巻末6参照）。

《図表1》「武蔵正宗」と『正宗鍛刀記』

公益財団法人日本美術刀剣保存協会の許可を得て、左記より転載。
「刀剣美術」十一月号（第七三〇号　二〇一七年十一月十日発行）（30～31頁）
「名刀『武蔵正宗』拝観と『正宗鍛刀記』の原本発見」（山本紀久雄）

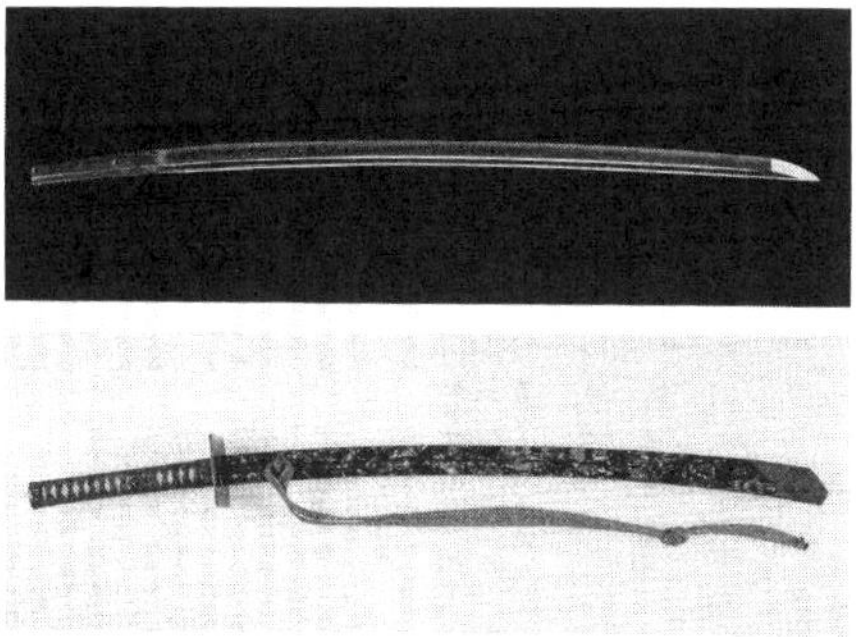

上　武蔵正宗刀
下　鶴足革包鞘殿中鐺鉄葵紋金具打刀拵

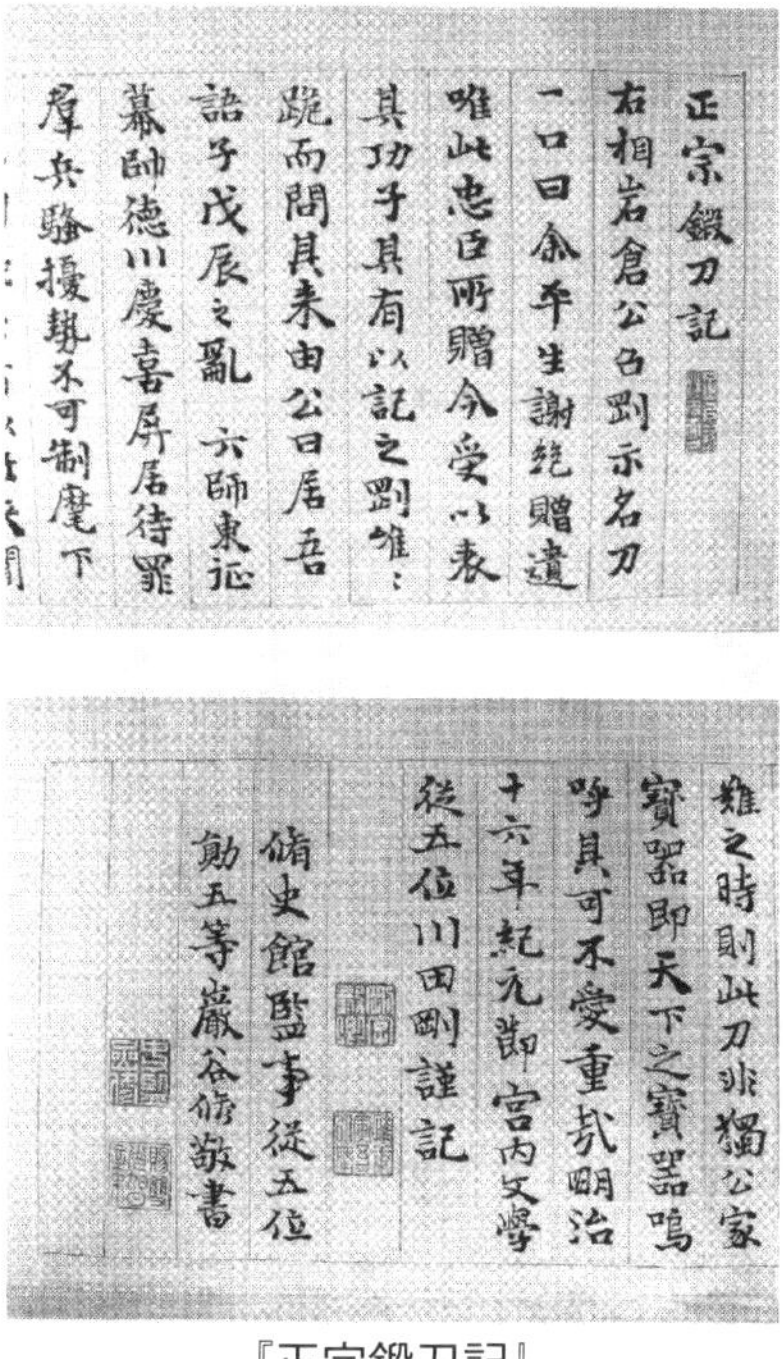

正宗鍛刀記
右相岩倉公召剛示名刀
一口曰余平生謝絶贈遺
唯此忠臣所贈今受以表
其功子其有以記之剛唯々
跪而問其来由公曰居吾
語子戊辰之亂　六師東征
幕師徳川慶喜屏居待罪
麾兵驕擾勢不可制麾下

雖之時則此刀非獨公家
寶器即天下之寶器嗚
呼其可不愛重哉明治
十六年紀元節　宮内文學
従五位川田剛謹記
脩史館監事従五位
勲五等巖谷脩敬書

『正宗鍛刀記』

（イ）慶喜が認めた「一番鎗断簡」

勝も『海舟日記』四月十日条に、慶喜より刀を拝領したと書いている。だが鉄舟も、同日慶喜より「駿府談判」での働きを「一番鎗」と称賛されて、名刀「来国俊」を拝領している。そのことが記載されている史料が「一番鎗断簡」である。

「一番鎗断簡」は、二〇一五年一一月～一六年二月に開催された日野市の特別展の図録(3)に、全生庵の本林義範副住職が寄稿した論考で紹介された。断簡の写真と、副住職の「駿府の西郷隆盛との会談で一番鑓をあげたとして、来国俊の短刀を拝領した」(30)という解説が載っている。

その後二〇一八年七月、岩下哲典が『江戸無血開城』に詳しく分析・紹介している。慶喜が水戸へ出立する四月一一日の前夜、すなわち一〇日に「来国俊」の短刀を下賜され、「一番鎗」という賛辞をもらったと述べている。慶喜が鉄舟を「一番鎗」と賞したことは、鉄舟が「無血開城」の最大の功労者と認めた証拠であると岩下は評価する。

《資料3》一番鎗（岩下哲典、7～8）

それは、当時、「江戸無血開城」で最大の恩恵を被った慶喜が、自身の助命と家名存続の

「一番鎗」は鉄舟であると認めていたことからも理解できる。慶喜はいう「官軍に対して一番鎗だったのは鉄舟である」と。鉄舟が書き留めた文書がある。鉄舟が開いた臨済宗国泰寺派全生庵（台東区谷中）に所蔵されている、慶応四年四月ごろの山岡鉄舟書状だ。一部引用する。

一、十一日出立前夜、御前へ被召、御手つから来国俊之御短刀拝領被仰付、是迄度々骨折候官軍の方へ第一番ニ参り候事一番鎗た（だ）と上意有之、あり難き事ニ御座候（後略）

（ウ）勝も認めた『海舟日記』

鉄舟は駿府で西郷との談判を終えると急ぎ江戸へ帰って復命した。そのときの状況を『談判筆記』は以下のように述べている。

《**史料4**》鉄舟の東帰・復命（『談判筆記』〔『鉄舟居士の真面目』、105〕）

急ギ江戸城ニ帰リ、即チ大総督宮ヨリ御下ゲノ五ヶ条、西郷氏ト約セシ云々ヲ、詳カニ参政大久保一翁勝安房等ニ示ス。両氏其他ノ重臣、官軍徳川ノ間、事情貫徹セシ事ヲ喜べリ。旧主徳川慶喜ノ欣喜言語ヲ以テ云フベカラズ。

東帰した鉄舟は勝にも報告しており、一翁・勝・その他重臣は皆喜んだ。慶喜も欣喜したと書いている。鉄舟は自分のことだが決して誇張して書いてはいない。それは次の『海舟日記』一〇日条がこれとピタリと符合するからである。

《**史料5**》勝の鉄舟絶賛（『海舟日記』三月一〇日条）

> 山岡氏東帰。駿府にて西郷氏へ面談、君上之御意を達し、且　総督府之御内書、御処置之箇条書を乞ふて帰れり。嗚呼山岡氏沈勇にして、其識高く、能く　君上之英意を演説して残す所なし、尤以て敬服するに堪たり。

以後勝は、余り鉄舟のことには触れず、特に「無血開城」との関連では書いたり語ったりしていない。『解難録』の記述は、鉄舟が駿府に行き西郷の箇条書を持帰ったことだけで、「無血開城」には言及していない。

『氷川清話』で鉄舟が語られているのは四カ所で、その内一カ所は駿府行き直前に勝を訪ねて来た話で、名前は四回出てくるが、「無血開城」には触れられていない。その他の三カ所には名前はそれぞれ一回ずつで常に一翁と一緒である。それも「山岡鉄舟も、大久保一翁も、共に熱性で、切迫の方だったから、可哀さうに早く死んだヨ」(89)と「無血開城」とは全く無関係の些事ばかりである。それに引きかえ西郷の記述は三三ケ所、九九回に及ぶ。特に「無血開城」

に絡めて西郷を持ち上げると、自分の評価につながると考えていたかも知れない。後に「無血開城」は自分一人の功績だと吹聴する勝にとって、鉄舟、それも「無血開城」に関する話は敬遠したいのであろう。だからこそ、未だ「無血開城」の評価も確定していなかった当時に書かれたと思われる『海舟日記』のこの表現こそ、偽らざる勝の声であり、鉄舟の功績を裏付けていると言えよう。

なお、安部正人編『鉄舟随感録』（山岡鉄舟著、勝海舟評論、一九四二年）なる本がありよく引用される。ここでは勝は鉄舟をベタ褒めしているが、内容の信憑性に疑義があるので、本書では史料としては使用しない。

（エ）『明治天皇紀』『戊辰日記』『岩倉公実記』は鉄舟を評価

勝に比べ、鉄舟についての記録は極端に少ないが、いくつかの史料から、鉄舟の功績を窺い知ることが出来る。

（A）『明治天皇紀』

宮内省が勅旨により編纂した明治天皇の伝記（実録）である『明治天皇紀』では、「無血開城」に関する鉄舟の実績について次のように高く評価している。

《史料6》『明治天皇紀』(4) 明治二一年七月一九日

> 十九日　従三位子爵山岡鉄太郎薨ず、年五十有三、鉄太郎は旧幕臣たり。明治維新の際徳川慶喜恭順の事を斡旋して功あり、能く徳川氏の社稷を存するを得たり

鉄舟は西郷に、慶喜の恭順の真を納得させ（慶喜恭順の事を斡旋）、徳川家名存続に功があった（徳川家の社稷を存する）と記録されている。これは鉄舟が没した際の、明治天皇およびその周囲の鉄舟についての評価である。なおこの後に「資性廉直」とその性格まで記されている。

（B）戊辰日記

『戊辰日記』(5)とは、越前・福井藩主松平慶永（春嶽）の国事参与の次第を記述した、同藩重臣中根雪江の日記である。

《史料7》何山とか申人（『戊辰日記』三月二二日条、300）

> 今暫に而関東之御所置も可及落著候へは、夫迄之処は見合せ候様。大久保勝外に何山とか申人格別之尽力に而謹慎之実効顕はれたれは、無程結局に可相成と軽易に物語有之由。

この「何山とか申人」というのは「山」からも推測できる通り「山岡（鉄舟）」に間違いなかろう。この時期鉄舟の名は知られていなかったから「山岡」の「山」だけが記憶されていて書かれたと考えられる。いずれにしても無視されず、たとえ「何山」とでも福井藩の重臣に書かれたのは、実質的に江戸総攻撃を阻止した無視し得ぬ人物として認識されたのではなかろうか。

（C）岩倉公実記

《史料8》具定書状（『岩倉公実記』[6]、374）

> 今十五日江城進撃之御沙汰ニ付、（中略）併シ勝安房、大久保一翁、山岡鉄太郎三人ヨリ歎願之次第モ有之候ニ付、徳川ノ方ヘハ右三人之歎願ニ依リ進軍御猶予ト申事ニ相成居申候。

これは東山道先鋒総督・岩倉具定が父の具視に当てた三月一五日付の書状である。ここには、はっきりと鉄舟の名が出て来る。「三人ヨリ」「三人之歎願」と一翁・勝と同列である。身分は同列ではないが、進撃を止めた人物としてはむしろ上位である。岩倉具定は鉄舟の名は聞いたことがなかったであろうから、一軽輩の鉄舟の名を省略せずに記したこと、二度も「三人」と記したことは、むしろ鉄舟を重視して書いていたといっても過言ではなかろう。

（オ）その後の破格の出世

最後に「史料」ではないが、「無血開城」後、鉄舟がどのように遇されたかという「歴史的事実」から『談判筆記』の信憑性を見てみたい。その後の鉄舟の処遇を見ると、徳川方・新政府側双方から、「無血開城」実現についての貢献が、相当高く評価されており、単なる剣術家が、駿府の交渉でたまたま功を立てたのではないことが納得させられる。それについて佐藤寛は次のように書いている。

《**資料9**》「四階級特進」（『山岡鉄舟 幕末・維新の仕事人』[7]、67〜8）

> 鉄太郎は、大久保一翁と勝海舟のトップから四月十五日に「家百俵扶持」、「歩兵頭格」の辞令を受けた。それだけでも驚くべきことなのに、その日のうちに「徒士頭格」、「作事奉行格」の辞令が出て、奉行職になったと思えば、さらにもう一通、「大目付に任ず」の辞令が渡された。大目付とは旧幕府時代ならば、旗本の頂点であり、三千石の重役である。通常ならばクーデターでも起こさなくてはこんな出世はあり得ない。下級武士から一気に徳川家の重役に、青天の霹靂とはこのことをいうのだろう。

佐藤はこれを「四階級特進」と言っている。だが佐藤も「しかし、明日が保証されているわけでもないし、いつ浪人になってもおかしくはない」(68)と言うように、こうした時期だからであろうが、それにしても破格の昇進である。

そして明治政府からも高く評価されていることは、一時的な手柄ではなく、鉄舟の政治的な手腕が認められた証拠である。明治二(一八六九)年六月版籍奉還に伴い徳川家達が静岡藩知事になると、大久保一翁と並んで「権大参事・藩政補翼」に任じられた。トップは大参事・平岡丹治一人で、数人の権大参事はこれに次ぐ地位である。

さらに鉄舟は政治的手腕を見込まれ、明治四(一八七一)年の廃藩置県で、不平士族の鎮撫のため、難治県と言われ誰も引き受けたがらない県に、現在でいうところの「知事」として派遣される。先ず同年一一月一三日に茨城県参事に任命されるが、一カ月で問題を解決し、一二月九日には辞任する。すると新たに一二月二七日に伊万里県権令に任命されるが、ここでも手腕を発揮し、瞬く間に一件落着させ、二カ月後の二月二四日には辞任している。鉄舟は政治の素人ではない。静岡藩で、移住した旧藩士のため大変な尽力をしている。それにしても僅か三ケ月で二つの難治県の問題を解決してしまうとは、物事の本質を見抜き私利私欲抜きで全力で向き合う鉄舟の人柄、力量は並大抵のものではない。

すると今度は、すでに鉄舟の人物を見込んでいた西郷が、たっての願いで明治天皇の侍従となることを懇願してくる。鉄舟は一〇年という約束で引き受け、明治五(一八七二)年六月一五日に就任する。そして約束通り一〇年後の明治一五（一八八二）年六月一五日宮内省に辞表を提出したのである。

以上、鉄舟が徳川・新政府それぞれからその政治的手腕・人格を見込まれて抜擢され、期待以上の成果を収めたことは歴史的事実である。このように高く評価される人物であったればこそ、破竹の勢いで江戸に迫り来る東征軍の前に立ちはだかり、西郷を説得し、「無血開城」を実現することができたという『談判筆記』の内容に得心がいくのである。

（3）『談判筆記』の疑問点・論点は鉄舟の功績とは無関係

この『談判筆記』にはいくつかの疑問点・論点がある。ここでその主なものを検討しておく。しかも鉄舟がこの『談判筆記』を書いたのは、「無血開城」から一五年も経ってからである。しかも鉄舟は日記を付けていない。となれば記憶違いもあり、またさして重要でないことは省略したことも容易に推測できる。そうしたことが、歴史の真実を歪めるものであれば、徹底的に究明する必要があるが、さもなくば、それほど重視する必要はないと思われる。しかし記述内容の不備な点は、以後の話との齟齬を解消するためにも、また『談判筆記』に対する批判に耐えるためにも、一通り考察しておきたい。

疑問点・論点を列挙すると次の通り。
○益満休之助の同行……「一　鉄舟派遣」で検討済み。
○江戸での会談場所―高輪……「六　先学の諸説」で詳しく検討する。
　以下は本項で検討する。
○鉄舟東帰の日にち……三月一〇日か。
○降伏条件数……五ヶ条か七ヶ条か。
○高札設置の時期。

（ア）鉄舟の東帰日記載なく諸説あり

鉄舟がいつ江戸に戻ったかについては、《史料5》の通り『海舟日記』一〇日条に「山岡氏東帰」と書かれているため、一般に三月一〇日と解されている。だが『談判筆記』には鉄舟の東帰日は記載されていない。それどころか『談判筆記』には日付が一切書かれていない。江戸城明渡しのような公式な事項であれば少し調べれば分かるが、個人的なこととなると、日記でも付けていない限り一五年も前のことなど覚えていないであろう。『談判筆記』を書いたときの鉄舟にとっては、その内容こそが重要なのであって、日にちなどさして問題ではなかったと考えられる。しかし松浦玲のように日付や場所にこだわる先学もいるので、一応検討しておく。

『海舟日記』の一〇日東帰に対し松浦は一二日と主張する。

《資料10》鉄舟東帰日一二日（松浦玲、360）

越前福井藩の『戊辰日記』で見ると三月十三日江戸発の御徒士飛脚高島意助が十八日に京都に着いて多くの書面をもたらした。その一つに十二日付の春嶽宛大久保一翁書簡があり、それで見ると山岡鉄舟が帰着した様子は窺えない。しかし同じ便に江戸藩邸の草尾一馬が林矢五郎に宛てた長い書簡がある。同じ十二日付で大久保一翁に聞いた話その他が長く続く最後に、山岡が別紙箇条書を持帰ったという件が出て降伏条件の七ヶ条と、これが実行されれば寛典云々の付記とが正確に（『慶応四戊辰日記』が写しているのと同文）写されている。

ほとんどの学者が一〇日説を信じているが、松浦以外に一二日に言及しているのは岩下哲典と安藤優一郎くらいである。

《資料11》鉄舟東帰日一二日（岩下哲典　108）

かくして十二日には鉄舟が江戸に帰城したという。しかし面会の翌日に帰府したとする、十日説もある。

岩下は、一〇日を異説としている。

《資料12》 鉄舟東帰日一二日（安藤優一郎、145）

この七箇条を携えた鉄舟が江戸に到着したのは、三月十二日。海舟たちは、急ぎ対応策を練る。

安藤は一二日と明言している。

松浦は一二日説を次のように確信する。

《資料13》 日付の一致（松浦玲、360）

他の日付には誤写の疑いがあるものが絶無ではないが、山岡が帰った「十二日」については『戊辰日記』の写と『本多修理日記』の写が完全に一致する。

だが両日記が一致するのは、同じ草尾の手紙の転記であるから当然である。これから分かることは、草尾の手紙に書かれた東帰日が一二日であることと、草尾の手紙から両日記への転記ミスがないことだけである。草尾自身がこの日付を誤記していないという保証にはならない。松浦も日付については、「他の日付には誤写の疑いがあるものが絶無ではないが」と言っている。

結局鉄舟の東帰日を決定できる確たる史料は見つからない。

そうすると、いつ東帰したと見るのがより合理的か推論するしかないが、一応考察してみる。

そのために、西郷の動向と比較してみる。

《**図表2**》西郷と鉄舟の動向

日	**西郷**	**鉄舟**
九	駿府談判	
一〇	軍議	駿府出発
一一	派遣	東帰
一二	江戸着	事前協議・準備
一三	第一回江戸嘆願（条件確認）	

先ず、西郷との比較から類推する。「十日、参謀等を招集して、軍議を開き、西郷参謀に命じて、明朝、先鋒方に出張せしむ」[8]と、大総督府では一〇日に軍議が開かれ、一一日朝に西郷を派遣している。そして西郷の江戸到着は一二日である[9]。

西郷は体重が重く、馬には乗れない。徒歩か力士が担ぐ専用の駕籠で移動する。その西郷が、一一日早朝に駿府を発って、翌一二日には江戸に到着している。一方鉄舟は、西郷出発の前日の一〇日早朝、もしくは九日夕刻に駿府を発しているはずである。常人を逸した健脚で、しかも神奈川からではあるが馬を調達している。その鉄舟が、いかに益満同伴といえども、たとえ到着時間は異なるとしても、西郷と同日の一二日に江戸に着くとは考えにくい。一〇日東帰は無理としても、一泊して一一日に帰ることは十分可能であると考えられる。

次に、「江戸嘆願」直前の徳川の事情を検討する。鉄舟が何時ごろ帰府したか不明だが、松浦の一二日説に従うと、以下の流れが一二日の一日でなされたことになる。

①一翁が松平慶永宛一二日付手紙を高島意助に託した。
②その後に鉄舟東帰、復命。
③鉄舟の報告と持ち帰りの降伏条件を検討。質問書作成。
④草尾はこの情報と降伏条件の箇条書写しを入手し、それを林宛の手紙に書いた。

これらのことが一二日の一日で可能であろうか。①もし一翁が手紙を前日の一一日に書いていたなら、日付を一一日にすればよいはずであるが、一二日付にしたということは、一二日当日に書いたからであろう。飛脚の高島は一翁の家臣ではないから、一翁は自分の家臣に越前藩邸に届けさせた。したがって①は一二日の「早朝」の行為ではないと推測される。

②そしてその後に鉄舟が戻ってきて、寛永寺の慶喜、江戸城の一翁・勝その他若年寄たちに報告した。当然命令者である寛永寺の慶喜に復命し、その後に登城し、一翁等参政や勝に報告した。参政たちが寛永寺に召集され慶喜と一緒に報告を聞いたかも知れないが、いずれにしても鉄舟の東帰が事前に分かっていたわけではないから、鉄舟帰着後である。このための連絡・

召集にも相当時間がかかったはずである。③次は、この箇条書についての議論である。鉄舟は細かいところまでは詰めていないと思われるので、実務的に不明な点も多い。そこで一三日にそれを東征軍に照会するため誰か（結果は勝）を派遣することになり、質問事項が検討された。これには相当時間を要したであろう。またその過程で、箇条書がかなり書写されたはずである。草尾までが入手したのであるから、かなりの枚数であろう。④草尾は福井藩の家臣であるから、誰かからこの情報を得たのであろう。いずれにしてもその情報を得て写しを入手し、手紙に認めるまでにも時間を要したはずである。

これらのことが、もし鉄舟が一一日より前に帰っていれば十分可能であろうが、一二日に東帰したとすると、一二日の一日で行われたのか甚だ疑問である。

鉄舟東帰日には諸説があるが、確たる史料がなく断定できない。以上はあくまで推測である。ただし、鉄舟の東帰日が一〇日であろうが、一一日であろうが、はたまた一二日であろうが、駿府で鉄舟が西郷を説得した事実に変わりはない。

（イ）降伏条件五ヶ条はマイナーな二ヶ条の失念か省略

（A）五ヶ条か七ヶ条か

西郷が鉄舟に提示した「書付」の条件は、鉄舟の『談判筆記』と勝の『海舟日記』との間に差異がある。前者は五ヶ条、後者は七ヶ条で、しかも順番に違いがある。結論は七ヶ条が正しいと考えられる。その根拠は以下の通りである。なお鉄舟が持ち帰った書付は、「写し」が作られ、参政等に配布されたであろう。以下「写し」と呼ぶ。

○『海舟日記』は談判の直後に書かれたものであるが、『談判筆記』は一五年後に書かれたものであり、前者の信頼性の方が高い。

○勝は鉄舟持ち帰りの書付（実際はその「写し」）を見ながら日記に書いたであろうが、鉄舟は日記を付けておらず、記憶に頼って書いたと思われ、この点からも前者の信憑性の方が高い。

○『戊辰日記』『修理日記』の草尾一馬の手紙にも七ヶ条が書かれており、これは一翁かその周辺の者に「写し」を見せて貰って書いたと思われる。つまり『海舟日記』と同じ情報源であり、これからも『海舟日記』の記載内容の正確さが確認できる。

○『嘉永明治年間録』（後述）も、情報源は不明で内容の順番は異なるが、七ヶ条である。

○また英公使パークスの本国外相宛て報告書にも、第六条（意味不明）・七条（家名存続）は内容に混乱はあるものの、「6°、7°」と形式の上では七ヶ条と記載されている。この「6°」の内容については「四　パークスの圧力」で触れる。「7°」の「家名存続は、条件ではなく、条件を呑んだ場合の寛典である。ただし、このパークスの報告書は「写し」から転記されたとは考えられず、鉄舟が持ち帰った書付とは出所が異なると思われる。ただこれからも五ヶ条ではなく、七ヶ条であったと解釈される。

○さらに付け加えるなら、朝廷における降伏条件の最終的な決定は、「写し」の七ヶ条に沿った内容である。ただし第七条は、徳川方が呑んだので、触れられてはいない。

鉄舟の書き落とした二ヶ条は、他と比べるとマイナーな内容であり、鉄舟は、この二ヶ条は重要度が低いため、忘れたか、意識的に省略したかと思われる。原口清は、いくつかの史料が『海舟日記』と順序も含め一致しているので、「山岡はこの点では記憶違いをしているようである」と述べている。

以後『談判筆記』引用以外、提示条件数は七ヶ条に統一する。

（B）五ヶ条が四ヶ条に減少

この箇所のみ、『談判筆記』の解説であるため、五ヶ条で論じる。鉄舟は初め五ヶ条と言い、後に四ヶ条と言っている。これは前記の（A）とは意味が違う。「駿府談判」の箇所で「五ヶ条」を四回、「江戸会談」以降の箇所で「四ヶ条」を二回書いている。違いの一ヶ条はもちろん「慶喜の備前お預け」である。五ヶ条が四ケ条に減少しているのは、「慶喜の処置」が「駿府談判」で決着していることを正確に認識して記載しているからである。

（ウ）東帰直後の高札掲示は記憶違い

『談判筆記』には、鉄舟が東帰して直ぐに、「江戸嘆願」前に高札が立てられたように書かれているが、これは鉄舟の記憶違いと思われる。鉄舟にとっては、「駿府談判」で決していたので、「駿府談判」の直後か「江戸嘆願」の後かはそれほど重要ではなかったのかも知れない。

『談判筆記』には、「恭順謹慎実効相立候上ハ、寛典ノ御処置相成候ニ付」高札を立てたと書いている。

この鉄舟の間違いに気付かず、前に引用したアンシン・アナトーリーはその論文③で鉄舟東帰直後に高札を立てたと論ずる。これに対し、原口清は『維新史談⑽』掲載論文でこれを否定する。これも後に数回引用するので、「維新史談論文」と名付けておく。詳しくは「注」を参照されたい。

《資料14》「江戸平和開城の布告の時期」（「維新史談論文」）

> なお第二の手記（『談判筆記』）で、山岡は、駿府会談と高輪会談の叙述の間に、江戸開城布告を書いているので、江戸開城の布告が、西郷勝会談の前にあったのではないかとアナトーリー氏は指摘している。これはアナトーリー氏の完全な錯覚である。

駿府での西郷山岡会談は三月九日、高輪での西郷と勝海舟との会談は、三月十三日・十四日である。西郷山岡会談では七ヶ条の条件が提示されただけであり、これで江戸平和開城が決定されたわけではない。新政府軍も三月十五日の江戸総攻撃の命令を撤回していない。山岡は急いで江戸に帰り、勝に報告した。これをもって勝が西郷と会談したが、即決するに至らず、会談は二日間にわたって行われた。

両者が合意したのは、三月十四日であり、新政府軍は総攻撃の中止を全軍に命令し、徳川方は市中に江戸城の平和開城を布告して、江戸市民に安心するよう布告したのである。

この時期の触書を収録しているのは次の三書であるが、いずれも日付は三月十五日である。

1『続徳川実記』第五篇
2『幕末御触書集成』第六巻
3『江戸町触集成』第十九巻（塙書房 二〇〇二年）

そのほか細目の触が次々に出されている。これは三月十四日までつづく。

ところが高輪の西郷勝会談が終了した三月十五日には、一転して江戸総攻撃が中止された旨、触れている。

「此度御征討御差上《ママ》⟪下⟫ケ相成、今十五日御討入の風聞も有之候ニ付、御歎願相成候処、大総督府伺済迄御討入之義見合之旨、参謀西郷吉之助相答候ニ付、屋敷幷市中共猥ニ動揺

> 致し、意外之不都合相生し候而は以之外之義ニ付、諸事静穏ニ致し御沙汰相待候様可致候」
> これは三月十五日に町年寄役所から触れられたものである。この触は、1・2にも収録されている。

この説は「西郷山岡会談では七ヶ条の条件が提示されただけであり、これで江戸平和開城が決定されたわけではない」「両者が合意したのは、三月十四日」と、「無血開城・勝説」に立つ。一方アナトーリーは「両者が合意したのは、三月九日」という「鉄舟説」を唱える。高札を立てた日にちについては、合意が九日であれば、鉄舟東帰直後でも一五日でも、いつ立ててもおかしくはないが、合意が一四日であると、高札を立てられるのは一四日以降で、鉄舟東帰直後は不可能ということになる。表にすると次の通りである。

《図表3》高札を立てた日にち

	アナトーリー	**「維新史談論文」**
無血開城の実現者	鉄舟説	勝説
合意	九日	一四日
高札可能時期	九日以降	一四日以降
主張する時期	鉄舟東帰直後	一五日

「維新史談論文」は、「合意」は一四日だから、高札を立てたのは「鉄舟東帰直後」というアナトーリーの主張は錯誤であると否定する。「鉄舟説」を否定しているのである。しかし高札を立てたのが一五日であるということは、「鉄舟説」を否定することにはならない。

史料によれば、高札の日付は三月一五日となっているが、筆者はこれを正しいと考える。ただし理由は、合意が一四日だからではなく、「触」の文言にある。「大総督府伺済迄御討入之義見合之旨、参謀西郷吉之助相答候」と書かれている。すなわち大総督府に確認するまで、討入（江戸総攻撃）は見合わせる、という文言は、「江戸嘆願」での西郷の言葉そのままであり、「駿府談判」の結果だけからは書けない。「維新史談論文」も三月一五日が正しいとするが、合意が一四日だからというもので、その理由が筆者とは異なる。

蛇足ながら、この「維新史談論文」には、この時期の触書を収録しているのは次の三書であり、触書は「いずれも日付は三月十五日である」と書いてある。しかしこの三書の触書は、

①『続徳川実記』は、三月十五日条に書いてあるが、「触」の本文には日付がない。
②『幕末御触書集成』も、題目には「明治元辰年三月十五日」とあるが、本文にはない。
③『江戸町触集成』（「維新史談論文」が引用）は、「町年寄役所」の日付は「三月十五日」という「触」であるが、その前に書かれた「右之趣可被相触候」という幕府の指示は「二月」でこれは「三月」の間違いであろう。

と、いずれも日付が心許無い。だがこれら三書を総合的に見れば「三月十五日」は間違いない

と思われる。

しかしいずれにしても、高札が立てられた日が、鉄舟東帰直後であろうと、一五日であろうと、「無血開城」の決定が九日であることに関係はない。もし鉄舟東帰直後が正しければ、九日「合意」の強力な根拠付けになるであろうが、「三月一五日」が正しくとも、それは「合意」が九日であるか一四日であるかにはニュートラルであり、九日「合意」を否定するものではない。

(4) 先学の諸説は、「駿府談判」無視、鉄舟は「勝の使者説」

「無血開城・勝説」を唱える先学は、先ず鉄舟および「駿府談判」をほとんど無視する。これを「無視説」と呼ぶ。よくて慶喜の恭順を伝えに行った、勝の手紙を届けたと、メッセンジャー程度の扱いである。これを「メッセンジャー説」と呼んでおく。念のため「メッセンジャー」とは「頼まれた品物・伝言などを送り届けることを職業とする人」(『新明解国語辞典』)である。受取人が拒否すれば、無理やり押し付けることなどできず、黙って持ち帰るだけである。その意味では鉄舟以外の嘆願使者は皆メッセンジャーであったと言える。特に勝の指示であることを強調する場合は「勝の使者説」と呼ぶ。少し詳しく触れ鉄舟を評価しても、せいぜい西郷と勝の橋渡し役程度の評価である。これを「メッセンジャー説」よりは多少ましな「媒介説」

と呼ぶことにする。

（ア）鉄舟の西郷説得を無視――「無視説」

遠山茂樹は、鉄舟にも「駿府談判」にも言及していない。

勝部真長は、「ここに山岡が明治十五年頃、自分で書いて明治政府に呈出した功蹟調査の控えとおぼしき文書がある」（勝部真長、165）と言って『談判筆記』を全文引用しているにもかかわらず、「おぼしき」と言ってただ引用しているだけで、談判内容に触れることもなく、直ぐに勝が鉄舟に託したと言われる西郷宛手紙の話に移っている。鉄舟について何の評価もなく、何のために全文引用したのか全く不明である。勝部の場合「無視説」と呼ぶのが適当であろう。

（イ）「メッセンジャー説」・「勝の使者説」

圭室諦成は、鉄舟は単に勝の手紙を持参し慶喜の恭順を述べ、西郷は七ヶ条の降伏条件を提示しその実行を求めたと記載しているだけである（93）。そこには条件を巡る二人の談判については何も述べられていない。これでは鉄舟はただ条件を持ち帰っただけで、正にメッセンジャーに過ぎない。

佐々木克は、次のように記載している。

《**資料15**》鉄舟は使い（佐々木克、52）

山岡は徳川家の代表者ではなく、勝海舟の使いであるにすぎないから、（後略）（傍点原典）

「代表者」「使い」にわざわざ傍点を付し、ことさらにメッセンジャーであることを強調する。しかも「勝海舟の使い」であるという「勝の使者説」である。

松浦玲は、『談判筆記』を軽視し、鉄舟の「駿府談判」を評価せず、鉄舟の手柄は降伏条件の聞き出しに過ぎない、と言うのである。

《**資料16**》降伏条件聞きだし（松浦玲、359）

このとき初めて、東征軍側の降伏条件が旧幕府側に示された。これまで誰も聞きだすことができなかったのである。山岡の功績は、西郷にぶっつかってこれを引出したことだった。

山岡は、①の備前藩預けに、その場で異議をとなえて、西郷の善処するとの約束を取付けたようだ。しかし他の項目はそのまま江戸へ持帰った。山岡に決定権は無い。繰返しになるが、この降伏条件を聞きだしたのが山岡の大手柄なのである。

降伏条件を聞き出したのが鉄舟の功績であると二度も書いている。しかも鉄舟には「決定権」がない、と言う。鉄舟は慶喜の恭順が真のものであることを伝え、東征軍の進軍を阻止するための交渉に慶喜の直命で派遣されたのである。その意味で「交渉権」はある。もし鉄舟に「決定権」がないと言うなら、それは西郷にもなく、勝にもないことになる。あるのはいずれも「交渉権」である。強いて言うなら、鉄舟にも勝にも西郷との交渉で「戦」の選択権など与えられていない。西郷にも朝命撤回の権限など与えられているはずがない。西郷の場合は鉄舟と違い、慶喜の恭順に疑義があると判断すれば、江戸総攻撃をする権限を与えられていた。もちろん大総督の命令が必要だが。京都に帰って朝廷の許可を得る必要などなかった。なぜならそれこそが朝命だったからである。鉄舟はその西郷から、越権行為である朝命撤回の言質を取ったのである。この鉄舟の働きのどこがメッセンジャーと言うのであろう。

そのことにつき松浦は、「西郷の善処するとの約束を取り付けたようだ」と推定の表現をしている。そこには断定したくない、『談判筆記』の記載を認めたくない松浦の気持ちが現れているように思われる。

松浦の別の著書『勝海舟 維新前夜の群像③』を見ると、鉄舟の役割に対する表現がもっと冷淡である。

《資料17》「いとぐち」「だけ」（『勝海舟 維新前夜の群像③』、170～1）

しかし、この会談の効果は、あくまで征東軍と徳川方との話合いのいとぐちがみつかったというだけである。（傍点原典）（傍線筆者）（170）
しかし、ここで解決しているのは、実は山岡が修正を要求し西郷がおれにまかせろといった慶喜処置問題だけである。（傍点原典）（171）
山岡はただ、総督府が示した降伏条件を江戸へとりついだだけである。（傍線筆者）（171）

松浦は、わざわざ「いとぐち」「だけ」に傍点まで付して強調している。その他にも二カ所「だけ」（傍線）という表現を使っている。「慶喜の処理問題」こそが最重要問題ではないか。他の条件は、大総督が決裁できるが、「慶喜処理問題」だけは朝命であり、この決裁を得るためにこそ西郷はわざわざ京都まで戻り、そこで強硬派連中を説得するのに苦労したのである。

松浦のように、鉄舟は「とりついだだけ」という「メッセンジャー説」主張者は、何を根拠にそう主張するのであろうか。鉄舟が「慶喜の備前お預け」を撤回させ、城等は明け渡すと他の条件は受入れ、その代わり徳川家の家名は存続すると約束したのは、すでに論述したように事実である。詳しくは「五　江戸嘆願」「七　京都朝議」で論究するが、江戸での嘆願はほとんど通らず、最終的にはほぼ「駿府談判」の結果に決定されることになる。このどこが「取り次いだだけ」なのか。これについて岩下哲典は「あくまでも勝を主人公にしている。そしてこのあと、お決まりの両雄会見となる」（『白山史学』6）と記載している。徳富蘇峰（「薩邸に於ける両雄の会見」[11]）などの著名人や、石井孝（「『両雄会見』の背景」（『勝海舟』、171））・勝部真長（「『知勇の将』ふたり」、185）といった二一人の先学の中にも、これと類似の表現は多々見られる。

この「両雄の会見」という表現について、『維新史』[12]に次のように記載されていることに付言しておきたい。

《**史料18**》両雄の会見（『維新史』、207）

> 然るに和戦の鑰を握れる両雄の会見は、吉之助の洪量大度と義邦の胆略とに依つて、其の目的を達し、徳川家は幸にして滅亡を免れ、江戸百万の士民は兵燹《兵火》の災禍より救はれるに至つたのである。

戦前なのでやむを得ないが、昭和一六年の官制の史書の中に「両雄の会見」という美辞が見られ、さらに「洪量大度」だの「胆略」だの主観的な修飾語が冠せられている。こうして美化され固定化された「定説」が「先入観」となって未だに罷り通っている。

（ウ）せいぜい西郷・勝会談の媒介者――「媒介説」

原口清は「駿府談判」を「正式の談判といった性格のものではなく」「真に徳川方を代表する人物は、大久保一翁・勝海舟」と言って、「鉄舟説」を採らない。

《資料19》「駿府談判」の評価「正式」「実力者」（原口清、300～1）

駿府会談は、のちの西郷・勝会談とちがって、政府側と旧幕府側との正式の談判といった性格のものではなく、山岡が慶喜の恭順の誠意を訴えることに主眼がある（この点では他の嘆願の使者とおなじである）。それにもかかわらず、この会談は重要な意義をもつものとなった。それは、これまで静寛院宮・公現法親王（輪王寺宮）その他の嘆願がなされたが、これらはその身分の高貴にもかかわらず、真に徳川方を代表する実力者とは認められなかった。この重大な時期に、真に徳川方を代表する人物は、大久保一翁・勝海舟ぐらいのものであり、西郷隆盛もまた大久保・勝を真の好敵手と見なしていた。駿府会談は、東西両陣営の実力者が、山岡鉄太郎を媒介として、はじめて接触したのである。そのさい、山岡が持参した勝の西郷宛書簡は、どの程度西郷をうごかしたかは確証はないが、西郷とて勝の主張には充分の配慮をせざるを得ないことは推察できる。さらに、山岡の決死の弁明をつうじて、慶喜の恭順の実情が西郷をはじめて得心させた（これは、会談の席で西郷の明言するところ）。そして、新政府―大総督府の慶喜降伏謝罪条件がはじめて徳川方に明示されたのである。このことによって、江戸城の平和的明渡しの可能性は強まったといえる。以上が、駿府会談のもつ意義といえよう。

原口は次のように論述している。

○「駿府談判」は慶喜の恭順の誠意を「訴える」ことが目的だったので「正式」の談判とは言えない。

○「正式」であるためには「真に徳川を代表する実力者」でなければならない。それは一翁・勝である。

○それでも「駿府談判」が重要な意義を持つのは、和平のための「条件」を引き出し、西郷を一翁・勝に「媒介」し、「正式」の談判につなげたからである。

これが原口の理解である。だが実際は、「駿府談判」は単に「訴える」だけではなく、原口自身も言う通り西郷を「得心させ」、条件を引き出し、熾烈な談判の末「慶喜の備前お預け」という最重要条件を撤回させ、その他の条件は受け入れ、それにより家名存続を約させた。ここに和平は実質決定し、「江戸嘆願」はその単なる「事後確認」に過ぎない。

原口は、鉄舟が慶喜の恭順の真を西郷に得心させたことを認めるにもかかわらず、「正式」ではないとして「駿府談判」で決したことは認めない。しかし「正式」であるという一翁・勝が西郷を得心させたとも言わず、「江戸嘆願」で決したなどとは述べておらず、それにはむしろ否定的である。ならば原口は、いつ、どこで、誰が決したと言うのであろうか。詳しくは「五　江戸嘆願」で述べる。

石井孝は、「駿府談判」についてかなり詳しく論じており、鉄舟が反対したのは、慶喜の備前お預けだけではないと述べている。

《資料20》鉄舟の交渉内容（石井孝『戊辰戦争論』、133～4）

ところが肥後（熊本）藩士の探索書によると、山岡は、慶喜の恭順を述べたのち、不測の変事が起こるのを回避するため、政府軍が江戸討ち入りをしないように請願し、また軍艦・兵器提出の命令にもしたがいがたい、といったとのことである。これによると山岡が反対したのは、慶喜の備前藩お預けばかりではなかったのである。（中略）さらに山岡との会見の間、西郷は、左右に大砲をかまえ、山岡の背後に抜刀者をひかえさせ。いかにも威厳を示していたという。結局、西郷は、三月一五日の江戸城進撃の期日以前に江戸におもむき、勝と談判することを約束した。そして山岡は急いで江戸に帰った。

原口はこの石井説に対し、江戸討ち入りの中止要請はありうるが、軍艦・兵器提出命令に拒否はあり得ない、そこまで拒否すれば、江戸攻撃中止はできなかったであろうと否定している。そもそも慶喜の備前お預けを撤回し、城明渡しを約した以上、江戸討ち入りは当然中止のはずである。また左右に大砲、背後に抜刀者など、大げさで肥後探索者は、鉄舟・西郷会談を人伝に聞いたのであろう。いずれにしても石井は、ここで「無血開城」が決定したとは論じておらず、「江戸におもむき、勝と談判することを約束した」と、飽くまで鉄舟は媒介者で、「駿府談判」は「江戸嘆願」の「事前準備」と見ていたと思われる。

(エ) アンシン・アナトーリーの「無血開城・鉄舟説」を無視・否定

アンシン・アナトーリー論文については、「武蔵正宗」に関し松浦玲の批判、「高札」に関し原口清の批判を検討した。また「駿府談判」に関する松浦・原口の説もすでに論じたが、ここに改めて「駿府談判」に関するアナトーリーの見解に対する松浦と原口の批判を、一項を立てて検討する。その理由は二つある。

第一は、「鉄舟説」に対する批判だからである。

「無血開城」について従来「勝説」と「鉄舟説」との本格的論戦というものはなかったように思う。それぞれ持論を主張することはあっても、相手を本格的に批判したものは余り見掛けない。特に「勝説」の批判はあっても「鉄舟説」の批判は聞かない。本件はこの「鉄舟説」に対する批判である。

第二は、批判者が松浦玲、原口清だからである。

ほとんどの先学は「勝説」を支持するため、「鉄舟説」のアナトーリー論文に言及しない。本件はこれに対する松浦と原口の反論である。

なおここでの原口の説・批判は、正確には「維新史談論文」である。

なお、アナトーリーの論文は【注】（1）、「維新史談論文」は【注】（10）を参照されたい。

（A）松浦玲

先ず松浦の批判について検討する。松浦の批判部分を《資料2》と一部重複するが引用する。

《資料21》 松浦玲『勝海舟』【注148】（818～9）

> 西郷が江戸に着くと高輪で勝安房と自分が面会して前日約束した四ヶ条の実行を改めて確約したと書く。駿府での四ヶ条承諾や江戸高輪での四ヶ条確約が全くの間違いであることは改めて説く必要もないほどなのだが、これを信じる人も意外に多くて極く最近では『日本歴史』（吉川弘文館）七〇八号（二〇〇七年）にアンシンアナトリー「山岡鉄舟が書いた江戸無血開城の始末書」が載った。前記『明治戊辰 山岡先生与西郷氏応接筆記』（『談判筆

記』》の原本を全生庵で見たという以外には何の新味もなく、ここまで私が書いたことや以下に書くことは何も御存知ないらしいのに拙著批判まで注記されているので一言して置く。なお七ヶ条については山岡鉄舟の江戸へ戻った日とも絡むので以下の本文および注記で更に述べる。追記、『日本歴史』七二二号（二〇〇八年）にアンシンアナトリー「山岡鉄舟と名刀「武蔵正宗」」が出たが、四ヶ条一存承諾、高輪での再確約という明々白々の誤りが維持されたままである。

松浦は『談判筆記』の記載内容の「鉄舟の約束・確約」を「全くの間違い」であると否定する。これについては「六　先学の諸説（1）（ア）松浦玲」の「高輪批判」で詳述する。松浦はこの「鉄舟の約束・確約」について「これを信じる人も意外に多くて」と言ってアナトーリー論文③を批判する。すなわちアナトーリーの「鉄舟説」を「勝説」論者の松浦は批判するのである。

さらに後段でも、同氏の次の論文④を「明々白々の誤りが維持」されていると批判を繰り返している。実は松浦自身も「ここで解決しているのは、実は山岡が修正を要求し西郷がおれにまかせろといった慶喜処置問題だけである」（『勝海舟』〈中公新書171〉）と、慶喜処理条件が解決していることは認めている。勝部真長は「海舟の絶対二条件――慶喜の命と徳川家臣団の生活保障」（206）と慶喜の処遇を重視しているが、松浦はどうもこれを重要条件とは認識していないようである。

また「拙著批判まで注記」と書いているが、これは論文③に記載された「研究者によっては勝海舟、英公使パークスなどの役割に偏っているきらいがある（たとえば、松浦玲『勝海舟』〈中央公論社、一九六八年〉）」のことと思われる。松浦は「パークスの圧力」は否定しているので、パークスの役割に偏っているという批判は当たっていないが、勝海舟に偏っているのは間違いないであろう。松浦は持論を「勝海舟に偏っているきらいがある」と批判されたので反論したものと思われる。

（B）原口清（「維新史談論文」）

原口の批判については、『維新史談論文』を検討するが、便宜的に原口の名で記載する。ここではアナトーリー論文のうち「駿府談判」に関する内容に限定して検証する。アナトーリーは論文②の冒頭で鉄舟の役割について次のように述べている

《資料22》アナトーリー論文②「山岡鉄舟の功績を称えた『正宗鍛刀記』の考証」

> 様々な日本史の教科書、日本史事典、日本人名事典、さらに明治維新と戊辰戦争の研究の中では、江戸無血開城の時に山岡鉄舟が果たした役割について述べる際、山岡は、「江戸無血開城を実現した」、「実現への道を開いた」、「糸口を見つけた」、「下地をつくった」、単な

る「勝海舟の使者」であったなど、その定義が統一されておらず、定説が見られない。

これに対し「維新史談論文」の【偽作説は見当外れ】の項で、以下のように批判している

《資料23》「維新史談論文」【偽作説は見当外れ】

アナートリー氏は、江戸開城をめぐる政治情勢を考察されず、またそれぞれの手記が執筆された時期の山岡の心境を考慮されないで、第一の手記（『報国の端緒』）の偽作説を提起されたのである。

氏は、一方で、山岡の第二の手記（『談判筆記』）を過信し、公文書による確認をされていないのは、極めて遺憾である。

駿府での西郷山岡会談の詳細についての専門的研究は、原口清論文のみが検討している。しかしアナトーリー氏は、論文④の冒頭で、多くの一般書や辞典類の叙述を紹介して、あたかも定説がないかのように述べておられる。しかしこれらはまったく学術的研究を参考にしていないのであり、議論の対象にはならない。

氏の原典渉猟の努力には、敬意を表するけれども、史料考証はいささか不十分であるといわざるをえない。

冒頭の第一の手記（『報国の端緒』）が偽作か否かは、アナトーリーは偽作と主張し、原口はそれにはいささか疑問があると述べている。だが重要なのは第二の手記（『談判筆記』）であるので、本書では『報国の端緒』の偽作論争には踏み込まない。

原口のアナトーリー批判は次の三点である。

①『談判筆記』を過信し、公文書による確認をしていない。

②鉄舟・西郷会談に定説がないと述べている。

③史料考証が不十分である。

以下順次検討する。

①『談判筆記』を過信し、「公文書」により確認していないと言うが、『談判筆記』を確認する公文書など存在するのであろうか。もし勲功調査の際に賞勲局に提出していれば、それを見るという手立てはあるが、提出先は岩倉具視個人である。

しかしそれを裏付ける史料として、「公文書」ではないが、『正宗鍛刀記』があり、その原本も見つかっている。したがってこの批判は当たらないと思う。アナトーリーは論文②に『談判筆記』が一次資料、『正宗鍛刀記』が二次資料と書いているが、『正宗鍛刀記』も一次資料ではないかと思う。なぜなら、これこそ鉄舟の功績を証明する客観的史料だからである。

敢えて「公文書」と言うなら、勝が賞勲局に提出した報告書はどうなのか。原本や勝の控えは残っているのか。今までこの報告書について言及した先学を知らない。

また原口自身『談判筆記』の記載を信頼し、重要なポイントを引用している。すなわち「山岡の決死の弁明をつうじて、慶喜の恭順の実情が西郷をはじめて得心させた（これは、会談の席で西郷の明言するところ）」（300）と記載している。このカッコ内の「会談の席で西郷の明言するところ」は『談判筆記』以外に史料はない。また原口は、鉄舟派遣の経緯について『報国の端緒』すら引用している（344）。

②「まったく学術的研究を参考にしていない」という批判は、アナトーリーが原口清論文、すなわち専門的研究を読んでいないかのように受け取れる。しかしアナトーリーはここで言及している論文④ではなく、論文③に「原口清の『江戸城明渡しの一考察』を除いて、江戸無血開城を正面から取り上げた研究はない」と原口清論文を非常に高く評価していると思われる記載がある。原口はアナトーリー論文を列挙し、その中に論文③も含まれているので、このことは知らないはずはないと思われるのだが。

③「史料考証はいささか不十分」というのは、原口清論文だけでは不十分という意味であろうか。しかし「維新史談論文」には「駿府での西郷・山岡会談の評価についての専門的研究は、原口清論文のみが検討している」と、原口清論文以外に専門的研究はないと記載されている。それではこれを読んで高く評価しているアナトーリーの何が不十分と言うのであろうか。アナトーリーが「定説が見られない」と言ったのは、原口清論文を高く評価するが「定説」になっていない、と述べているものと思われる。原口清論文が一九七一〜二年に発表されて

以来、アナトーリーが論文④を書いた二〇〇七年まで、すでに三五～六年経過しているが、未だに「定説」が改まっていなかった。そして現在に至るも未だである。

批判についての検討は以上であるが、原口の『報国の端緒』引用について少々付言しておく。ただし冒頭に述べたようにこの偽作の真偽を論ずるものではない。

原口はその著書の中で、鉄舟派遣の経緯、すなわち高橋泥舟が鉄舟を推挙し慶喜が直接派遣を命じた経緯を、『報国の端緒』をから述べている(299)。この経緯は『報国の端緒』には載っているが、『談判筆記』には記載されていないからであろう。飽くまで推測だが、原口は自らが引用した史料（『報国の端緒』）が偽作とされることに抵抗があったのかも知れない。筆者は、「一　鉄舟派遣」ですでに述べたように、疑義のある『報国の端緒』を引用せず、『高橋泥舟先生詩歌』（一八九二年〈明治二五〉）を引用した。安倍正人が最初に『報国の端緒』を載せた「鉄舟随筆」（一九〇三年〈明治三六〉）の発刊は、それより一一年後であるから、これを流用した可能性がある。

【注】

（1）アンシン・アナトーリー論文

アンシン・アナトーリーは、ロシア人の歴史学博士で、武家の歴史と文化史を研究。「無血開城」は鉄舟により実現されたと「無血開城・鉄舟説」を主張する。同氏の山岡鉄舟に関連する論文は以下の通りである。
①「山岡鉄舟の随筆と講話記録について」（『千葉大学 日本文化論叢』第7号、二〇〇六年）。
・鉄舟が書いたとされる随筆が、『談判筆記』以外は、安部正人による偽作であると主張。
②「山岡鉄舟の功績を称えた『正宗鍛刀記』の考証」（『日本漢文学研究』2号 二松学舎大学日本漢文学研究編集委員会編集、二〇〇七年）。
・『正宗鍛刀記』についての研究。
③「山岡鉄舟が書いた江戸無血開城の始末書」（日本歴史学会『日本歴史』第七〇八号 吉川弘文館、二〇〇七年五月）。
・「談判筆記」と「報国の端緒」についての研究。
④「山岡鉄舟と名刀『武蔵正宗』」（『日本歴史』第七二二号、二〇〇八年七月）。
・②の簡略版。
（2）「名刀『武蔵正宗』拝観と『正宗鍛刀記』の原本発見」山本紀久雄（『刀剣美術』〔公財〕日本美術刀剣保存協会　第七三〇号、二〇一七年一一月号、30～4）
（3）日野市特別展図録「特別展　幕臣尊攘派―浪士組から江戸開城へ　山岡鉄舟らの軌跡―」（『日野市立新選組のふるさと歴史館叢書』第十四輯、二〇一六年一月）（30）
（4）宮内庁『明治天皇紀』第七（吉川弘文館、一九七二年）
（5）岩崎英重編 中根雪江（靱負）『戊辰日記』（日本史籍協会、一九二五年）

（6）多田好問編『岩倉公実記』（中巻）（原書房、一九六八年）

（7）佐藤寛『山岡鉄舟 幕末・維新の仕事人』（光文社新書、二〇〇二年）

（8）佐藤元英監修『皇族軍人伝記集成 第1巻 有栖川宮熾仁親王 上』（ゆまに書房、二〇一〇年、121）

（9）西郷隆盛全集編集委員会編纂『西郷隆盛全集』第六巻 一九八〇年、555）

（10）『維新史談』113号（二〇〇九年一二月）

「山岡鉄舟回想録についてのアンシン・アナトーリー氏の偽作説について」

この論文冒頭部分に、「山岡には一八六九年（明治2）と一八八五年（明治15）の二つの日付を持つ回想録がある。そのうち前者については、アンシン・アナトーリー氏の偽作説があるのだが、その点について、原口先生のお話を伺った」と書かれている。したがって前者（「戊辰の変余が報国の端緒」のこと）は原口の説であろうが、その他については原口の説かは不明である。ただ原口の考えの影響を受けていることは推測できる。この批判文の最後に「文責・田村貞雄」と記されている。同氏は静岡大学名誉教授である。したがって本文にも書いた通り、以後この論文を「維新史談論文」と呼ぶことにする。

なおこの会は会員一〇数名の小規模な会で、会報『維新史談』は会員他数名に配布しているだけで図書館・学会には寄贈しておらず、学界の著作目録にも掲載されていないと書かれている。

（11）徳富蘇峰『勝海舟』（改造社、一九三二年、280）

（12）『維新史』第五巻（維新史料編纂事務局、一九四一年）
明治四四年文部省管下に、政府直轄事業として維新史料の蒐集・編纂を行う維新史料編纂会が設置された。その下に実際の編纂事務に当たる機関として事務局が設置された。そして昭和一五年に『概観維新史』が、翌一六年に『維新史』五巻が成稿した。

三　勝海舟の地位・権限　――徳川の総責任者にあらず――

勝は西郷と会談したため、徳川の総責任者、慶喜に次ぐナンバー・ツーと思われているが、果たしてそうであったかを究明する。

(1) 慶応四年一月の職制改革で老中廃止

慶応四年に入り、一月三日に鳥羽・伏見の戦いが勃発して以降、徳川の内情はかなり混乱していた。そこで徳川では、一月二三日旧幕府の家臣を「家職の組織」に改めた（『徳川慶喜公伝』4、213）[1]。勝の地位・権限を検討するに先立ち、この時期の徳川家のトップの組織を俯瞰しておく。

大政奉還した以上、徳川家も一大名となった訳であるから、従来譜代大名が務めていた「老中」がなくなり、旗本による「若年寄」がトップになり、その下に陸軍・海軍・会計・外国の四総裁が設けられた（『柳営補任』[2]によれば一月二四日）。このとき勝は陸軍総裁に任じられた。『海舟日記』一月二三日条にもそのことが「夜中、陸軍惣裁若年寄被仰付」と書かれている。ただし若年寄は辞退している。

ちなみにそれまでの勝は軍艦奉行であったが、一月一七日に海軍奉行並に任じられた。付言するとそれまで勝は、元治元年一一月一〇に軍艦奉行を罷免されて以来三年二カ月もの間、閑職にいた。ただし慶応二年五月二八日軍艦奉行に一時復帰し、「会薩調停」「宮島会談」を任されたが、成功することなく、僅か四カ月で再び中央から遠ざけられた。一時復活後からも一年三カ月の間、肩書は軍艦奉行のままであったが、徳川の中枢にはいなかった。そもそも海軍そのものが傍流ではあったが。その間に、慶喜将軍就任・孝明天皇崩御・大政奉還・王政復古そして鳥羽・伏見の戦い、と徳川幕府は崩壊に向かったのである。

さて、従来老中の任にあった譜代大名たちは、「国内御用取扱」という名目でしばらくいたが、徐々に職を退き、二月二一日の稲葉正邦の辞免をもって全て姿を消した。そして前年から若年寄であった旗本たち九名も二月には職を退き、一月に若年寄並から若年寄に昇格した浅野氏祐・川勝広運の二名のみが残った。その後二月八日に会計総裁であった大久保一翁が若年寄に昇格し、さらに二月終わりに数名が若年寄に昇り、六名前後の若年寄職と、その下の四名の総裁職が、江戸城明渡しまでの徳川家の家政を切り盛りすることになった。

念のために付け加えておくと、トップは若年寄職で、実質統轄していたのは一翁であり、勝の就任していた総裁職はその下であった。『柳営補任』には「総裁」職について「若年寄之次」と記されている。

《史料1》「総裁」の位置付け（『柳営補任』、37）

慶応四辰年正月初而被仰付、席之儀者若年寄之次

（2）慶喜謹慎後の参政（若年寄）に勝は含まれず

慶喜が上野寛永寺に蟄居した二月一二日時点の参政の顔触れはどのようなものであったか。若年寄の一覧表を掲げる。

先ず前年から引き続き若年寄であった永井尚志ら九名は、二月九日でほぼ全員免職となった（石川総管だけが一九日免職）。そして残っていた若年寄並の二名（浅野氏祐・川勝広運）が一月二三日に若年寄となりその後も継続する。そして大久保一翁が若年寄に昇格し、その後多少の増減があり六～七名で城明渡しを迎えることとなる。そして勝はこの中に含まれてはいない。

ただ慶喜が、上野に謹慎する際に後事を託したのは、勝などではなく、田安中納言（慶頼）

《図表1》幕末若年寄・総裁一覧表

氏　名	慶応3年	4年 1月	4年 2月	4年 3月
堀直虎	——	——17		
戸田忠至	——	——20		
永井尚服	——	——	6	
松平近説	——	——	6	
竹中重固	——	——	—9	
永井尚志	——	——	—9	
塚原昌義	——	——	—9	
石川総管	——	——	——19	
平山省斎	—(若年寄並)—	—㉓—	—9	
浅野氏祐	—(若年寄並)—	—㉓—	——	——
川勝広運	—(若年寄並)—	—㉓—	——	——
大久保一翁			⑧——	——
服部常純			⑫——	——
今川範叙			㉕	——
跡部良弼			㉖	3
河津祐邦			㉙	——
向山一履				⑤——25
勝海舟		陸軍総裁㉓	—— (軍事取扱)㉕	——18 ——

（○数字：就任日、数字：退任日）

		（総裁）	（副総裁）
1月24日（柳営補任）	陸軍	勝海舟	藤沢次謙
	海軍	矢田堀鴻	榎本武揚
	会計	**大久保一翁**	成島弘（柳北）
	外国事務	山口直毅	河津祐邦
2月6日	河津　外国事務総裁		
2月8日	**大久保**　若年寄		山口　会計総裁

と松平確堂（斉民）の二人であった（『徳川慶喜公伝』、215）。田安は御三卿の一人で、四月四日橋本実梁ら先鋒総督が勅使として入城した際、これを幕府代表として迎えた。松平斉民は一一代将軍家斉の一五男で津山藩主。慶喜の信頼が厚く、江戸開城後新政府により田安亀之助（一六代家達）の後見人を命じられる。

松平慶永の使者と

して本多修理が登城した公式の場には、一翁に川勝広運が同席するが、その後の具体的な話は一翁と修理との間で行われた（松浦玲、348）。結局実質的に取り仕切っていたのは、一翁ということになる。しかし、慶喜は上野寛永寺に謹慎したとはいえ、徳川宗家の当主である。したがって重要な決裁は慶喜が行っていた。

（3）勝の「軍事取扱」は、正式の職種ではなく一時的な任務

勝はその後「軍事取扱」に任じられ、陸軍・海軍総裁の上に立ち、両軍を統括する軍事のトップであると述べられることがある。それは勝が『海舟日記』二月二五日条に以下のように書いているからである。

《史料2》軍事取扱（『海舟日記』二月二五日条）

> 東台拝趨。此日、京師へ御使被命べき旨なり。依て陸軍惣裁御免を願ふ。夜に入、諸有司申所あり、御使の事免さる。軍事之儀取扱可申旨被仰渡。

これに対し勝部真長は以下のように記述している。

《資料3》軍事取扱（勝部真長、160）

> 結局、勝は、陸軍総裁を辞職したが、あらためて「軍事取扱」という職を与えられた。これは陸軍のみならず、海軍もふくめて、軍事全体の責任を負うものである。権限は一段と強くなったとみてよい。

勝部は、勝の日記を読んで、陸軍総裁は罷免されたが、「軍事取扱」という陸海両軍の上に立つより強力な権限を持つ職に就いたと述べている。

しかしこの「軍事取扱」なる職が史料に見当たらないのである。松浦玲はこれにつき次のように言う。

《資料4》軍事取扱（松浦玲、350）

> 誰が出した知恵か不明だが、既に一翁の「国内事務取扱」という先例があるから、それに準じて陸海軍の両方を取扱うのであろう。ただし勝安房は若年寄兼帯ではなくて、ただの「軍事取扱」だった。

この「〇〇取扱」なる職種は、『柳営補任』の勝海舟の箇所に「海陸軍之御用取扱」とあるだけで、武鑑等[3]にも記載がない。前述の老中が一時的に任ぜられた「国内御用取扱」と同じような、一時的で便宜的な役目に過ぎないのではなかろうか。すなわち正式な職種ではなく、単なる一時的な任務と思われる。

勝自身日記に「軍事取扱」という役職に任じられたという表現はしておらず、「……取扱い申すべき旨仰せ渡さる」と書いており、役職（ポスト）か否か曖昧な表現である。ちなみに一月二三日に陸軍総裁を命じられた時は「陸軍総裁若年寄被仰付」のように「《役職を》仰せ付けらる」と明確に書いている。

『続徳川実記』[4]二月二五日条には、御役替の記載はあるが、今川刑部大輔（範叙）が高家のまま若年寄兼帯の記載のみで、勝が「軍事取扱」に任命されたことはもちろん、陸軍総裁を罷免されたことも記載されていない。

『柳営補任』の勝の役職については、「総裁」の箇所に次のような記載が見られる。

《史料5》海陸軍之御用取扱（『柳営補任』、37）

> 同日軍艦奉行ヨリ　陸軍　勝安房守
> 同年四月　日内願之通御役御免、海陸軍之御用取扱　義邦

「同日」というのは、「総裁」欄の勝の前に記された矢田堀の任命日「慶応四辰正月廿四日」す

なわち一月二四日である。このとき、軍艦奉行から陸軍総裁に昇格しているが、『海舟日記』一月一七日条に「夜俄に海軍奉行並被命」、一月二三日条に「夜中、陸軍惣裁若年寄被仰付」とある。僅かの日数であったので「海軍奉行並」は省略したのかも知れない。なお「内願之通御役御免・海陸軍之御用取扱」すなわち辞任要求が叶い陸軍総裁が解任され「軍事取扱」となったのが「同年四月　日」となっているが、これは三月の間違いであろう。日付は空欄だが、次に述べる経緯より白戸石介が陸軍総裁となった「三月一八日」と解釈すべきであろう。

（4）勝は若年寄の下の陸軍総裁で、西郷との会談直後に白土石介と交代

それでは実際に勝はどのような肩書であったのか。そのヒントとなる「白戸石介」という人物がいる。白戸は、『柳営補任』によれば「副総裁」の欄に以下のように載っている。

《史料6》白戸石介（『柳営補任』、38）

慶応四辰二月廿七日歩兵頭ヨリ、並	
同年三月十八日本役	陸軍　白戸石介
同年四月廿八日大目付	（持隆）

これは『続徳川実紀』の次の記載と符合する。

（二月）廿七日　陸軍副総裁並　歩兵頭　白戸石介
（三月）十八日　陸軍総裁　陸軍副総裁並　白戸石介
（四月）廿八日　大目付　陸軍総裁　白戸石介

これらによると白戸は三月一八日に「本役」すなわち「陸軍総裁」になっており、勝が二月二五日陸軍総裁を辞めたとすると、二二日間も陸軍総裁が空席であったことになる。なお、『柳営補任』の白戸の名が「副総裁欄」にあるので、三月一八日の「本役」が「並」が取れたという意味で「陸軍副総裁」であるとすると、『続徳川実紀』の三月一八日の記載と齟齬が生じる。また『続徳川実紀』の四月二八日の御役替の記載が陸軍総裁から大目付になっており、この間に白戸が陸軍総裁になった記載がないので、やはり『柳営補任』の「本役」は陸軍総裁と解釈するのが妥当であろう。さらに『続徳川実紀』の三月一八日の御役替には白戸の他に二名（竹本隼人正・田村筑後守）おり、三名連記の後に「右被仰付旨。於芙蓉間替席。川勝備後守中渡之」と記されている。二月二七日、四月二八日も同様の記載があることから、記載内容は信頼できると思われる。

『海舟日記』四月九日条を見ると、海陸軍一同の嘆願書を持参した白土を、勝は「陸軍惣裁白土石介」と記載している。するとこれ以前に白土は陸軍総裁になっているはずである。ところが講談社版の「慶応四戊辰日記」には「陸軍副総裁並（二月二十七日任）白土隆盛」、「幕末日記」には「陸軍副総裁」とカッコ書きで注が付されているが、統一が取れていない。勁草書房版には「陸軍[副]総裁白戸石介」、別本「白戸石介」となっている。江戸東京博物館版『用箱日記』には「白戸石介」で「注」に「陸軍副総裁」とある。つまり勝自身は「陸軍総裁」と書いたが、『海舟日記』の編者達は皆「副」を補充している。だが何を根拠に「副」を補充したか記載がなく不明である。考えられるのは『柳営補任』の「本役」を「副総裁」と解釈したのではなかろうか。『海舟日記』は誤記等が多くそのまま信じられない箇所もあるが、白戸を「総裁」と書くことは自身が「総裁」でないことを認識しているはずであるから、余程のケアレスミスでない限り「副」を書き洩れることは考えにくい。

実は勝が総裁になった同日に藤澤志摩守次謙なる者が副総裁になっており、ずっと変わらずにいる。白戸は海陸軍一同の嘆願書をまとめて勝の下へ持参するくらいなので、やり手であったようだ。勝が総裁を退いた後、白戸が副総裁になると、総裁が空席で、副総裁が白戸・藤澤の二人になり、組織的には好ましくない。いっそやり手の白戸を勝の後任として総裁にしたと考える方が自然と思われる。

この非常時に二月二五日から三月一八日の二二日間も陸軍総裁が空席であったとは考えにくい。《史料2》の『海舟日記』二月二五日条の「陸軍惣裁御免を願ふ。軍事之儀取扱可申旨被仰渡」は保留となり、白戸が後任総裁に就任する三月一八日に決定したと考えられる。保留になっていたということは、《史料5》の『柳営補任』に、四月という時期は誤りと思われるが、勝の総裁御役御免に「内願之通」と付記されていることからも推測される。ただし三月一八日に、いわゆる「軍事取扱」の任務は与えられる。

整理すると以下の表のようになる。

《図表2》勝海舟・白戸石介・藤澤次謙の役職

	一月二四日	二月二五日	二月二七日	三月一八日
勝　海舟	陸軍総裁	陸軍総裁御免保留「軍事取扱」		陸軍総裁解任
白戸石介	歩兵頭		陸軍副総裁並	陸軍総裁
藤澤次謙	陸軍副総裁			

すると西郷と会談した三月一三、一四日の勝は陸軍総裁であり、その後（三月一八日以降）は肩書がなかったとも言える。

『維新史料綱要』[5]には、三月九日（322）、一四日（345）の箇所に「旧幕府陸軍総裁勝義邦」と記載されており、この時点での勝は「陸軍総裁」という認識である。これからも二月二五日に勝は陸軍総裁を罷免されてはいないことになる。

『海舟日記』以外に「軍事取扱」について記述された史料に『越前藩幕末維新公用日記』(6)（『修理日記』と略す）がある。三月六日に本多修理が勝を訪ねたとき勝は修理に「安房ハ総督テハナケレトモ、軍事取扱故」といっている。勝は自分のことをはっきり「軍事取扱」といっている。しかしこれは勝自身の言葉であり、『海舟日記』と同根である。すると二月二五日陸軍総裁辞任は認められず、海軍の面倒も見るよう命じられたと考えられる。

実際勝は、三月一四日の西郷との会談（降伏条件の緩和嘆願）をもって、新政府との交渉の役目が終わり、直後の一八日、陸軍を抑えきれずにいたため白戸に取って代わられ、曖昧な「軍事取扱」的任務だけが残されたと考えられる。これに関し、四月四日の勅諚伝達式の場への出席者について、松浦の次のような興味深い記述がある。

《**資料7**》勅諚伝達式徳川方出席者（松浦玲、373）

> 受ける徳川家の代表は田安慶頼である。一橋茂栄も出た。若年寄や大小の目付が同坐したが勝安房は出ていない。三月十三日、十四日のような談判は若年寄集団の依頼を受けて遂行したけれども、江戸城総攻撃の延期という結果を引出せば勝安房の役割はいったん終了、このような公式の場に出る必要は無いのである。そういう地位や立場ではない。

勝は四月四日の伝達式に出席しなかったばかりでなく、四月一一日の江戸城明渡しの式にも参列していない。城外の警護のためとも言われるが、不参加の理由は、四日の伝達式と同じく「そういう地位や立場ではない」からではなかろうか。

（5）勝は徳川の総責任者でも軍のトップでもなく、新政府軍との交渉役

以上は、「軍事取扱」の「制度上」の位置付けである。では「実質的」な勝の権限はどうであったのか。組織では制度上、下位の者が実質的には上位の者よりも権限を持ち、形式よりも実質の方が重要である場合がしばしばある。例えば東征軍における西郷がそうであった。そこで勝は実質的にどの程度の権限を持ち、何をしたのかを考察したい。

勝が陸軍総裁となったのは、新政府軍と戦うためではなく、和平交渉のネゴシエーターとしてであった。その証拠に、軍艦奉行から海軍奉行並になったのは、一月一五日に主戦派であった小栗上野介が罷免された直後の一月一七日であり、陸軍総裁就任はさらにその六日後の二三日であった。その意味ではこの時点で陸・海双方を取りまとめて和平交渉に臨め、という趣旨であったかと思われる。

そして勝がいわゆる「軍事取扱」を命じられたという二月二五も、和戦いずれか迷っていた慶喜が恭順に決し、上野寛永寺に謹慎した二月一二日の後である。いずれも戦うために任命さ

れたのではないことは明白である。

ではその間勝は何をしたか。先ず越前・福井藩を介して京都の参与に、また薩摩藩士に託して参謀の西郷や海江田武次に江戸攻撃中止嘆願の手紙を送っている。その後近藤勇・土方歳三を甲府に派遣したり、いわゆる「江戸焦土作戦」に伴う江戸市民疎開の資金として信太歌之助に二五〇両渡したりした程度で、新政府軍に対するこれといった有力な手立ては講じていない。

『修理日記』からそのころの勝の様子が窺える。二月二四日の箇所に「勝ハ此間中内願引退、浅野美作守モ内願シテ引込ミタリ」とあり、陸軍が命令を聞かずに嫌気が差して引き籠ってしまったようである。二月二四日は、勝が陸軍総裁御免を願い出た前日である。陸軍総裁としての勝の威令は行き届いていなかった。このように勝は気に食わないとよく職場放棄をするのである。このことについて松浦玲は「一翁は国内事務取扱兼帯の若年寄として一日一刻も職務を離れることができないのだが、陸軍総裁だけの勝安房は気に入らないことがあれば勝手に引きこもることが可能なのである」(349)と書いている。一翁は総責任者として勝のようなことはできず、勝の我儘を本多修理にこぼしていたようである。

また三月六日条を見ると、次のような記述がある。

《**史料8**》軍事取扱(『修理日記』、545)

> 品川へも昨日人数ヲ出シタ、鎮撫ノ為安房カ申付タノシヤ、橋公《御三卿の一橋茂栄》ト

河津《若年寄の河津祐邦》カ夫人数ヲ返シタ、安房ハ総督テハナケレトモ、軍事取扱故、安房ニ御マカセノコトシヤ。

ここには二つのポイントがある。先ず勝が鎮撫のため手配した兵力を、一橋茂栄と河津祐邦とが引き揚げてしまったことである。「軍事取扱」もしくは陸軍総裁としての勝の命令が、御三卿や若年寄によって無断で撤回されたということである。

もう一つの注目すべきポイントは、勝自身が「総督ではないが」と言っていることである。「総督」とはもちろん軍事司令官、軍のトップである。勝は、自分は軍のトップではない、と認識しているのである。さもなくば単に「軍事取扱」と言えばよく、「総督ではないが」とわざわざ断る必要はない。つまり「軍事取扱」は、軍事のトップとして陸・海軍総裁の上に位置する役職ではなかったことが推測される。少なくとも勝はそのように認識していると読み取れる。

では海軍に関してはどうであったであろうか。本来なら勝は海軍畑なので、陸軍より海軍に対して影響力を持っていたと考えられる。ところが三月一四日の「江戸嘆願」では、城・兵器・弾薬は直ぐ渡すといった後、西郷に「軍艦は如何」と言われたとき、次のように答えている。

《史料9》海軍は管轄ではない（『江城攻撃中止始末』[7]、57）

其軍艦である。陸兵のことであらバ拙者の関する所、成るべく如何にもして穏当に渡さうと思ふが、軍艦となつて来ると、どうも思ふ儘に行かぬ。といふは実際を扱ふて居るのハ榎本である。

つまり陸軍は自分の管轄なのでいかようにもできるが、海軍はそうはいかない、と西郷に語っている。これは、自分は陸軍総裁であるが海軍総裁ではない、と言っているに等しい。このことからも勝は、自分が陸海軍の上に位置する立場にはないと認識していたことが分かる。「総督ではない」と言ったことと同意である。勝が西郷に、海軍は自分の管轄ではないから自由にならないと語ったのは、交渉の方便とも考えられるが、それなら副総裁の榎本ではなく総裁の矢田堀の名を出すべきであろう。榎本の名を出したのは、実質的に海軍を掌握していたのは榎本であり、矢田堀ではなかったからと思われる。そして勝でもなかったのであろう。

なお混乱して「軍事取扱」ではなく次のように「軍事総裁」と呼ばれることがある。

《**資料10**》軍事総裁（頭山満『幕末三舟伝』[8]、144）

当時、勝は閑居の身であったが、かれこれそんなことをいうておる時でない。彼は、召し出されて、海軍奉行に復任し、まもなく軍事総裁の重職に補せられた。

勝は「軍事総裁」などになったことはない。さらに「海軍奉行」になど復任してはいない。最高で「軍艦奉行」であった。『海舟日記』によれば一月一七日には「軍艦奉行」から「海軍奉行並」に昇進し、そこから二三日に「陸軍総裁」を命じられたのである。

《**資料11**》軍事総裁（木村毅『西郷南洲』[9]）

鉄舟が西郷と面談した時の鉄舟の言葉（256）

> ただ主人慶喜公の赤心をこちら様にうったえんと存じ、勝先生が軍事総裁ですから、御相談にまいりました。

勝が江戸の治安維持のため火消しの新門辰五郎等、無頼漢に依頼に行ったときの話（264）

> いまを時めく幕府の軍事総裁が、自分でわざわざ陋巷にあばら屋をたずねてゆくのだから、たずねられる方では、目の玉をくりむくほどにおどろいた。

実は鉄舟も間違えて『談判筆記』に勝を次のように「軍事総裁」と書いている。

《**史料12**》軍事総裁（『談判筆記』、100）

> 当時軍事総裁勝安房ハ、余素ヨリ知己ナラズト雖モ、曽テ其胆略アルヲ聞ク。

一四年も前の正確な勝の肩書など忘れていたのであろう。それほど「軍事取扱」というのは曖昧で、周囲に認識されていなかったと言えるのではなかろうか。

なお「軍事総裁」という職は、松平容保が元治元（一八六四）年に就任したが、僅か二カ月足らずで京都守護職に復したことから自然消滅した。以後この職は復活していない。

勝は徳川の代表として、軍事のトップ、慶喜に次ぐナンバー・ツーとして、新政府軍との交渉に当たったというのが「定説」である。しかし勝は徳川のナンバー・ツーではなく、軍のトップでもなく、自身にもその認識はなかった。勝は和平派で徳川の中で最も薩長に顔が利くという理由で、西郷に対する降伏条件緩和の嘆願交渉を任されたと考えられる。新政府側とのネゴシエーターであり、与えられたのは「交渉権」であり、「代表権」などではない。

（6）交渉役の勝は、専ら嘆願書の送付だけで直接交渉はせず

それでは勝はこの間、新政府に対しどのような活動を行なったのであろうか。

慶喜が恭順を決した以上、徳川方にとって最大の課題は、いかに新政府軍の江戸総攻撃を阻止するかであった

（ア）七通の嘆願書を日記に記載

勝は新政府側に何度も手紙を書いている。勝は自分の書いた手紙を全て日記に記録しているので、それを一覧にする。

《図表3》勝の手紙（『海舟日記』）

	出状日	手紙日付	差出先（宛名）	使者	内容（ポイント）
①	1.18	辰　正月	参与（なし）	越前（福井藩）	同胞相喰、印度・支那、同轍 勤王を唱へて、大私を挟み、皇国土崩
②	1.18	辰　正月	三道の城主（三道の城主机下）	酒井左衛門尉之留守居	天朝といへ共、一も誤なしといわんや。 条理を正し、公私如何を決すべき也。 首鼠両端不決なりと。主家に敵せんとするか。
③	2.17（2.5）	辰　二月	参与（なし）	本多修理（注）林矢五郎・兼坂熊四郎	其政権朝廷に帰納せり…一定有りしを不聞。 東洋諸国私を逞くして、国を破るに出ざる也。 印度、支那之轍、不遠。 希くは私を去り、公平至当を以て…。

④	⑤	⑥	⑦	⑧
2.17	2.17	？（**2.28 西郷受**）	3.5	3.14
辰　三月（二月十八日）	辰　三月（二月）	？	三月五日	辰　三月
参与（なし）	西郷・海江田（なし）	？	（参謀軍門下）	参謀（参謀軍門）
越前家臣（本多修理）	華川某	？	鉄舟	なし
旧歳毛利家二国に蟄して、弱転じて強と成る。関東今日之弱者豈後日之強者に転ずるを思はざらん哉。同胞相喰しむ。況哉譜代の主を捨て、官軍に加はらしむる者は、君臣父子相喰之道にして…。	無偏無党、王道堂々矣。兄弟牆にせめげども…。後宮の尊位、日夜焦慮す。一転不正の御挙あらば、皇国瓦解。	**恭順しているのに征討の兵を向けるのは何ゆえか。徳川家は軍艦十二艘を所有しているがそれを使用しないのは恭順しているからである。暴発する家臣が出る恐れがあるから、兵は箱根以西に留めてくれなければならぬ。**	⑤と同文	各其中小私あり。皇国人物乏敷に因る。同胞相喰。各私憤を包蔵して。官軍猛勢奮ひ、…我もまた一兵を以て…。

（注）③は二月五日（以前）出状。使者は「林矢五郎・兼坂熊四郎」の誤り（補注10、398）。
④⑤は、日付は「三月」だが、二月出状。
⑤⑦は、重複しており、宛先が不明確。西郷とは三年半ほど前に一度会ったきりで、海江田とは面識もない。
⑥のみ『江城攻撃中止始末』に記載されたもので、『海舟日記』には載っていない。日付は、西郷が駿府に到着してこれを読んだ日。
⑧出状予定であったが、直接会うことになったため発送しなかった。

勝は八通もの手紙を書いたことになるが、出状したか不明のものもあり、これらが新政府側を説得したとは言い難く、江戸攻撃の阻止に役立ったとも聞かない。逆効果ではないかと思われる表現も多々あり、後述するが⑥のように現に西郷を激怒させたと言われるものすらある。

②の出状先は「三道の城主」とあるので尾張藩が含まれていたかも知れない。とすれば一月一八日に出状した手紙が尾張藩主慶勝の手に届くのは、佐幕派家臣を大量粛清した「青松葉事件」（一月二〇～二五日）の最中であろうから、歯牙にもかけられなかったであろう。それどころか「主家に敵せんとするか」などという文言を見たら、慶勝は激怒したであろう。

先ず、いずれも手紙の宛先に明確な名前がない。①③④は「参与」であり、新政府のしかるべき人物ということであろうが、特に勝と親しい特定の相手に送った訳ではない。⑤は二月一七日華川某に託して西郷・海江田に送ったと『海舟日記』には書かれているが、これは後日に記載したのであろう。西郷が下参謀に任じられたのは二月一四日であり、それを三日後に勝が知り得たとは思えない。勝が宛先は書かずに⑤を書いて華川に託したのは一七日で、それを日記に記したのは西郷が参謀と分かった後であろう。勝は薩長に顔が利くと言われてはいるが、この時期、頼れるような相手はいなかったと思われる。西郷とも最初に会って以来三年以上勝は閑居しており、西郷との交流はなかった。だからこそこの時期の『海舟日記』に残された勝の手紙には宛先が明記されたものが一通もなかったのであろう。

次に、内容であるが、いずれの手紙も、抽象的な正論であり、新政府への辛辣な非難も含まれている。というよりどう見てもひたすら恭順という内容ではない。②は三道の城主宛のためか「主家に敵せんとするか」と手厳しい。④などは、「以前弱者であった毛利が強者となったように、現在弱者の徳川が強者に転ずることもあるぞ」といった、かなり強烈で挑発的な内容である。⑤になってやっとトーンダウンしたが、それでも「一転不正の御挙あらば皇国は瓦解する」など、かなり強気である。⑥は次に詳しく検討を加えるが、西郷を激怒させたというい わく付きの手紙である。しかも⑥のみ具体的な内容があり、他は全て抽象論ばかりである。

⑧は日記一四日条に「此時、参謀品川へ到れるの説あり、故に一書を寄て云く」と書かれているので、「此時」は一四日以前で、発送予定で書いたが、直接会うことになったので出状しなかったと考えられる。当日持参して西郷に見せたかは不明。西郷が品川に着いたのは一二日で、その品川の西郷に送ろうとしたのであるから、一二日に書いたと考えられる。しかしもし一三

日の西郷との交渉役が勝と決まっていれば、勝は⑧の手紙を書かなかったはずである。勝が交渉役に決まったのは一三日当日かも知れない。

（イ）日記不記載の一通は西郷の偽作か？

後回しにした、西郷を怒らせたと言われる⑥の手紙を検討したい。

勝は、自分が書いた手紙は『海舟日記』に全て全文を記載しているにもかかわらず、なぜか⑥だけが抜け落ちている。これは『江城攻撃中止始末』に渡辺清が語っているだけである。果たしてこの⑥の手紙は実在したのであろうか。勝は、書いたが記録に残さなかったのか、それとも書かなかったのか。

第一に、書いたが記録に残さなかったと考えて見る。後日何か不都合が生ずる恐れがあって、敢えて隠すような内容とは思えない。したがってその理由が不明である。

⑤が⑥に該当するかというと、両書は明らかに内容が異なる。「てにをは」の違いどころではなく、記載内容に全く一致点がない。考えられるのは、日記の⑤の箇所に、間違えて⑦の内容を書いてしまったということである。実は、勝部真長は⑤の内容は⑦ではないとして、⑥を記載しているのである。

《資料13》華（花）川某に託した手紙（勝部真長、157）

海舟は薩藩の花川某が上京するというのに託して、西郷、海江田両氏への手紙を頼んだ。その手紙が、二月二十八日、駿府に到着した西郷のもとに、ちょうど届いた。その手紙の所在は今、不明なのであるが、その内容のあらましを、当時大総督府参謀であった大村藩の渡辺清左衛門（清）が、明治三十年十一月二十一日の史談会で語るところによってみてみよう（『史談会速記録』六十八輯「江戸城攻撃中止始末」《正しくは「江城」》）。

この後に、続けて『江城攻撃中止始末』の手紙の内容、すなわち⑥を引用している。しかし勝部は、『海舟日記』の⑤の箇所の記載内容を無視し、何らその理由について説明することなく、唐突に⑥を引用しているのである。

勝部の言うように、⑤の内容が⑥であるなら、花（華）川某に渡した日と西郷が読んだ日の間隔が合理的であり、⑤と⑦の重複の不自然さが解決される。だがそうだとすると二つの問題が生じる。一つは、この手紙について勝がどこにも触れていないことである。記録魔の勝の性格からすると⑥のみ書かないことは考えられないのである。勝部も言っているように、この手紙は現在所在が不明である。もう一つの問題は、この⑥は西郷を怒らせ、江戸総攻撃を止めるには逆効果であったということである。この時期になると、京への嘆願は拒否され、征討軍が江戸に進軍し、切羽詰まってきている。こんな時期にこのような危うい手紙を書くであろうか。

では第二に、勝は⑥を書かなかったと考えるのはどうであろうか。すると『海舟日記』にもどこにも⑥が見当たらない理由は理解できるが、しかしそれでは誰が何の目的で書いたのかという疑問が生じる。二月二八日に西郷がそれを各藩の隊長たちに見せたと渡辺が明言している。渡辺にはウソをつく理由がない。すると西郷が書いたとしか考えられない。そこで西郷が偽造したという「仮説」を立ててみる。では偽作した目的は何であろうか。当時西郷は東征軍の一番の実力者であったことは事実であるが、トップは有栖川宮大総督で、その下には二人の公家参謀がおり、西郷はその下の「下参謀」に過ぎない。その西郷が、東征軍の中で実質トップとして自分の考えを通すためには、薩摩藩はもとより他藩の将兵たちの支持がなければならない。西郷は、駿府にグズグズしておらずに兵を進めねばならないと考えていたが、大総督宮が、自分が駿府に到着するまで待てと言っている。西郷といえども、それを無視して勝手に兵を進める訳にはいかない。そこで西郷は自分の考えに各藩の将兵の賛同を得ようとして、勝の手紙の偽造を考えたのではないだろうか。渡辺の談話によれば以下の通りである。

《**史料14**》勝の手紙（『江城攻撃中止始末』、37～40）

> 俄かに西郷が各藩の隊長を呼寄せまして、西郷いふにハ、時に予ねて諸君に伝へてある通り大総督の宮が御着陣迄は此駿府に滞陣せよといふの大命である。然るに戦争の道といふ

ものは決して左様のものでハあるまいと思ふ。第一地形に依り時の勢に依つて運動をしなければならぬ。そこで地形からいふても箱根を前にして駿府に滞陣するハ甚た兵道に於て宜しきものでない。其上に時の勢と云ふものが大事であるが、兎も角も其勢を論ぜんより、茲に勝麟太郎より手紙か参つて居るから、是れを見て呉れと云ふて開ひて見せました（其手紙は其後西郷が所持して居る筈。今は如何なつたか。至つて長ひものである）其大要ハ覚へて居りますから申ませう。（37〜8）

勝の手紙の内容　《図表3》の⑥（38〜9）

其手紙を西郷は吾々隊長連に示しまして、顔色火の如くなつて申すに、諸君は此書を見て何と御考へあるや。実に首を引抜ひても足らぬのは彼の勝である。（中略）各藩隊長ハ如何にも其通りと勇み立つた。西郷公然らハ明日より直ぐさま東征に懸るから其覚悟で出陣なさいと厳命を下しました。（39〜40）

その結果西郷は先鋒軍を箱根へ進軍させたのである。

《史料15》 東征軍の進軍（『西郷隆盛全集』、555）

> その後、独断で先鋒軍を箱根へ進出させ、箱根要地を占領、三島を本陣とする。

現在は存在せず、どこにも記録がなく、第三者である渡辺が語っただけの勝の手紙は、勝が書いたか、西郷が偽造したか、明確な根拠はない。

念のため松浦玲が⑥をどう見ているかに触れておきたい。『勝海舟』（中公新書）には⑤の華川某に送った手紙が、⑥の『江城攻撃中止始末』の手紙ではないかと疑問を持つのであるが、⑤と⑥の内容が違い過ぎるため「一つの謎である」（168）として、解明できていない。その四二年後の二〇一〇年、『勝海舟』（筑摩書房）には「西郷海江田宛書簡の謎」（353）という小項目を設け、また「注」も含め、詳細に検討している。だが同文の手紙⑤と⑦の日付が、前者は「辰三月」で後者は「三月五日」といった、校注者のような「日付」の解明に終始している。そして「日記の各部分が本当はいつ書かれたのかを詰める作業がまだまだ必要なのだ」（354）と、本件自体の解明には至っていない。

松浦が⑥の実在が「一つの謎」と言ったことに対し、石井孝は実在性があると、次のように反論している。

《資料16》 勝の手紙実在説（石井孝『勝海舟』、158～60）。

松浦玲氏によると「一つの謎」とされている（中公新書『勝海舟』）。しかし私は、この書簡が十分に実在性をもつものと信ずる。	政府軍発向停止の要請は、すでに慶喜の意向をいれて、慶永から朝廷に向けてなされていた。そのさい、恭順の意を表するものを征討すべきでないという、慶永の展開した論理は、いま海舟が西郷あての書簡で説いているそれと、まったく同じである。	それから海舟がその要請を達成するための圧力とする海軍力の行使も、彼がかつて慶喜に決戦の策として説いたところのものとおおむね一致する。	海舟が後日、日記に記載するにさいして、かの書簡があまりに脅迫的なので、それをのせるのをはばかり、山岡に託した書簡とほとんど同文のものに書きかえたのではなかろうか、と想像したい。	このような「恭順」が西郷の激しい反発を買うのは当然である。
(158)	(158)	(158)	(159)	(160)

しかし、松平慶永から朝廷への要請は二月一九日であり、海軍力の話は一月中旬に議論されたもので、二月二八日時点の西郷はすでに知っていたと思われる。つまり西郷の偽造はこれらの事実と矛盾しない。

石井は、⑥が「あまりに脅迫的」だから敢えて重複までして⑦と入れ換えたと主張するが、ならば日記に⑤の手紙そのものを記載しなければよいではないか。⑤の箇所に⑦を意図的に重複させたと考えるよりは、⑤を再度鉄舟に託したと単純に考える方が自然ではなかろうか。そして何よりも、石井が言うような「西郷の激しい反発を買うのは当然」の手紙を勝が送るであろうか。もちろんそれまでの手紙も、かなり挑戦的ではあったが、この時期、京都の参与にではなく、東征軍の先鋒に送る手紙としては、逆効果である。現に西郷は激怒している。

西郷を怒らせる恐れのある手紙を勝が書いたか、西郷自身が隊長連を扇動するために偽作したか。後者と考える方が合理的ではなかろうか。ただし、西郷が勝の手紙を偽造したという根拠はなく、飽くまで「仮説」である。

(ウ) 三度の派遣命令はいずれも中止

勝は、以下のように三度嘆願の使者を命じられかけては中止になっている。いずれも勝が使者に立って、新政府側に拘束される恐れがあるというのが中止の理由である。

① 一月一八日

《**史料17**》一回目（『海舟日記』一月一八日条）

此日、諸官輩建言して、御歎願之御書持参すべき者は、小臣可然と云を以て、閣老此議を被命。即時上京すべき旨を以答へり。然るに或人云、「若安房をして御使命ぜられば、其御旨を達せむ。然れども抑留せられ、甚不可なり。しかず余人を以てせられんには」と。即夜御免被仰渡。

勝自身が書いているのであるが、もし「其御旨を達」するなら、その後抑留されることはないであろうし、抑留されても、差し支えはないと思われるのだが。

② 二月二五日

《**史料18**》二回目（『海舟日記』二月二五日条）（《史料2》再掲）

東台拝趨。此日、京師へ御使被命べき旨なり。依て陸軍惣裁御免を願ふ。夜に入、諸有司申所あり、御使の事免さる。軍事之儀取扱可申旨被仰渡。

③ 三月四日

①②二回は『海舟日記』に記されているが、③は記載されていない。だが『勝海舟　勝海舟記念館図録』[10]（以下『図録』と略す）に、慶喜が一翁にあてた書簡が載っており、これにより勝が三度派遣されかけて中止になったことが分かる。

《史料19》三回目（大久保一翁書状・徳川慶喜書状写『図録』、74～5）

> 勝安房出張之儀、今朝鳥渡相話し候処、猶勘弁致し候処也。若萬々一於彼方差返し不申候節ハ、あとハ瓦解ニ及ひ可申。よし進軍ニ及候とも、同人居り候得ハ、如何様ニも致し方可有之。致再考候間、大事ニ大事を取り候得ハ、まつ見合之方と存候。此段申遣候、已上
> 三月四日　　　　　　　　　　　　　　　　　　一翁
> 尚々、勝ハ千両箱故、容易ニ人ニ取られ而ハ大変也。前条懸念之儀大丈夫ニ候ハヽ、しひて差留メ候事ニハ無之候、是又申遣候也。

②には取り止めの理由は書かれていないが、①③は勝が敵方に抑留されては困るので、派遣を取り止めたことになっている。しかしここまで交渉役として温存していたと判断される史料は他に見当たらない。勝は過去に長州等との交渉にも成功しておらず、それほど慶喜の信頼を得ていたとは考えにくい。

これについて『図録』に落合則子が論説「『勝ハ千両箱』慶喜最後の切り札―江戸無血開城を

めぐる新史料―」を書いているのでこれを検証する。

《**資料20**》落合則子（『図録』、138〜9）

> 「押し強キ人」として山岡鉄舟を、そして「薩ノ罪人」益満休之助を、徳川方の使者に立てるという奇策に打って出ることにしたのではないだろうか。この奇策の立案は一翁・海舟であったようだが、最後は慶喜自身が決定を下したのであろう。
> ここまでの考察をまとめると、山岡鉄舟の遣使をめぐっては、慶喜は一度鉄舟に命じたものの、不安と迷いが生じ、3月4日の海舟出張の意向とその撤回という行動となった。そして、3月5日朝に城内で一翁・海舟の密談が実際に行われたとしたならば、その内容は鉄舟を駿府へ遣わすにあたっての作戦会議であったと考えられる。
> 3月5日、鉄舟は海舟を訪ね、海舟は彼の人品を見極めた上で駿府行きを承認した。

ここには様々な矛盾がある。

第一に、この「奇策」が事実ならば、五日に一翁・勝が鉄舟を呼び出し、派遣を命ずるはずであるが、『海舟日記』『氷川清話』『談判筆記』いずれも、鉄舟の方から勝を訪問している。もし鉄舟が訪ねて来なかったらどうしたのであろうか。落合自身も「鉄舟は勝を訪ね」と書いている。また鉄舟と勝は初対面である。しかも『氷川清話』によれば一翁は勝に、鉄舟は危険人物だから会うな、と忠告をしている。それ故勝が会うのを躊躇したということは『氷川清話』で勝自身が語っているだけではなく、鉄舟も『談判筆記』で同じように書いている。そのような面識もない危険人物の鉄舟を、一翁・勝がこのような重要な使者に選んだとは信じ難い。

第二に、鉄舟派遣は　落合自身も書いている通り、すでに慶喜が命じているにもかかわらず、家臣たる一翁・勝が改めて策するというのはいかにも矛盾している。慶喜が勝を派遣しようとしたとき鉄舟派遣を中止した訳ではない。

第三に、勝自身がこの鉄舟派遣の「奇策」について一切書き残してもおらず、語ってもいない。自らの「奇策」で、それが功を奏したのであれば、勝がそれを得々として記録し、語らないはずがない。自らの派遣命令・中止については三回目でもあり、またかと思い取り立てて記録するほどのこととは思わなかったのであろう。

落合の論説は「ではないだろうか」「ようだ」「であろう」「行われたとしたならば」「あったと考えられる」と全て推量である。「仮説」は一向に差し支えないのだが、そのためには前記の矛盾を合理的に解かなければ、それを信じる訳にはいかない。

蛇足ながら、落合は「駿府談判」について『岩倉公実記』まで持ち出して次のように述べている。

《資料21》江戸の情勢提供（『図録』、139）

この駿府会談については、鉄舟が慶喜の赤心を訴えそれが西郷の心に通じたという話に注意が向けられがちだが、『岩倉公実記』は、鉄舟が「江戸の形情」を説明したことで「詳カニ事情ヲ知ルヲ得」、そこで「徳川臣僚ヲシテ死地ニ陥ルノ心ヲ懐カシメサルヲ以テ良計トス」とし、降伏条件を示したのだと記す。西郷にとって収穫だったのは、下情に疎い大名や皇族ではなく、現場の只中にある精鋭隊頭の口から、疑心暗鬼のもとである旧幕臣の動向と江戸の情勢に関し信頼しうる情報を得ることができたことにあったのではないだろうか。

駿府会談は慶喜の赤心と江戸の情勢を伝え、西郷を納得させたことに意義があると言っているのである。正にその通りである。わざわざ『岩倉公実記』を持ち出すまでもない。これだけなら単なる「媒介説」に過ぎない。落合はこの論説の冒頭に「勝海舟の生涯においてクライマックスとされるのは、慶応四（一八六八）年三月一三・一四両日に行われた、徳川慶喜の処分と江戸開城を巡る西郷隆盛との会談であることは、誰も異存がないであろう」（『図録』、136）と書いているように、「無血開城・勝説」支持者である。

結局新史料とは何なのか。四日に三回目の勝派遣を命じたが、前二回と同様結局中止となった。その理由が、慶喜が「勝は千両箱」、すなわち大事な手駒だから失いたくないと言った、そういう史料が見つかったというだけのことである。「一　鉄舟派遣」の冒頭で述べたように、この時期、多くの救解の使者が送られたが、この勝の派遣も慶喜の思い付きの一つであっただけである。特定の史実を裏付けるような、もしくは「無血開城」の事情が何ら変わるような史料ではない。

（エ）勝は嘆願使者派遣に従事せず

勝が政権の中枢にいたにしては、勝が救解の使者を派遣した、派遣しようとしたという形跡がないのは不思議である。慶喜が恭順を決めた一月中旬以降、特に上野寛永寺に謹慎した二月一二日以降の徳川方の最大の対策は、降参した以上、江戸攻撃は中止するよう嘆願することである。ところが、その直後の二月一四日に、西郷が東征大総督府下参謀に任命され、一五日には東征大総督が京都を進発した。そして三月五日には東征大総督が駿府に到着、翌六日の軍議で三月一五日江戸総攻撃が決定される。それに先立ち、徳川方からは、慶喜はもちろん様々なルートから救解の嘆願書や使者が送られる。和宮は一月二一日に上臈の藤子に嘆願書を持たせ京都に送っている。京都で三職の一角にあり、最も徳川家のために尽力したのが、越前・福井藩の松平慶永であった。その家老本多修理は、その手足となり奔走し、徳川の中心人物大久保一翁に協力した。そしてその顛末を『修理日記』に残した。本多は二月から三月にかけ二回江戸に来ており、慶永と一翁の間を周旋している。以下に簡単な日程を示す。

《図表4》本多修理日程（『修理日記』）　（日付の網掛けは修理の江戸滞在日）

月	日	日程	出来事
二	七	京都発	
	一四	江戸着	一翁へ手紙
	一五	一翁に面会	慶永の手紙渡す。京・朝廷・薩長の話
	一七	一翁・川勝に面会	江戸の事情を慶永に伝えるため早期帰国を促す。
	一八	**勝**より手紙預託（会わず）	『海舟日記』では一七日。勝の手紙④
	一九	一翁の話	嘆願使者依頼、多くの候補者が断った。
	二〇	江戸発	一翁より手紙。嘆願使者の件
	二二	江戸へ折り返し	慶永の指示で江戸へUターン。
	二四	江戸に戻り一翁に面会	勝内願引退、浅野美作守内願引込。
	二五	稲葉・一翁と慶喜に面会	稲葉正邦の嘆願使者派遣の相談。会津に苦慮。
	二七	一翁に面会	会津に苦慮。慶喜協力せず。
	三〇	**勝**と面談。一翁と面会	雑談で勝の持論を聞く。
三	四	一翁と面会	嘆願使者・稲葉正邦の話。
	六	一翁に面会。**勝**と面会	一翁より土産。大広間の入り口で勝の愚痴を聞く。
	七	江戸発	

『修理日記』を見る限り、この間本多修理は一翁には頻繁に会っているが、勝には二回しか会っておらず、勝との救解の使者派遣の話などどこにも見当たらない。勝自身『海舟日記』等に嘆願の使者派遣活動については書いていない。嘆願の手紙については、その全てを全文日記に残しているにもかかわらず、使者の人選に苦労したなどという話はどこにも見当たらない。『修理日記』には、一翁が使者の人選、依頼交渉等に四苦八苦しており、その相談に与った話が多く書かれている。たとえば二月一九日には、使者につき一翁から聞いた話として次のような記載がある。

○日光宮様（輪王寺宮）…京までは行きたくないので、道中は「ユルユル」という気持ち。
○前橋公（松平直克）…お断り。
○忍（松平忠誠〔忍藩主〕）…大病につきお断り。
○戸田土佐守（戸田忠友〔宇都宮藩主〕）…お断り。しかし尽力するので一九日には出立。
その他の日には、稲葉正邦（淀藩主、元老中）、一橋茂栄（御三卿）等の交渉が随所に書かれている。稲葉も一橋も最終的には出掛けたが、一橋などはグズグズ言って中々引き受けない。二人とも特に成果を上げられずに終わった。

修理は、前半六日間、後半一三日間江戸に滞在し、前述の如く一翁には頻繁に会ったが、勝には後半に二回しか会っていない。しかも嘆願の使者や徳川としての対応策など全く話していない。二月三〇日には、勝が、英仏魯の動向や、徳川が滅亡すれば他の大藩、加賀・仙台・薩摩・長州も滅亡するという持論や、朝廷も誰かが天皇の名を借りて事を成しているといった批判を語り、修理はそれを克明に記録している。

二度目は三月六日、修理の江戸出立前日に、「大広間入側之入口」で会っている。偶然会っての立ち話のようである。しかし話は、《史料8》で引用した、自分の命令が一橋に撤回されたことを怒り、それを修理に宥められたという内容である。これもかなり詳しく記録されている。

修理の日記からは、勝が新政府側との交渉に苦労している姿は見られない。それを行なったのは専ら一翁で、勝は全く関与していない。二月二四日には、会津藩兵が城内で調練をし息巻いているのを一翁が抑えられず、慶喜から直接命じてもらおうとするが、慶喜が応じず、苦労しているという話を聞いたと書いている。続けて「勝ハ此間中内願引退、浅野美作守モ内願シテ引込タリ」と、勝等は引っ込んでしまい、止むなく、一翁が自ら会津の調練を止めさせようと呼び出すが、使いが忘れたと言って出てこない。勝は日記の二五日条に、慶喜より直に京都派遣を命じられ、これ幸いと陸軍総裁御免を願い出たと書いているが、二四日の一翁の話に「勝は此間中内願引退」と出てくるということは、かなり以前から、勝は一翁に陸軍総裁辞任の願いを出していたと推測される。

もし勝が徳川のトップなり、政策決定の中心にいたのであれば、この時期の最重要課題、新政府軍への嘆願に、前述のような手紙を書いただけで、全く関与していないというのはいかにも不自然である。もし勝が、一翁のように、嘆願使者の人選や派遣交渉に奮闘していたなら、必ずそれを『海舟日記』に書くなり、『氷川清話』で語るなりしているはずである。それが皆無なのは、そういう事実がなかったからと考えるのが妥当であろう。

松浦も「どちらから《修理・勝》も訪問していない。修理の相手はもっぱら大久保一翁であった。春嶽《松平慶永》も、海舟に会えとは指示していない」「越前側からみると、旧幕府の窓口は一翁であって海舟ではない」[11]と、勝は当時その任になかったと明記している。

結局勝は、嘆願の使者派遣には全く関与しておらず、また自らが使者に立つこともなかった。嘆願の手紙は数多く書いたが、その成果についての史料はない。

（オ）『海舟日記』に見る勝は政策に関与せず

勝は慶応三年一〇月に大阪から帰府し一年三カ月の閑居後、慶応四年一月再度復帰したが、その後薩摩藩邸での西郷との会談までの二カ月間、これといった政策に関与していないことは以上諸史料より見て来た通りである（巻末3　勝海舟年譜）。改めてこの間の勝の行動を、勝自身が書いた両『海舟日記』（「慶応四戊辰日記」「幕末日記」）で見てみる。

① まず慶喜と面談したことが二カ所に記載されているが、慶喜の言葉や指示命令は一切書かれていない。

第一は二月一一日条に、「軍艦を駿州の海浜・摂海に派遣し云々」を言上したと書いている。

ところが、これは陸軍総裁に任じられた一月二三日夜のことであると付記している。しかもこの策については「此夜、諸官上言」と、家臣たちが主張したと書いているのである。その後に「臣、此時上言云く」と記して、同様の策を記載している。もし勝がこれを自分の策と主張したいなら、わざわざその前に他の家臣たちが同じような主張をしたと書くはずがない。しかも言上したとして意見を長々と書いているだけで、それに対する慶喜や参政たちの反応については何も触れていない。しかし、いずれにしても主戦派の小栗上野介が罷免された（一月一五日）後で、すでに抗戦論は退けられている。

第二は二月二五日条に、京への使者を命じられたことが書かれている。しかし単に命じられたこととしか書いていない。

② すでに述べたように、大久保一翁との面談も記録されていない。

③ 本田修理とも、『修理日記』では二回勝と雑談をしたとあるが、『海舟日記』には修理との面談の記録そのものが記載されてない。

④ 他の参政等との面談記録内容もない。

二月二〇日　川勝（若年寄川勝広運か）へ行く。

二月二一日　唐津老侯（小笠原長国を指すか《長国は老中であった長行の父》）を訪ふ。

二月二四日　松平確堂公へ伺ふ。

川勝・小笠原は「幕末日記」のみに記載されているが、いずれにしても訪ねたと簡単に記載するのみで、面談内容は一切記録していない。
⑤「幕末日記」の二月四、五、六、七、一五日条に、歩卒の脱走等の取り締まりに奔走したことが書かれているが、これは陸軍総裁としては当然の役目で、特に重要な政策関与ではない。なお、これも陸軍総裁としては当然ではあるが、海軍に関しては一言も触れていない。
このように『海舟日記』を見る限り、勝が閑居から復帰した後、西郷と面会するまでの間、徳川の中心人物として慶喜や参政たちと共に政策に関与していた形跡は全くと言ってよいほど見られない。

(7) 先学の諸説は、勝を徳川の総責任者、「軍事取扱」で軍のトップと認識

では勝の地位・権限について、先学はどのような見解を示しているであろうか。

先ず、松浦玲は、二月二五日に「陸軍総裁解任は有効なので、代りに『軍事取扱』に任命された」(350)と、すでに述べたとおり「軍事取扱」であったとするが、「分りにくいポストだが」(350)と「ポスト」であると認識しながら、任務内容については曖昧な表現である。しかも既述のように、「若年寄兼帯ではなくて、ただの『軍事取扱』だった」(350)と述べている。

それに対し勝部真長は、これもすでに述べたが「軍事全体の責任を負うものである。権限は一段と強くなったとみてよい」(160)と、陸・海総裁の上に立つ強力な地位である「軍事取扱」と見ている。

原口清は、「徳川方の軍事最高責任者(陸軍総裁)としての勝」(304)と記載している。徳川方の最高責任者ではなく、軍事の最高責任者と言っている。これは陸海軍では陸軍の方が本流であるため「陸軍総裁」と付記した上で、勝を軍事の最高責任者と解釈したのであろう。

石井孝は「徳川政権の『軍事取扱』として軍事上の実権を掌握した勝は」(『明治維新の舞台裏』、196)と、「軍事取扱」で軍事のトップと見ている。

井上清は、鉄舟と対面直前の勝を「若年寄格・陸軍総裁の勝海舟」(『西郷隆盛』下、76)と記載している。井上はこの時点の勝を「陸軍総裁」と認識し、「若年寄格」と言っている。勝は一月二三日に「陸軍総裁」に任じられたとき、同時に若年寄も仰せ付けられたが、これは断り認められている。ところが勝の『幕末日記』一月二四日条に「席の処、若年寄次席と可心得旨、御書付出る」と記載されている。井上の言う「若年寄格」は、この「若年寄次席と可心得」に基づくものであろう。ただしこれはもう一つの『慶応四戊辰日記』には載っていない。『幕末日記』には「今夜」とあるので、二三日は口頭による任命で、翌二四日に正式に書面により任命されたものと思われる。『柳営補任』には二四日になっている。このとき勝が「若年寄」を断ったために、二四日の「陸軍総裁」任命書と同時に、この「若年寄次席心得」の書面も届いたのであろう。それではこれはいつまで有効なのか。二月二五日に「陸軍総裁」御免を願い出て「軍事取扱」を命じられた時点で失効しているのか。それともこのとき「陸軍総裁」御免は保留のはずであるから、三月一八日に白戸と交代するまで有効であったのか。いずれにしても「心得」であるから、不明である。「爾今不及心得」などという書面が出るとは思われず、「軍事取扱」自体が曖昧な役目であり、井上が「若年寄格」と言ったことは、あまり詮索するようなことではないかと思われる。

萩原延壽の『遠い崖』には「勝は陸軍総裁に抜擢された」(12)と記載しているだけで「軍事取扱」という用語は出てこない。「陸軍総裁」はよいが、「事実上の最高指導者の役割をつとめていた」(13)というのは過大評価である。

江藤淳も「軍事取扱勝安房守義邦」(153)と記載している。

圭室諦成は、「山岡鉄太郎(33)は、勝海舟(旧幕府海軍総裁46)の書状を持参して」(93)と勝を「海軍総裁」にしてしまっている。勝が海軍畑であったため勘違いをしたか、単純なミスであろう。

佐々木克は、「いまや徳川家の最高幹部となった勝海舟は」(51)と書くのみで、陸軍総裁とも「軍事取扱」とも書いていない。しかもこの「徳川家の最高幹部」というのは明らかな誤りである。

「軍事取扱」は、松浦・勝部・石井・江藤、「陸軍総裁」は原口・井上・萩原である。

【注】

（1）渋沢栄一『徳川慶喜公伝』4（平凡社、一九六八年）

（2）東京大学史料編纂所編纂『柳営補任』六（東京大学出版会、一九六五年）

（3）「軍事取扱」の記載がない武鑑等

○東京大学史料編纂所編『柳営補任』六（東京大学出版会、一九六五年）

○「慶応幕政改革」大石学編『江戸幕府大事典』（吉川弘文館、二〇〇九年）

○「幕末の軍事職制」大槙紫山『江戸時代の制度事典』（歴史図書社、一九七三年）

○深井雅海・藤實久美子編『江戸幕府役職武鑑編年集成』（東洋書林、一九九九年）

○渡辺一郎編『徳川幕府大名旗本役職武鑑』四（柏書房、一九六七年）

（4）国史大系第五十二巻『続徳川実記』第五篇（吉川弘文館、一九三六年）

（5）維新史料編纂事務局『維新史料綱要』巻八（目黒書店、一九三八年）

（6）本多修理『越前藩幕末維新公用日記』（福井県郷土誌懇談会、一九七四年）

（7）渡辺清『江城攻撃中止始末』（『史談会速記録』第六八輯 明治三一年、一八九八年）（全四十六巻 合本十二 原書房、一九七二年）

（8）頭山満『幕末三舟伝』（国書刊行会、二〇〇七年〔一九三〇年執筆〕）

（9）木村毅『西郷南洲』（雪華社、一九六六年）。『達人南洲』（潮文社、一九四二年）の復刻。

（10）『勝海舟 勝海舟記念館図録』（大田区立勝海舟記念館、二〇一九年）

（11）『勝海舟全集』第1巻（月報16、一九七六年九月、7）

四　パークスの圧力　――英国公文書検証　西郷がパークスを利用――

（1）英国公使パークスは新政府軍の江戸攻撃を中止させたか

イギリス公使ハリー・パークスが江戸総攻撃を止めるよう説いたことが、西郷に対する「圧力」となり、「江戸無血開城」の大きな決め手となったと言われ、「パークスの圧力」と呼ばれる。

「パークスの圧力」が有効であったとする説を「パークスの圧力説」と呼ぶ。「パークスの圧力」には二つのルートがある。

《図表1》「パークスの圧力」関係図

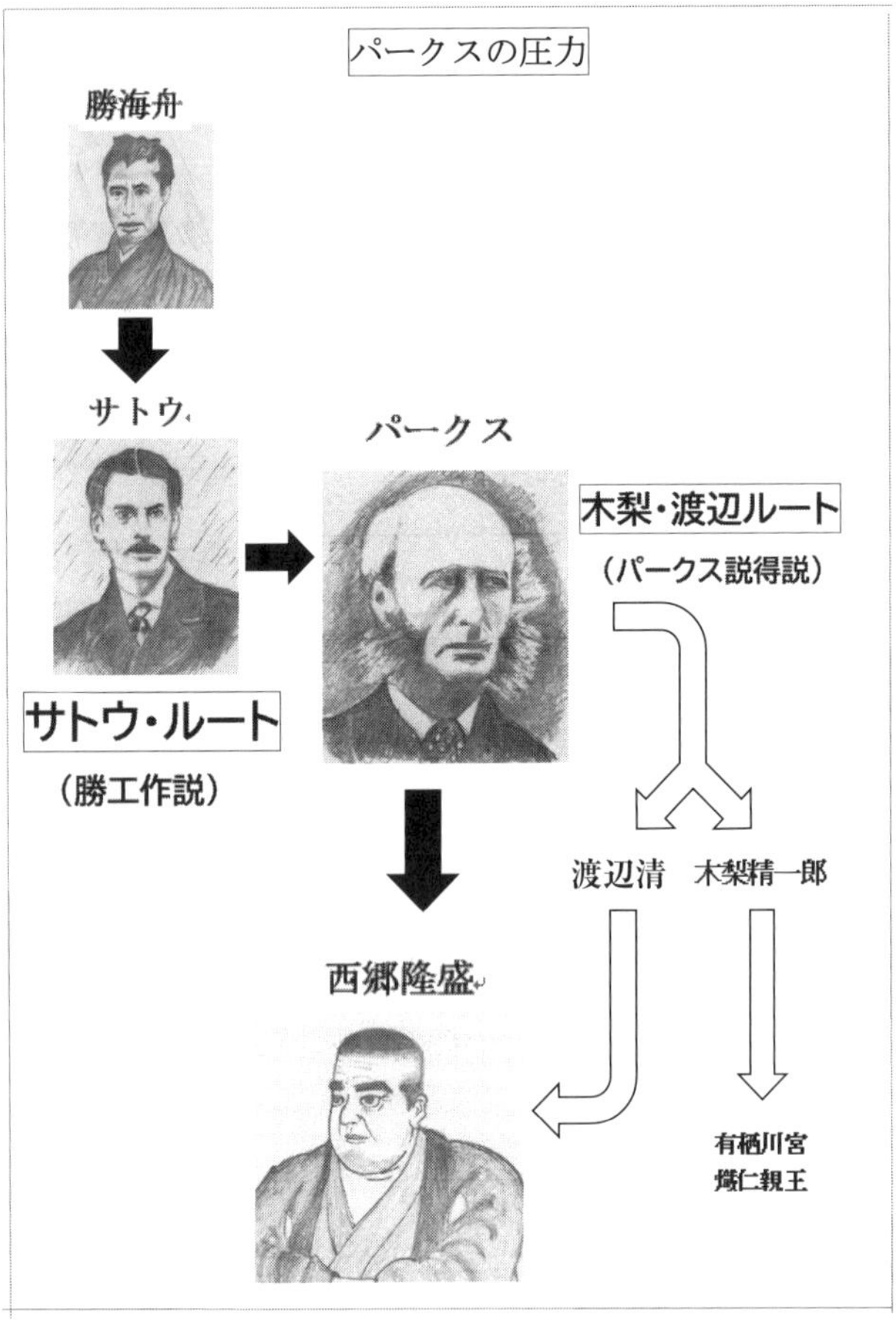

（ア）勝がサトウに依頼したか（勝工作説）

勝が、英公使館の通訳官アーネスト・サトウを通じてパークスに依頼し、西郷に「圧力」をかけたと言う（サトウ・ルート）。これを「勝工作説」と呼ぶことにする。

（イ）パークスが独自に説得したか（パークス説得説）

木梨精一郎・渡辺清がイギリス公使館を訪れ、江戸城攻撃時の負傷兵のために病院の世話を依頼したとき、パークスから江戸攻撃を反対された。これが「江戸嘆願」の直前に西郷に伝えられ、西郷にとって「圧力」となったと言う（木梨・渡辺ルート）。パークスは「すでに恭順している慶喜を攻めることは国際世論に反する」、さらに「戦争が起こることを領事に通知せずその居留地の警護もないのは無政府の国である」と非難した。パークスは、内戦は貿易に支障があると懸念していた。これを「勝工作説」とは区別し「パークス説得説」と呼ぶことにする。

本章ではこの「パークスの圧力」の真偽を検討する。

（2）『サトウ回想録』は日記ではなく、誤記が多い

（ア）第三一章冒頭は誤読・誤解の根源

「パークスの圧力説」が信じられるようになった原因は、サトウが書いた『一外交官の見た明治維新』[1]（以後『サトウ回想録』と呼ぶ）第三十一章冒頭数頁の誤記・記述の不適切さと、読者の誤読・誤解にある。そこで『サトウ回想録』を検証することにより、「パークスの圧力説」の真偽を究明する。この第三一章冒頭には慶応四年三月、「無血開城」直前にサトウが江戸に派遣された時期のことが記されている。原文は当然西暦で記載されており翻訳も西暦であるが、紛らわしいので混乱を避けるため、特に断らない限り引用文も含め敢えて西暦は英語・算用数字で、和暦は日本語・漢数字で表示することにする。そして西暦には極力和暦を付記する。例えば原文が西暦「四月一日」の場合、「April 1（三月九日）」のように。先ず『サトウ回想録』冒頭の四頁（190～193頁）の記載内容を検討する。なお『サトウ回想録』は特に断らない限り「下巻」である。

《資料1》『サトウ回想録』第三一章冒頭四頁（190～193頁）の記載内容

①　Apr.1（三月九日）サトウ江戸派遣。
　暗くなってから勝を訪問することにしていた。
②　新政府軍の動き、市中の様子。Apr.8（三月一六日）の情報。
③　Apr.12（三月二〇日）再度サトウ江戸派遣。
④　勝から「江戸嘆願」の詳細聴取。
⑤　勝、パークスに西郷への圧力を依頼。
⑥　パークス、再三尽力。
⑦　Apr.28（四月六日）、パークス、西郷を説得。
⑧　西郷、朝議結果の慶喜に対する寛大処置をパークスに伝達。
⑨　勝の話として、脱走者名の列挙、仏公使ロッシュの抗戦勧告。

念のため「②新政府軍の動き、市中の様子」の記載内容を列挙すると次の通り。

a．官軍の先鋒は江戸に接近していた。前衛部隊は、品川・新宿・板橋に到着。

b．途中小競り合いがあり、東征軍の到着が一日、二日遅れた。

c．イギリス公使館近くの薩摩屋敷はMar.7（二月一四日）同藩の兵士の手に返った。

d. 薩長の小部隊が江戸を闊歩。
e. 有栖川宮は沼津到着。
f. 慶喜は上野の寺院に謹慎し、家臣を天皇に服従させようと努力した。
g. すでにMar.4（二月一一日）慶喜恭順の声明書を出した。
h. 会津藩主と家臣たちは領地に引き上げていた。
i. 大名は自領に引き上げるか、天皇に恭順し京都に上るかした。
j. 旗本はこれに倣った。
k. 江戸市民は、家財を持ち去るものもあったが、店は開いている。
l. Apr.4（三月一二日）江戸の砲台は、大砲を引き下ろし、官軍に引き渡された。
ここには以上一二項目の事柄が書かれている。そしてこれらがApr.8（三月一六日）の情報であると言っている。

（イ）「無血開城」時点、サトウの日記は空白

『サトウ回想録』は飽くまでも「回想録」であって「日記」そのものではない。サトウは序文に次のように記している。

《史料2》日記・手紙等の転記（『サトウ回想録』〔上〕序文、10）

> この本の後半部は、自分の日記をほとんど写したと言ってもよいようなものではあるが、それでも、作成当時は機密書類に属していた私の起草した文書や、そのころすでに他所で刊行されていた、私の長官ハリー・パークス卿あての手紙などをこれに書き足した。

重要なことは、サトウ自身が言っているように、この重要な時期に日記を付けていなかったことである。そのことを第三〇章で次のように述べている。

《史料3》日記の空白（『サトウ回想録』、185～6）

> 私の日記には、これからMayの半ばまで少しも記入がない。（中略）私は長官と日本高官との間の通訳や文書の翻訳にきわめて多忙な日を送ったので、日記の方にはとんと手がまわらなかった。

ここでサトウの言う「これからMayの半ばまで」とは“Mar.24～May 14”である。和暦に換算すると、日記の空白は三月一日から四月二一日となる。実際にこの五二日間、サトウの「日記」は空白である。

《史料4》 アーネスト・サトウ日記(2)（“Satow Papers : Diaries”）

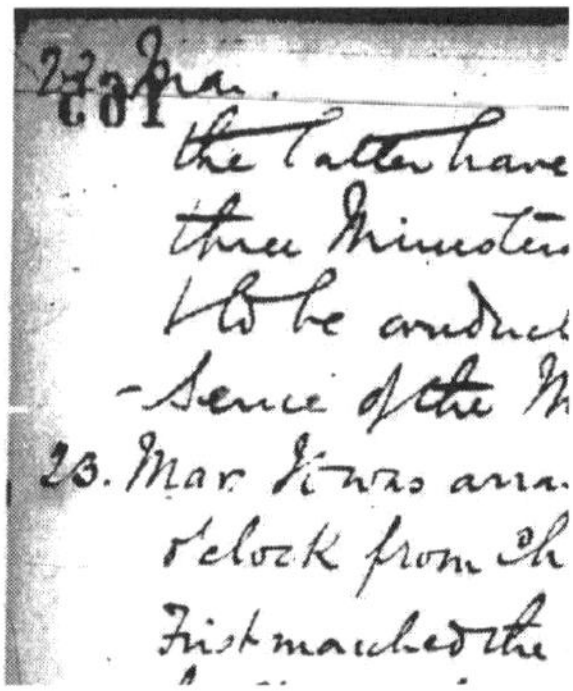
22 Mar.
the latter have
three Minister
& to be conduct
-Sence of the M
23. Mar. It was arra
o'clock from Ch
First marched the

【日記中断の前日】

“23 Mar”（二月三〇日）

五行目に日付が書いてある（23.Mar）。「20」のように見えるが「23」である。

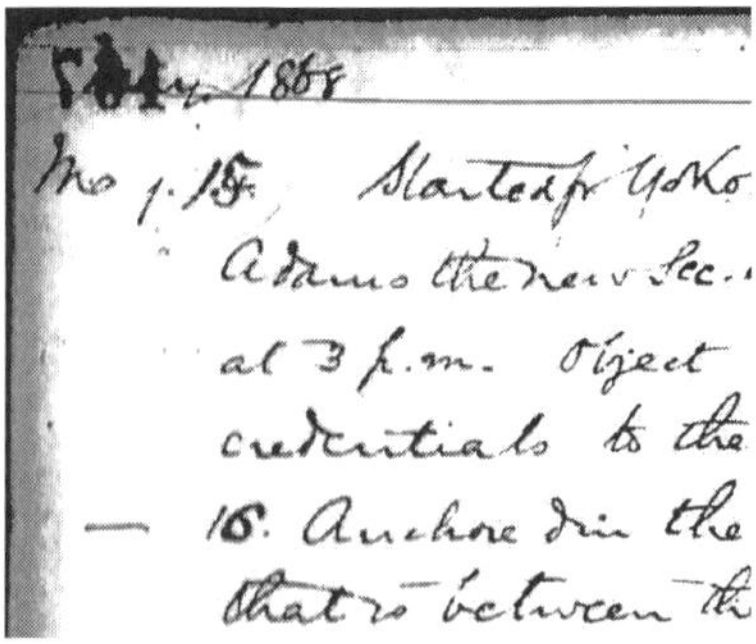
May 1868
May 15. Started for Yoko
Adams the new Sec.
at 3 p.m. Object
credentials to the
— 16. Anchored in the
that is between th

【日記再開の初日】

“May 15”（四月二三日）

頁の頭に“1868”の数字が書いてある。これは慶応四年（明治元年）。

（ウ）第三一章冒頭は三報告書のつぎはぎ

サトウは三月に二回江戸に派遣され、その都度パークス公使に報告書を提出し、パークスはそれを添付して本国のスタンレー外相に報告書を提出している。[3] 一回目、二回目のサトウの報告書“Memorandum”を、それぞれ、「M1」「M2」とし、それを添付したパークスの報告書を「P1」「P2」とする。「P3」はその後の報告書。

《図表2》 サトウとパークスの報告書

略号	報告書	作成日（西暦）	作成日（和暦）
M1	サトウ → パークス　P1に添付	Apr. 8	三月一六日
M2	サトウ → パークス　P2に添付	Apr. 14	三月二二日
P1	パークス → スタンレー外相	Apr. 9	三月一七日
P2	パークス → スタンレー外相	Apr. 14	三月二二日
P3	パークス → スタンレー外相	May. 2	四月一〇日

《資料1》を、報告書とサトウの記憶（これを「地の文」と呼んでおく）とに識別すると以下のようになる。すなわち報告書「M1」「M2」「P3」と「地の文」とからなっている。網

掛けの箇所がサトウの報告書（「M1」「M2」）からの転記部分である。

《図表3》『サトウ回想録』第三一章冒頭の構成（《資料1》）と報告書（190〜193）

①	Apr.1（三月九日）江戸派遣。	地の文
	暗くなってから勝を訪問することにしていた。	地の文
②	a〜f　新政府軍の動き。	【M1】
	g　すでにMar.4（二月一一日）慶喜恭順を表明。	地の文
	h〜l　市中の様子。	【M1】
③	Apr.12（三月二〇日）サトウの江戸再派遣。	地の文
④	勝から「江戸嘆願」の詳細聴取。	【M2】
⑤	勝、パークスに西郷への圧力を依頼。	【M2】
⑥	パークス、再三尽力。	地の文
⑦	Apr.28（四月六日）、パークス、西郷を説得。	【P3】
⑧	西郷、朝議結果の慶喜に対する寛大処置をパークスに伝達。	【P3】
⑨	勝の話として、脱走者名の列挙、仏公使ロッシュの抗戦勧告。	【M2】

これを図解すると次のようになる。

《図表4》『サトウ回想録』第三一章冒頭の構成（190〜193頁）

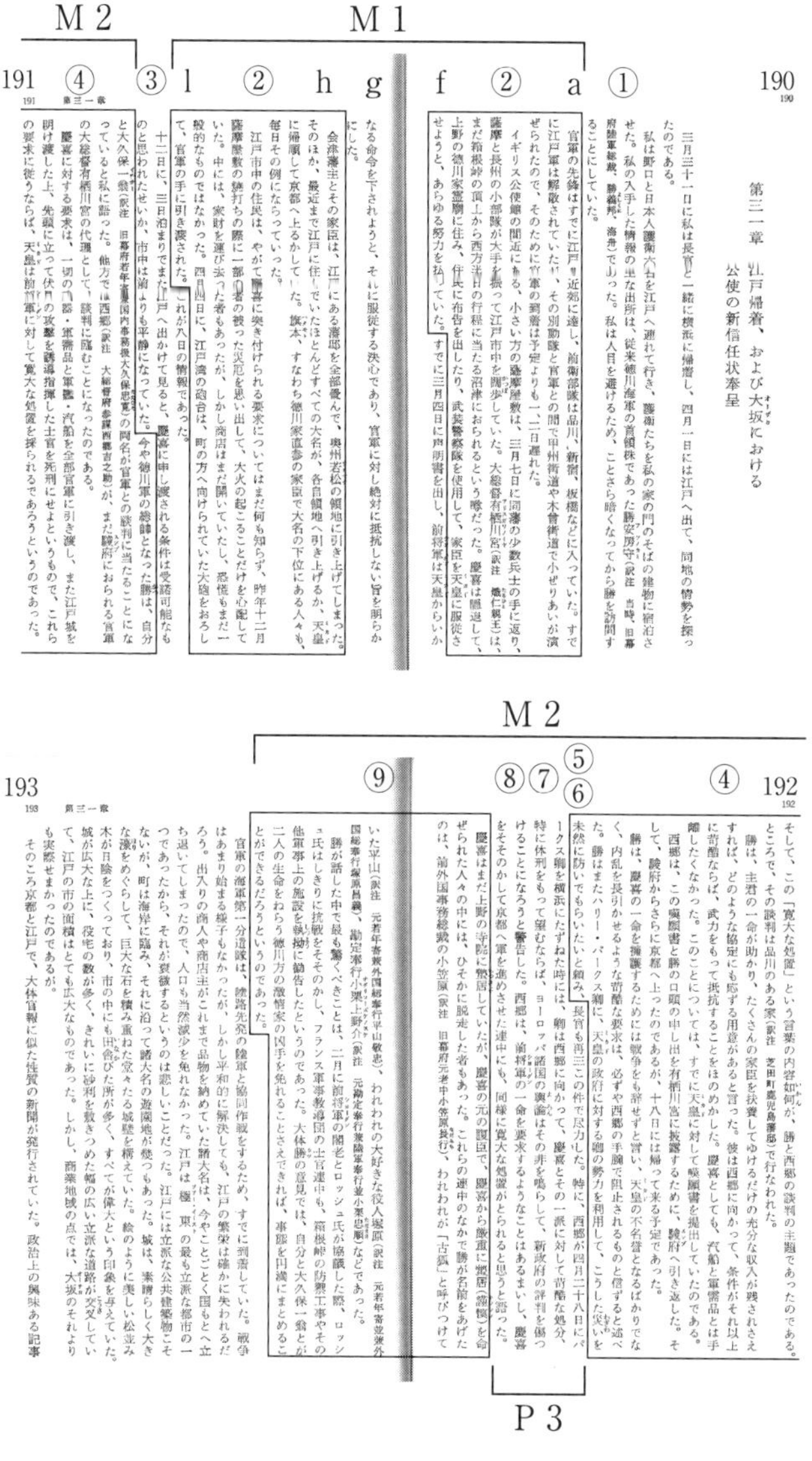

190

第三一章　江戸帰着、および大坂《オーザカ》における公使の新信任状奉呈

三月三十一日に私は長官と一緒に横浜に帰着し、四月一日には江戸へ出て、同地の情勢を探ったのである。

私は野口と日本人護衛六名を江戸へ連れて行き、護衛たちを私の家の門のそばの建物に宿泊させた。私の入手した情報の主な出所は、従来徳川海軍の首領株であった勝安房守《アワノカミ》(訳注　当時、旧幕府陸軍総裁、勝義邦《よしくに》、海舟)であった。私は人目を避けるため、ことさら暗くなってから勝を訪問することにしていた。

官軍の先鋒はすでに江戸の近郊に達し、前衛部隊は品川、新宿、板橋などに入っていた。すでに江戸軍は解散されていたが、その別動隊と官軍との間で甲州街道や木曾街道で小ぜりあいが演ぜられたので、そのために官軍の到着は予定よりも一、二日遅れた。

イギリス公使館の間近にある、小さい方の薩摩屋敷は、三月七日に同藩の少数兵士の手に返り、薩摩と長州の小部隊が大手を振って江戸市中を闊歩《かっぽ》していた。大総督有栖川宮《アリスガワノミヤ》(訳注　熾仁親王)は、まだ箱根峠の頂上から西方半日の行程に当たる沼津におられるという噂だった。慶喜は隠退して、上野の徳川家霊廟に住み、住民に布告を出したり、武装警察隊を使用して、家臣を天皇に服従させようと、あらゆる努力を払っていた。すでに三月四日に声明書を出し、前将軍は天皇からいかなる命令を下されようと、それに服従する決心であり、官軍に対し絶対に抵抗しない旨を明らかにした。

会津藩主とその家臣は、江戸にある藩邸を全部畳んで、奥州若松の領地に引き上げてしまった。そのほか、最近まで江戸に住んでいたほとんどすべての大名が、各自領地へ引き上げるか、天皇に帰順して京都へ上るかしていた。旗本、すなわち徳川家直参の家臣で大名の下位にある人々も、毎日その例にならっていった。

江戸市中の住民は、やがて慶喜に突き付けられる要求についてはまだ何も知らず、昨年十二月薩摩屋敷の焼打ちの際に一部の者の被った災厄を思い出して、大火の起こることだけを心配していた。中には、家財を運び去った者もあったが、しかし商店はまだ開いていたし、恐慌もまだ一般的なものではなかった。四月四日に、江戸湾の砲台は、町の方へ向けられていた大砲をおろして、官軍の手に引き渡された。これが八日の情報であった。

191　第三一章

十二日に、三日泊まりでまた江戸へ出かけて見ると、慶喜に申し渡される条件は受諾可能なものと思われたせいか、市中は前よりも平静になっていた。今や徳川軍の総帥となった勝は、自分と大久保一翁(訳注　旧幕府若年寄兼国内事務役大久保忠寛)の両名が官軍との談判に当たることになっていると私に語った。他方では西郷(訳注　大総督府参謀西郷吉之助)が、まだ駿府におられる官軍の大総督有栖川宮の代理として、談判に臨むことになったのである。

慶喜に対する要求は、一切の武器・軍需品と軍艦・汽船を全部官軍に引き渡し、また江戸城を明け渡した上、先頭に立って伏見の攻撃を誘導指揮した士官を死刑にせよというもので、これらの要求に従うならば、天皇は前将軍に対して寛大な処置を採られるであろうというのであった。

192

そして、この「寛大な処置」という言葉の内容如何《いかん》が、勝と西郷の談判の主題であったのである。ところで、その談判は品川のある家(訳注　芝田町鹿児島藩邸)で行なわれた。

勝は、主君の一命が助かり、たくさんの家臣を扶養してゆけるだけの充分な収入が残されさえすれば、どのような協定にも応ずる用意があると言った。彼は西郷に向かって、条件がそれ以上に苛酷ならば、武力をもって抵抗することをほのめかした。慶喜としても、汽船と軍需品とは手離したくなかった。このことについては、すでに天皇に対して嘆願書を提出していたのである。

西郷は、この嘆願書と勝の口頭の申し出を有栖川宮に披露するために、駿府《スンプ》へ引き返した。そして、駿府からさらに京都へ上ったのであるが、十八日には帰って来る予定であった。

勝は、慶喜の一命を擁護するためには戦争をも辞せずと言い、天皇の不名誉となるばかりでなく、内乱を長引かせるような苛酷な要求は、必ずや西郷の手腕で阻止されるものと信ずると述べた。勝はまたハリー・パークス卿に、天皇の政府に対する卿の勢力を利用して、こうした災いを未然に防いでもらいたいと頼み、長官も再三この件で尽力した。特に、西郷が四月二十八日にパークス卿を横浜にたずねた時には、卿は西郷に向かって、慶喜とその一派に対して苛酷な処分、特に体刑をもって望むならば、ヨーロッパ諸国の輿論《よろん》はその非を鳴らして、新政府の評判を傷つけることになろうと警告した。西郷は、前将軍の一命を要求するようなことはあるまいし、慶喜をそそのかして京都へ軍を進めさせた連中にも、同様に寛大な処置がとられると思うと語った。

慶喜はまだ上野の寺院に蟄居していたが、慶喜の元の腹臣で、慶喜から厳重に蟄居(謹慎)を命ぜられた人々の中には、ひそかに脱走した者もあった。これらの連中のなかで勝が名前をあげたのは、前外国事務総裁の小笠原(訳注　旧幕府元老中小笠原長行)、われわれが「古狐」と呼びつけていた平山(訳注　元若年寄兼外国総奉行平山敬忠)、われわれの大好きな役人塚原(訳注　元若年寄並兼外国総奉行塚原昌義)、勘定奉行小栗上野介《オグリコーズケノスケ》(訳注　元勘定奉行兼陸軍奉行並小栗忠順)などであった。

勝が話した中で最も驚くべきことは、二月に前将軍の閣老とロッシュ氏が協議した際、ロッシュ氏はしきりに抗戦をそそのかし、フランス軍事教導団の士官連中も、箱根峠の防禦工事やその他軍事上の施設を執拗《しつよう》に勧告したというのであった。大体勝の意見では、自分と大久保一翁とが二人の生命をねらう徳川方の激情家の凶手を免れることさえできれば、事態を円満にまとめることができるだろうというのであった。

193　第三一章

官軍の海軍第一分遣隊は、陸路先発の陸軍と協同作戦をするため、すでに到着していた。戦争はあまり始まる様子もなかったが、しかし平和的に解決しても、江戸の繁栄は確かに失われるだろう。出入りの商人や商店主がこれまで品物を納めていた諸大名は、今やことごとく国もとへ立ち退いてしまったので、人口も当然減少を免れなかった。江戸は極東《ファー・イースト》の最も立派な都市の一つであったから、それが衰微するというのは悲しいことだった。江戸には立派な公共建築物こそないが、町は海岸に臨み、それに沿って諸大名の遊園地が幾つもあった。城は、素晴らしく大きな濠《ほり》をめぐらして、巨大な石を積み重ねた堂々たる城壁を構えていた。絵のように美しい松並木が日陰をつくっており、市の中にも田舎《いなか》びた所が多く、すべてが偉大という印象を与えていた。城が広大な上に、役宅の数が多く、きれいに砂利を敷きつめた幅の広い立派な道路が交叉《こうさ》していて、江戸の市の面積はとても広大なものであった。しかし、商業地域の点では、大坂《オーサカ》のそれよりも実際せまかったのであるが。

そのころ京都と江戸で、大体官報に似た性質の新聞が発行されていた。政治上の興味ある記事

（エ）三つの「思い込み」発生

わざわざこのような面倒なことを行なった理由は、冒頭で述べたこの箇所の不備、読者の誤読・誤解等が、「パークスの圧力」さらには「無血開城」の史実を曲げる一つの要因になっているからである。以下にそれを遂次究明する。

第三一章のタイトルは「江戸帰着、および大坂における公使の信任状奉呈」であり、タイトルからして「無血開城」を想像させる表現ではない。この章に最も相応しいタイトルは「江戸開城」ではなかろうか。しかし公使館員のサトウにとっては、それよりも「公使の信任状奉呈」の方が大事であったかも知れない。そのため「江戸開城」の記載に慎重さを欠いた可能性がある。しかし『サトウ回想録』は、サトウが七八歳のとき、五七年も前の出来事を思い出しながら書いたのであるから、ある程度の不正確さはやむを得まい。

しかしこの時期に、三月五日の東征軍大総督有栖川宮駿府到着、九日の「駿府談判」、一三、一四日の「江戸嘆願」、二〇日の「京都朝議」、四月四日の勅諚示達、一一日の江戸城明渡し、徳川慶喜水戸へ出立、という明治維新の大きな出来事「無血開城」があったのだが、サトウは日記に書いていない。

この箇所の記述の不適切さ・不正確さから、読者の様々な誤読・誤解が生じている。

その結果、以下のような三つの思い込みが生ずる。
①の箇所から、サトウが江戸派遣後直ぐに勝に会ったと思い込む（第一の思い込み）。
⑤の箇所から、勝がパークスに西郷への圧力を依頼したと思い込む（第二の思い込み）。
⑥⑦の箇所から、パークスが西郷に圧力をかけたと思い込む（第三の思い込み）。

こうして、「パークスの圧力」はあったと思い込み、仕掛けたのは勝で「勝工作説」が、さらに「無血開城」は勝が実現したという「勝説」が生じることになる。これら三つの「思い込み」は、文字通り「思い込み」であり、史実に反する。それを含め以下に考察する。

(3) サトウ・勝会談が、西郷・勝会談前という説は『サトウ回想録』の誤読

『サトウ回想録』を注意深く読めば、他の史料に頼らずとも、それだけで「パークスの圧力説」が成立しないことに気付くはずである。少なくとも疑問が湧くはずである。

(ア)「訪問することにしていた」を「訪問した」と思い込む

「サトウが江戸派遣後直ぐに勝に会った」という第一の思い込みの原因は、①の箇所に次の

文が書かれているからである。

《史料5》勝を訪問することにしていた（『サトウ回想録』、190）

> 私の入手した情報の主な出所は、従来徳川海軍の首領株であった勝安房守であった。私は人目を避けるため、ことさら暗くなってから勝を訪問することにしていた。

これを読んだ多くの読者は、サトウが勝を訪問したのは一回目の江戸派遣時で、「江戸嘆願」の前であると勘違いしたのである。①の記載の箇所には「訪問した」とは書かれていない。「訪問することにしていた」と書かれているのである。「することにしていた」は「した」とは意味が違う。原本“A Diplomat In Japan”[4]には“used to visit”と書いてある。“used to”は過去の習慣（よく……したものだ）を表す用法である。これは特定日の訪問ではなく、サトウの訪問方法一般を指しているのである。

《史料6》“used to visit”（“A Diplomat In Japan”、364）

> My chief source of information was Katsu Awa no Kami who had been the head of the Tokugawa navy. To avoid exciting attention I used to visit him after dark.

多くの読者はこの「訪問することにしていた」を単に「訪問した」と誤読したため、時系列に沿って記載されているという先入観と相俟って、サトウは一回目の派遣時に勝を訪問したと思い込んでしまったのではなかろうか。その結果サトウ・勝会談が「江戸嘆願」の前となり、「勝工作説」が成立すると思い込む。案の定、江藤淳は次のように書いている。

《資料7》同じ日（江藤淳、153）

> 鉄舟山岡鉄太郎が、駿府に到着して西郷吉之助と会見したのは、三月九日のことであった。（中略）しかし、この同じ日、江戸でひそかにおこなわれていたもうひとつの重要な会談については、人は意外に知るところが少いのである。それは軍事取扱勝安房守義邦と、英国公使館通訳官アーネスト・サトウとの秘密会談である。

鉄舟・西郷の会見は三月九日である。『サトウ回想録』には、サトウが江戸に出て来た日がApr.1と書かれており、これは和暦三月九日である。そこで江藤はこの二つの会見が同じ三月九日と思い込んでしまったのではなかろうか。

ところが江藤の『海舟余波』[5]（単行本）は一九七四年刊であるが、これより三四年も前の一九四〇年に田中惣五郎が『勝海舟』で次のように述べている。

《**資料8**》同じ日（田中惣五郎『勝海舟』、170）

> 山岡と西郷の表立った堂々たる会見、勝とサトウの忍びやかの会見、それが同じ日に行われたのであった。

江藤はこの田中の著書を読み、「同じ日」と思い込んだのかも知れない。江藤も田中も、『サトウ回想録』の誤読により、「パークスの圧力・勝工作説」の信奉者になっている。これが第一の思い込みである。

そのために、江藤は勝が西郷にパークスを利用して圧力をかけたと次のように言っている。

《**資料9**》「パークスの圧力・勝工作説」（江藤淳、192～3）

> 木梨参謀の報告にあった通り、サー・ハリー・パークスの強硬な意思表示以来、すでに情勢は一変して和平の方向に動きはじめていたからである。それだけではない。勝安房守がこの変化をさきどりし、英国公使の意向を十二分に利用していることは、あまりにも明瞭だったからである。
>
> （中略）この交渉は、したがって西郷の完敗であり、海舟の完勝に終ることが、最初から決っていたといってもよい。

勝が「パークスの圧力」を利用して西郷を完璧に譲歩させた、と述べている。

田中もまた、「いわゆる『新政府に対するパークスの威力』をもって危難を少なからしめようとした、勝の手腕は非凡といえよう」(193)と、勝を絶賛している。

(イ)西郷・勝会談前には、サトウは勝に会っていない

②の箇所、すなわちサトウの一回目の江戸派遣時の記述には、a～lの一二項目が記述されているが、最重要であるはずの「江戸嘆願」が一言も触れられていない。ここから、サトウは一回目の江戸派遣時には勝に会っておらず、「勝工作説」は成り立たないことが推測される。サトウの一回目の報告、「M1」の日付はApr.8(三月一六日)で、「江戸嘆願」の後であるが、「江戸嘆願」の内容は疎かそれがあったことすら記載がない。『サトウ回想録』の②の箇所はこの報告書を基に書かれているから、「江戸嘆願」のことが書かれていないのは当然である。

(ウ)会ったのは会談後

④～⑧の箇所、すなわちサトウ・勝会談、勝のパークスへの依頼、パークスの西郷説得、そして西郷のパークスへの「京都朝議」結果報告が、いずれも二回目の江戸派遣の箇所、すなわ

ち「江戸嘆願」の後に書かれている。④のサトウ・勝会談では、勝は「江戸嘆願」の内容を詳しく話している。⑧では西郷は「京都朝議」の結果をパークスに告げている。つまりこの時点では新政府の方針は最終決定済みで、パークスが介入する余地はなくなっており、「パークスの圧力」はすでに期限切れとなっている。ここからも「パークスの圧力説」は「勝工作説」も「パークス説得説」も成り立たないことが確認できるのである。

(4) 勝の依頼によるパークスの助力はサトウの「創作」

既述のように、サトウの記載漏れ、誤記、不適切さといった不備が、読者の誤読・誤解に拍車をかけていることは否めない。英国公使館史料等により、こうした不備五カ所を以下の通り解明していくと、「パークスの圧力説」の真偽が明白になる。

(ア) “April”を“March”と誤記

「パークスの圧力説」の検証には、史実の前後関係が重要であるが、『サトウ回想録』には時系列の乱れがかなり存在する。

《資料1》c、dの箇所に書かれたMar.7に薩摩邸が同藩に返り、薩長兵が市中を闊歩しているという記述はいかにも不自然である。東征軍大総督有栖川宮が京都を発したのは二月一五日である。Mar.7は和暦二月一四日であるから、薩長兵が江戸市中を闊歩などしているはずがなく、当然疑問が湧く。『サトウ回想録』の原本"A Diplomat In Japan"には確かに"March 7"と書かれている。

《史料10》『サトウ回想録』の原本"A Diplomat In Japan"（364）

Small parties of Satsuma and Choshiu men wandered about the streets of the city unmolested, and a smaller Satsuma yashiki, near our legation, was re-occupied on March 7 by a few soldiers of that clan.

【訳】『サトウ回想録』（190）

イギリス公使館の間近にある、小さい方の薩摩屋敷は、March7（二月一四日）に同藩の少数兵士の手に返り、薩摩と長州の小部隊が大手を振って江戸市中を闊歩していた。

《史料11》「Ｍ１」Apr.8付（三月一六日）

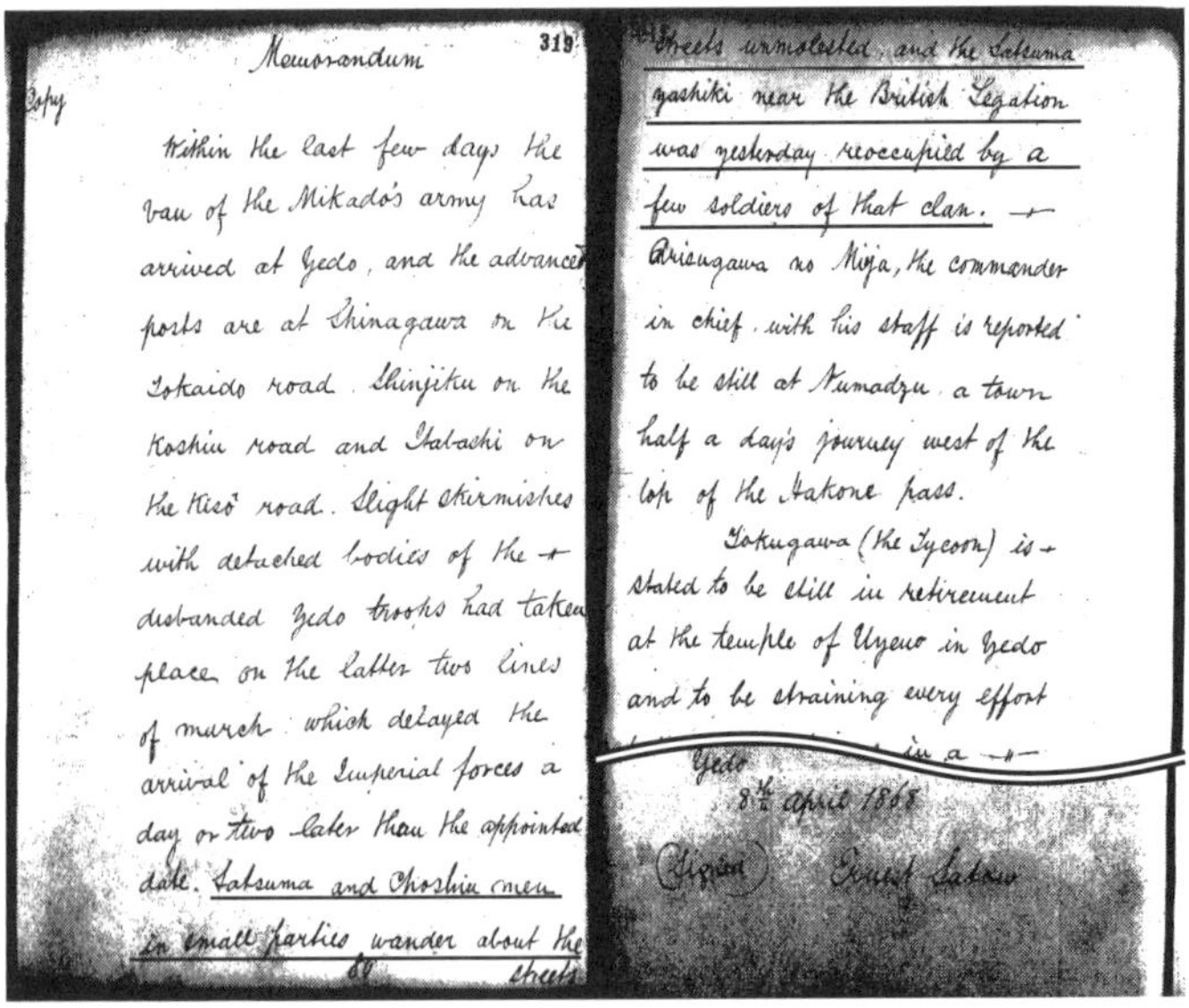
Memorandum 319

Copy

Within the last few days the van of the Mikado's army has arrived at Yedo, and the advanced posts are at Shinagawa on the Tokaido road. Shinjiku on the Koshiu road and Itabashi on the Kiso road. Slight skirmishes with detached bodies of the disbanded Yedo troops had taken place on the latter two lines of march which delayed the arrival of the Imperial forces a day or two later than the appointed date. Satsuma and Choshiu men in small parties wander about the streets unmolested and the Satsuma yashiki near the British Legation was yesterday reoccupied by a few soldiers of that clan. Arisugawa no Miya, the commander in chief, with his staff is reported to be still at Numadzu a town half a day's journey west of the top of the Hakone pass.

Tokugawa (the Tycoon) is stated to be still in retirement at the temple of Uyeno in Yedo and to be straining every effort [illegible] in a

Yedo

8th April 1868

(Signed) Ernest Satow

Satsuma and Choshiu men in small parties wander about the streets unmolested, and the Satsuma yashiki near the British Legation was <u>yesterday</u> reoccupied by a few soldiers of that clan.

【訳】小部隊の薩長兵が何ら邪魔されることなく市中を闊歩しており、英国公使館近くの薩摩屋敷は昨日若干の薩摩兵により再び占拠された。

ところがこの箇所の基になる「M1」には、サトウは"yesterday"と書いている。「M1」の日付は"8th April"であるからこの"yesterday"は"7th April"（三月一五日）である。つまりサトウは"April"を"March"と書き誤ったのである。萩原延壽は「M1」を見て一応"yesterday"を直訳し「昨日」と書き、これをカッコ書きで正しく「（四月七日・陰暦三月十五日）」(10)と付記しているが、その理由（サトウの誤記）には言及していない。三月一五日なら「江戸嘆願」の翌日であり、江戸総攻撃はペンディングとなり、「大総督府へ伺済迄御討入之儀見合候」の高札も掲げられており、薩摩邸が同藩に返り薩長兵が市中を闊歩していてもおかしくはない。

（イ）サトウの「創作」による二つの「思い込み」、勝の依頼とパークスの説得

次に、『サトウ回想録』⑤⑥⑦の箇所、すなわち勝のパークスへの依頼（第二の思い込み）⑤とパークスの西郷説得（第三の思い込み）⑥⑦について検討する。『サトウ回想録』のその箇所を引用する。

《史料12》『サトウ回想録』（《資料1》《図表3》《図表4》の⑤～⑧）（192）

> ⑤勝はまたハリー・パークス卿に、天皇の政府に対する卿の勢力を利用して、こうした災いを未然に防いでもらいたいと頼み、⑥**長官も再三この件で尽力した。**⑦特に、西郷がApr.28にパークス卿を横浜にたずねた時には、卿は西郷に向かって、慶喜とその一派に対して苛酷な処分、特に体刑をもって望《ママ》むならば、ヨーロッパ諸国の輿論はその非を鳴らして、新政府の評判を傷つけることになろうと警告した。⑧西郷は、前将軍の一命を要求するようなことはあるまいし、慶喜をそそのかして京都へ軍を進めさせた連中にも、同様に寛大な処置がとられると思うと語った。⑨慶喜はまだ上野の寺院に蟄居していたが（後略）
>
> （丸なか数字⑤～⑨　筆者）

この箇所は次の三つの部分からなっている。

網掛け　M2　勝の依頼（サトウの創作）⑤

ゴチック　地の文　パークスの尽力（サトウの加筆）⑥

通常の文　P3　パークスの西郷説得⑦と西郷の報告⑧

⑤網掛けは、サトウの報告書「M2」の転記で、「もらいたいと頼み（頼んだ）」から最終行の⑨網掛け「慶喜はまだ……」に続く。この間に⑥地の文（**ゴチック**）と「P3」⑦⑧が挿入されるという三重構造になっている。それは以下の《史料13》「M2」と《史料14》「P3」を見れば分かる。

《史料13》「Ｍ２」勝の依頼⑤

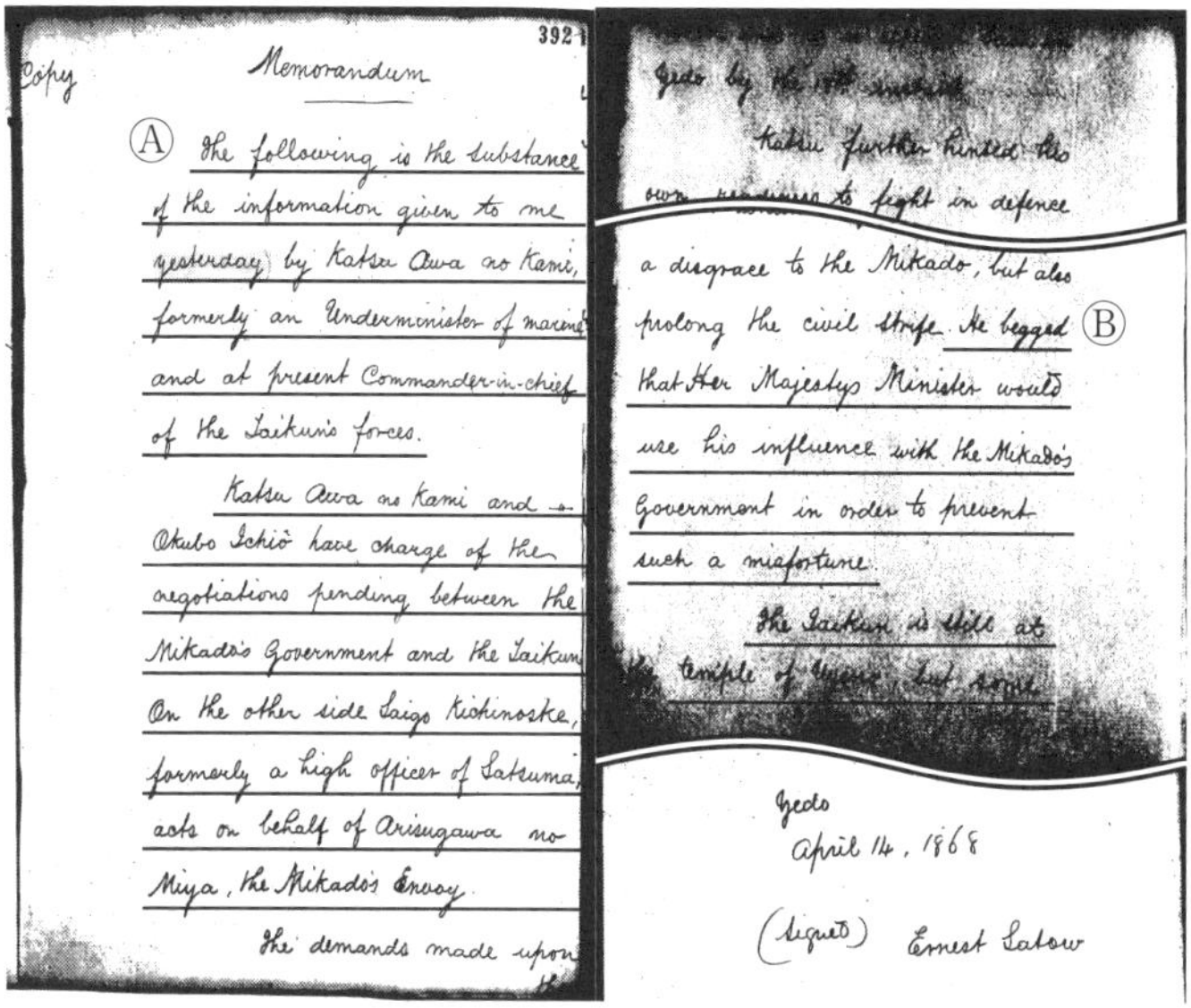
392

Copy

Memorandum

Ⓐ The following is the substance of the information given to me yesterday by Katsu Awa no Kami, formerly an Underminister of marine and at present Commander-in-chief of the Taikun's forces.

Katsu Awa no Kami and Okubo Ichiō have charge of the negotiations pending between the Mikado's Government and the Taikun. On the other side Saigo Kichinoske, formerly a high officer of Satsuma, acts on behalf of Arisugawa no Miya, the Mikado's Envoy.

The demands made upon

Yedo by the ... instant

Katsu further hinted his own readiness to fight in defence

a disgrace to the Mikado, but also prolong the civil strife. He begged Ⓑ that Her Majesty's Minister would use his influence with the Mikado's Government in order to prevent such a misfortune.

The Taikun is still at the temple of Uyeno, but some

Yedo
April 14, 1868

(signed) Ernest Satow

先ず網かけ⑤⑨について見てみる。《史料13－1》「Ｍ２」Ⓑ勝の依頼⑤と慶喜の謹慎⑨

He begged that Her Majesty's Minister would use his influence with the Mikado's Government in order to prevent such a misfortune. The Taikun is still at the temple of Uyeno, but some

【訳】⑤彼《勝》は、卿《パークス》が彼の帝政府に対する影響力を行使し、このような災いを防いでくれるよう依頼した。⑨大君は未だ上野の寺院に謹慎していたが、これは《史料12》の網掛け部分である。⑤から⑨に続いており、サトウがこの間に⑥⑦⑧を挿入したことが分かる。この⑤は「M2」Ⓑであり、「勝がパークスに西郷への圧力を頼んだ」というのは、実はサトウの「創作」である。勝が書いた『解難録』には、パークスとの会見内容が詳述されているが、西郷への働きかけを依頼したことなど一言も書かれていない。このいきさつを萩原は、「勝との接触を求めたのはイギリス側であって」勝が求めたものではなく、そこで「サトウはパークスの意向を洩らしたと思われるから、勝がそれをうけてパークスの協力を要請するのは、いわば礼儀の如きものであろう」(61)と推測している。

次に**ゴチック**⑥「**長官も再三この件で尽力した**」を検討する。

⑥は、その後の「P3」⑦⑧とのつなぎとしてサトウが書き加えた「地の文」であり、この「パークスが(勝の依頼により西郷説得に)尽力した」も、サトウが「創作」したものである。この⑥の「地の文」は、「M2」とは違ってずっと後年に書かれたもので、最早パークスに忖度する必要はなかったが、後の文「P3」⑦⑧との橋渡しとしてこのように書いたのである。

問題はこのサトウの二つの「創作」から前述の三つの「思い込み」のうち二つ(勝がパークスに依頼。パークスが西郷に圧力)が生じたことである。だが「創作」についてはサトウに他意はなく、内戦激化による貿易阻害を恐れるパークスの持論を忖度して書いただけなのだが、それが、読者に「パークスの圧力」、就中「勝工作説」を信じ込ませる一つの原因になってしまったのである。最後に⑦⑧を考察する。

《史料14》「P3」パークスの報告書　May 2,1868

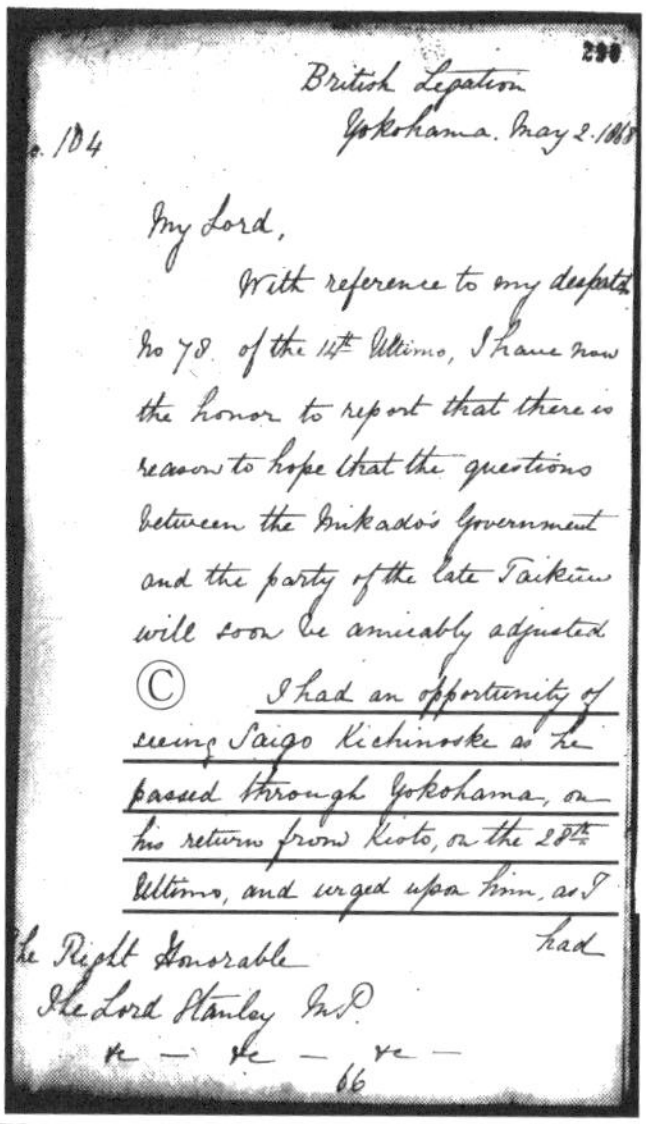

290

British Legation
Yokohama. May 2. 1868

No. 104

My Lord,

With reference to my despatch No 78 of the 14th Ultimo, I have now the honor to report that there is reason to hope that the questions between the Mikado's Government and the party of the late Taikun will soon be amicably adjusted.

Ⓒ I had an opportunity of seeing Saigo Kichinoske as he passed through Yokohama, on his return from Kioto, on the 28th Ultimo, and urged upon him, as I had

The Right Honorable
The Lord Stanley M.P.
&c — &c — &c —
66

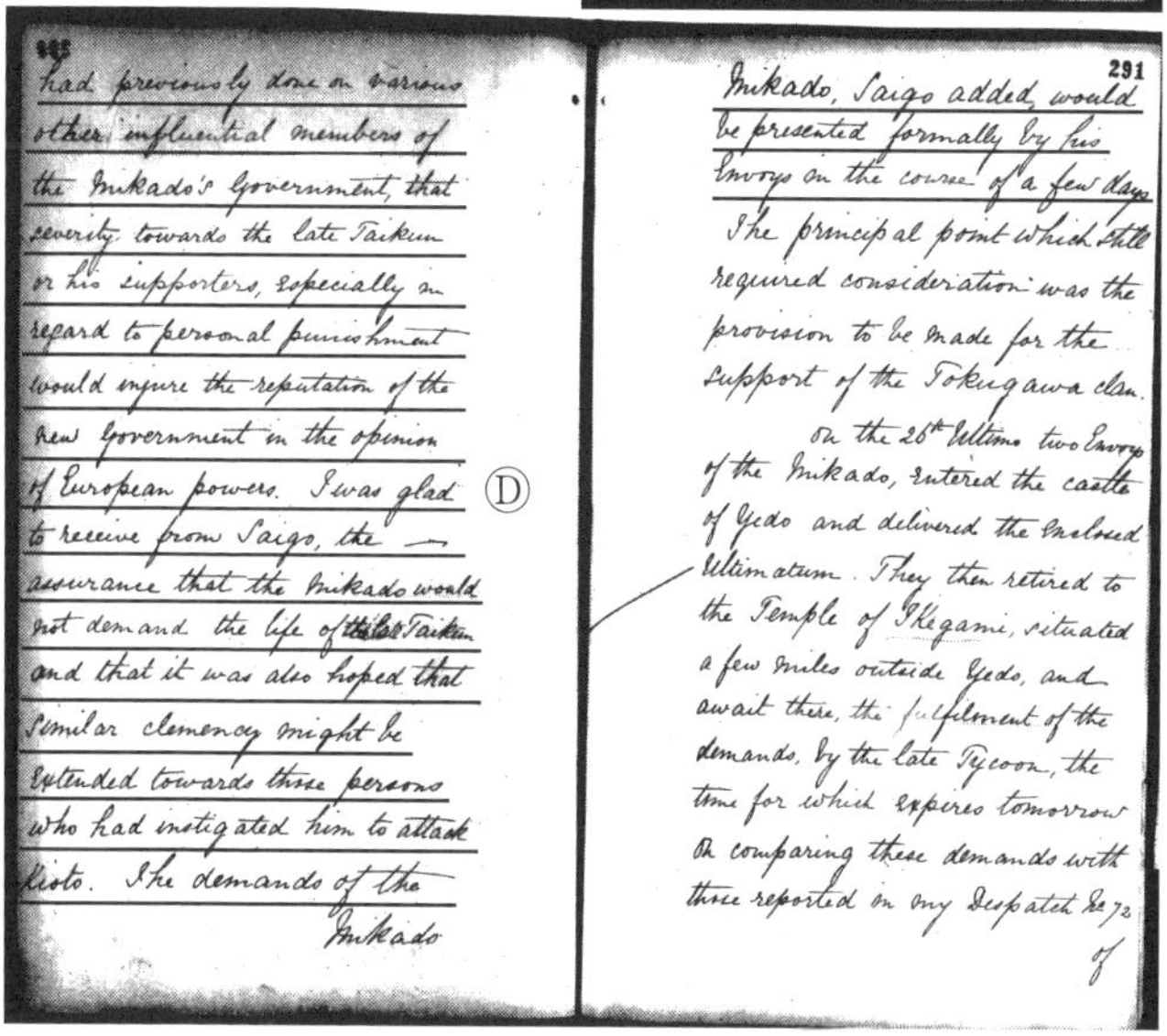

had previously done on various other influential members of the Mikado's Government, that severity towards the late Taikun or his supporters, especially in regard to personal punishment would injure the reputation of the new Government in the opinion of European powers. Ⓓ I was glad to receive from Saigo, the — assurance that the Mikado would not demand the life of the late Taikun and that it was also hoped that similar clemency might be extended towards those persons who had instigated him to attack Kioto. The demands of the Mikado

291

Mikado, Saigo added, would be presented formally by his Envoys in the course of a few days. The principal point which still required consideration was the provision to be made for the support of the Tokugawa clan.

On the 26th Ultimo two Envoys of the Mikado, entered the castle of Yedo and delivered the enclosed Ultimatum. They then retired to the Temple of Ikegami, situated a few miles outside Yedo, and await there, the fulfilment of the demands, by the late Tycoon, the time for which expires tomorrow. On comparing these demands with those reported in my Despatch No 72 of

⑦⑧は、この《史料14》「P3」の転記で、内容的には©が、⑦のパークスが西郷を説得した箇所で、Ⓓが、⑧の西郷がパークスに「京都朝議」の結果を述べた箇所である。

第一に⑦である。

《史料14－1》「P3」©パークスの西郷説得⑦

> I had an opportunity of seeing Saigo Kichinoske as he passed through Yokohama on his return from Kioto, on the 28th ultimo, and urged upon him, as I had previously done on various other influential members of the Mikado's Government, that severity towards the late Taikun or his supporters, especially in regard to personal punishment would injure the reputation of the new Government in the opinion of European powers.
>
> 【訳】⑦私《パークス》は先月《April》28th（四月六日）、京都から帰還の途上横浜を通過する際の西郷吉之助に会う機会があった。そして私がさきに新政府の他の有力者たちにしたように、西郷に次のことを力説した。それは、前将軍またはその支持者に対する過酷な処分、特に過酷な体刑は欧州列強の意見によれば、新政府の評判を傷つけるであろうということである。

パークスの西郷説得は、そもそも二人の会談そのものが新政府の最終結論が出た「京都朝議」

の後であり、今さらパークスが西郷に圧力をかけてどうなるものでもなく、その意味で既述のように「パークスの圧力」は期限切れとなっていた。そのことは、⑧の内容からも明らかである。だが「パークス説得説」を信ずる先学はこの期限切れという認識に欠けるようである。

第二に⑧である。

「P3」のこの⑧に相当する箇所を見ると、パークスの気持ちがよく分かる。

《史料14－2》「P3」Ⓓ西郷の報告⑧（《史料14－1》の続き）

> I was glad to receive from Saigo, the assurance that <u>the Mikado would not demand the life of the late Taikun</u> and that it was also hoped that similar clemency might be extended towards those persons who had instigated him to attack Kioto. The demands of the Mikado, Saigo added, would be presented formally by his Envoy in the course of a few days.
>
> **【訳】**⑧私は西郷から、帝が元将軍の命を要求しない、また同様の寛大な措置が元将軍に京都を攻撃することを扇動した面々にも援用されるであろうという確認を得て嬉しく思った。こうした帝の要望は、数日中に正式な特使により伝えられるであろうと、西郷は付け加えた。

ここにはパークスが、交易を阻害する内乱を阻止したことを自分の手柄として得々として本国の外相に報告したことが書いてある。パークスは、「江戸嘆願」前に警告をしたことを「私がさきに新政府の他の有力者たちにしたように」と書いて、それを強調しているのである（《史料14-1》）。つまり「京都朝議」での寛大な措置、すなわち慶喜の助命を西郷に確認したとき、それを自分の警告の成果としてパークスは喜び報国したのである。

（ウ）パークスは西郷の訪問日を誤記

『サトウ回想録』には、西郷がパークスを訪問したのはApr.28（四月六日）と書かれているが、これは正しくない。この訪問日には諸説あるので、ここに整理しておく

「P3」には"the 28th ultimo"（先月28th）と書かれているが、問題は二点ある。先ず"the 28th ultimo"は『サトウ回想録』と一致しているが、これは和暦四月六日であり、西郷はとうに江戸に到着している。次に「P3」に書かれている"on his return from Kioto"（京都からの帰途）が『サトウ回想録』には書かれていないため、西郷はいったん江戸に帰着し、改めて横浜に出かけたと誤読されるのではなかろうか。そのため、この"28th"が誤記であることに気付きにくいのかも知れない。

この西郷のパークス訪問日は諸説紛々である。

○遠山茂樹 Apr.28（四月六日）『サトウ回想録』を鵜呑み。（248）

○石井孝　Apr.23（四月一日）「清書するさい、3を8と誤ったものと思われる」（『明治維新の国際的環境』、838）

○原口清　Apr.23（四月一日）（石井の説に同意か？）（316）

○萩原延壽 Apr.20（三月二八日）「草稿を見てみると、西郷来訪の日付は三月二十八日（陽暦Apr.20）になっている」「清書するさいに、日付を写しまちがえたのであろう」（71）

石井も萩原も清書の際の転記ミスと考えている。石井は「3を8と誤った」と推測しているが、これには疑問がある。なぜなら石井は「P3」を参照したというが、これには"28th"と"th"が付いているからである。もし「3」であれば"3rd"と"rd"が付いているはずで、単純には見誤らないと思われる。一方萩原は「草稿を見てみると」と、草稿の現物を確かめているようで、石井の推測より信憑性が高い。ただし諸説のいずれであれ、西郷がパークスを訪問したのは、新政府が全てを決裁した後の江戸への帰途で、「パークスの圧力」はすでに失効している。

（エ）サトウは二回目の江戸派遣日を誤記

サトウの勝訪問日を検討する前に、サトウの二回目の江戸派遣日を検討しておく。サトウは、"A Diplomat In Japan"に"On the 12th I went up again for three day's stay"（『サトウ回想録』「"12th"に、三日泊まりでまた江戸へでかけてみると」）と書いている。"12th"とは「三月二〇日」であるが、これがサトウの勘違いなのである。

「P2」「M2」の作成日付は、いずれも"Apr.14"（三月二二日）である。もしサトウが二〇日に派遣され三泊したとすると、二三日に横浜に帰りパークスに報告したことになり、これではパークスは二二日付の報告書を書くことは不可能である。サトウは二二日に横浜に帰り報告したのであり、逆算すると、江戸に来たのは一九日ということになる。

パークスは、スタンレー外相とは別に、ハモンド外務次官宛て半公信[6]"Private"を発送している。

《史料15》「H2」

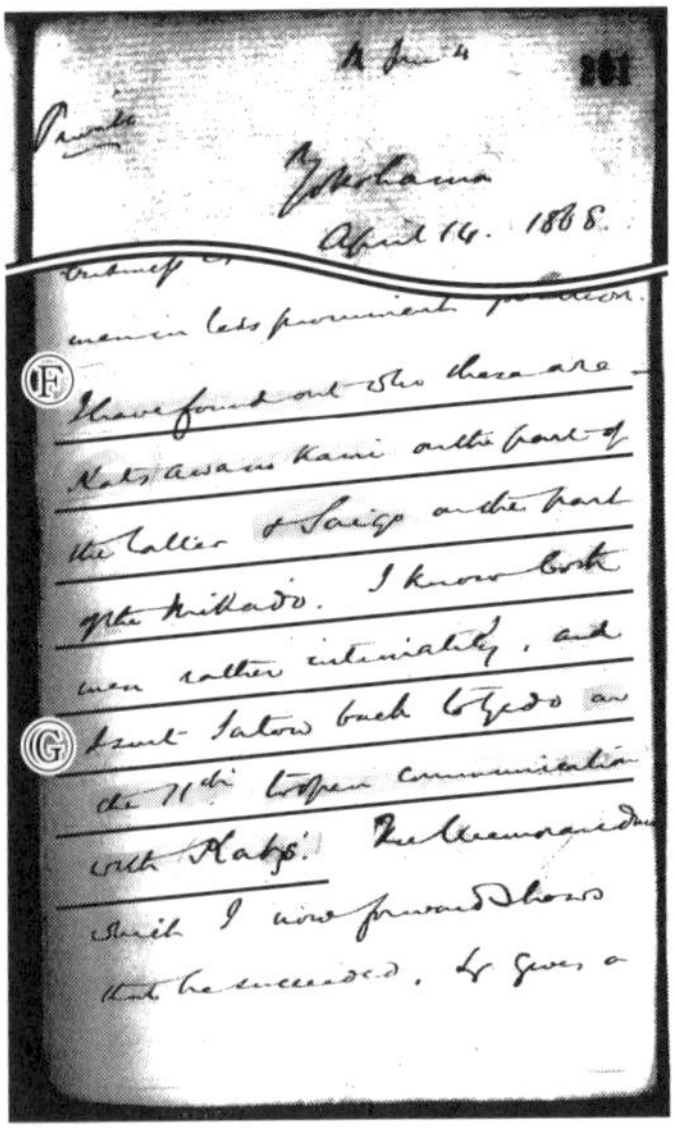

Apr.14付（三月二二日）の半交信（これを「H2」と略す）Ⓖに"I sent Satow back to Yedo on the 11th to open communication with Kats."と、サトウを派遣したのは"11th"（三月一九日）と書かれている。このことからもサトウは、二〇日ではなく一九日に江戸に派遣されたことが確認できる。いずれにしても二回目の派遣は「江戸嘆願」の後である。

（オ）「訪問することにしていた」の記載箇所が不適切

最大の思い込みとして既述した「訪問することにしていた」（used to visit）をサトウが二回目派遣時の箇所（《資料1》④）に書いていれば、このような誤読は生じなかったと思われる。誤記とは言えないが、記載箇所が不適切なため重大な誤読を招き、「勝工作説」の有力な決め手と思い込まれてしまったことは否めない。

（5）『サトウ回想録』以外の史料も、「パークスの圧力」、特に「勝工作説」を否定

以下六つの史料からも、「勝工作説」が成立しないことが解明される。

（ア）『海舟日記』のサトウ訪問日は三月二一日

勝の『幕末日記』二一日条に「英人サトウ来訪」と、サトウの勝訪問日が「江戸嘆願」後であると書かれている。

（イ）報告書に記載した勝訪問日を『サトウ回想録』に記載漏れ

サトウの報告書「M２」（《史料13》）には、サトウの勝訪問日が“yesterday”と明記されている。この“yesterday”とは、「M２」の日付が“Apr.14”（三月二二日）であるから、その前日の“Apr.13”（三月二一日）である。これにより「M２」と勝の『幕末日記』がピタリと符合し、サトウの勝訪問日が三月二一日、「江戸嘆願」後であることが確定的となる。

《史料13－2》「M２」Ⓐ（《史料13》参照）

Memorandum

The following is the substance of the information given to me yesterday by Katsu Awa no Kami, formerly an Underminister of Marine and at present Commander-in-chief of the Taikun's forces.

Katsu Awa no Kami and Okubo Ichio have charge of the negotiations pending between the Mikado's Government and the Taikun. On the other side Saigo Kichinoske, formerly a high officer of Satsuma, acts on behalf of Arisugawa no Miya, the Mikado's envoy.

【訳】

以下は、以前は海軍総裁の下にいたが今では徳川軍の司令長官となった勝安房守より昨日もたらされた情報の要旨である。
勝安房守および大久保一翁は、帝政府と大君の間の懸案交渉の責任者であった。一方以前は薩摩藩の高位の家臣であった西郷吉之助は、帝の特使有栖川宮のために働いている。

だが、この重要なサトウの勝訪問日が、"A Diplomat In Japan"に記載されていないのである。したがってその翻訳である『サトウ回想録』にも当然載っていない。

以下は、サトウが二回目に江戸に派遣されたと記載した直後の『サトウ回想録』の文である。派遣された日"Apr.12"（三月二〇日）は書いたにもかかわらず、肝心の訪問日の"yesterday"（"Apr.13"〔三月二一日〕）が抜け落ちている。これが明記されていれば、少しは誤読が防げたかも知れない。

《**史料16**》サトウの勝訪問日記載なし"A Diplomat In Japan"（365）

On the 12th I went up again for a three days' stay, and found the city much quieter, owing to a feeling that the terms offered to Keiki would be such as he could accept. Katsu, who was now commander-in-chief of the Tokugawa forces, told me that he and Okubo Ichio had charge of the negotiations. On the other side Saigo represented

Arisugawa no Miya, the imperialist commander-in-chief who was still at Sumpu.

【訳】『サトウ回想録』（191）

12th に、三日泊まりでまた江戸へ出かけて見ると、慶喜に申し渡される条件は受諾可能なものと思われたせいか、市中は前よりも平静になっていた。今や徳川軍の総師となった勝は、自分と大久保一翁の両名が官軍との談判に当たることになっていると私に語った。他方では西郷が、まだ駿府におられる官軍の大総督有栖川宮の代理として、談判に臨むことになったのである。

（ウ）パークスへの最初の曖昧情報はサトウからではない

「P1」の降伏条件に関する記述からも、サトウが一回目の派遣時に、「江戸嘆願」の情報を掴んでいなかったことが分かる。この降伏条件の記述について、萩原は、「サトウはこの報告を書きおえたあとで」（53）「何処かで聞き込み、それをパークスにつたえたのであろう」（54）と推測しているが、それは以下の三つの理由によりあり得ない。

《史料17》「P１」

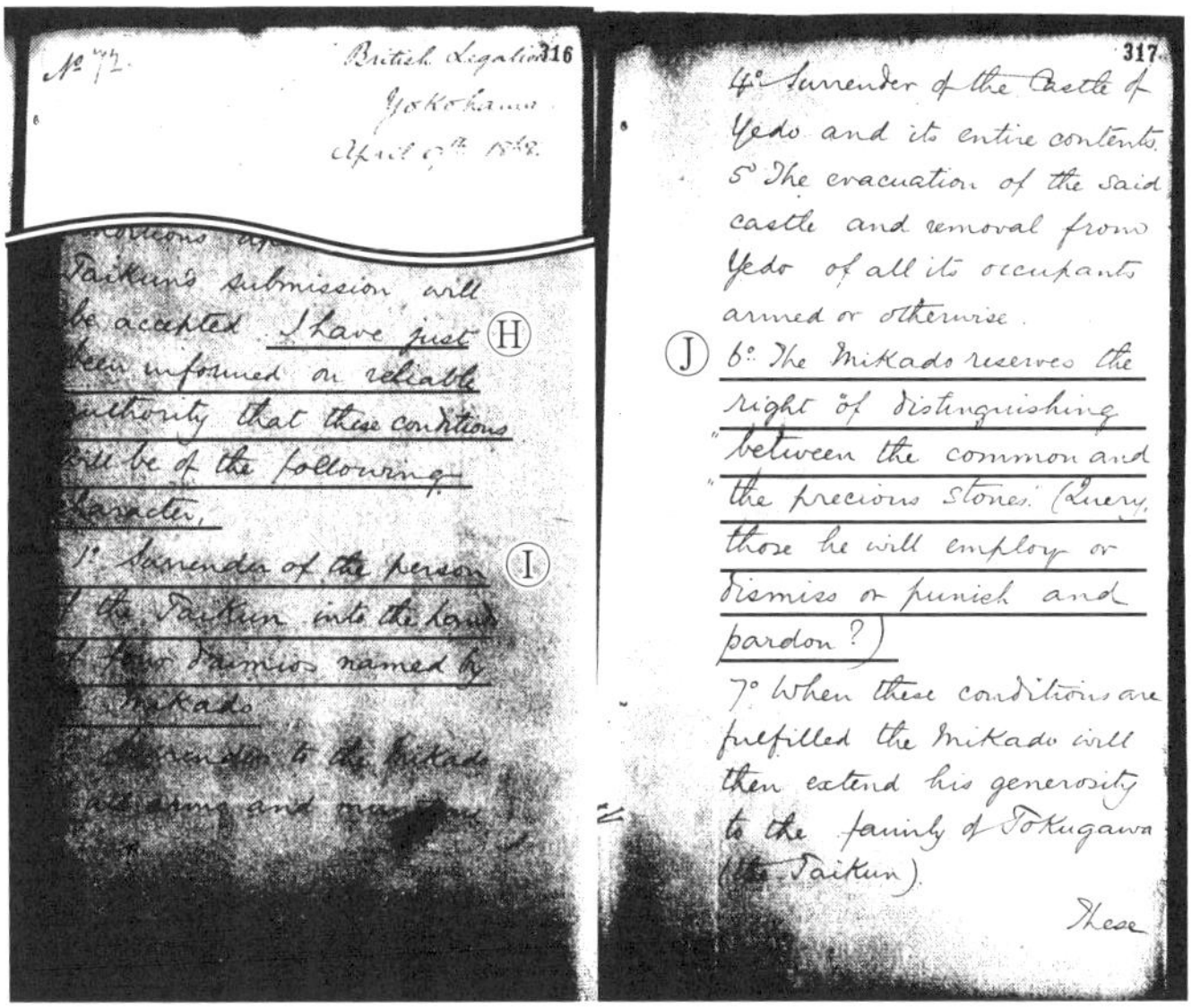
No. 72.
British Legation 316
Yokohama
April 9th 1868.

Taikun's submission will be accepted. I have just been informed on reliable authority that these conditions will be of the following character.
1° Surrender of the person of the Taikun into the hands of four Daimios named by the Mikado
Surrender to the Mikado all arms and

317
4° Surrender of the Castle of Yedo and its entire contents.
5° The evacuation of the said castle and removal from Yedo of all its occupants armed or otherwise.
6° The Mikado reserves the right of distinguishing "between the common and "the precious stones." (Query, those he will employ or dismiss or punish and pardon?)
7° When these conditions are fulfilled the Mikado will then extend his generosity to the family of Tokugawa (the Taikun).
These

（A）サトウの名

先ず、もしそうであれば、「信頼できる権威ある筋から情報を得た」は、「サトウが信頼できる権威ある筋から得た情報」のように書くと思われる。

《史料17－1》「P１」Ⓗサトウの名前なし

> I have just been informed on reliable authority that these conditions will be of the following character.
>
> **【訳】**私は信頼できる権威ある筋から、これらの条件は以下の性格を有するものであるという情報を得た。

（B）四大名

次に、「（慶喜を）四大名に預ける」とあるが、三月一二日、輪王寺宮への回答に「朝廷慶喜ヲ因備ニ付シ」とあり、この時点では預け先は因幡・備前等諸案あったと推測されるので、これは新政府側からの情報と考えられる。サトウが横浜に戻って一日で入手は不可能と思われる。

《史料17－2》「P1」①四大名へのお預け　条件（1）

> 1°　Surrender of the person of the Taikun into the hands of four Daimios named by the Mikado.
>
> **【訳】**第1条　大君の身柄は帝の指名する四大名の手に預ける。

（C）玉石

さらに、第七条の「玉石共に砕く之御趣意」が第六条に混入されており、これも徳川方から得た情報ではない。しかも「玉石」を“the common and the precious stones”と直訳し、“Query, ……?”」とこの部分が意味不明であることを示している。日本語に精通していたサトウであれば、理解できなければ身近な日本人に尋ねるなりして報告したであろう。

《**史料17－3**》「P1」Ⓙ玉石共に砕く?　条件（6）

6° The Mikado reserves the right of distinguishing between the common and the precious stones (Query, those he will employ or dismiss or punish and pardon ?)
【訳】 第6条　帝は並みの石と高価な石を見分ける権利を保留する（疑問、大君の家臣を雇用するか解雇するか、または罰するか許すか、という意味か?）。

以上（A）～（C）から、この情報が、サトウが勝に会って得たものではないことが分かる。

（エ）情報把握できなかったパークスの無念

前述の「H2」からも一回目の派遣時にサトウが勝に会っていないことが推測される。

《**史料15－1**》「H2」Ⓖサトウ再派遣（《史料15》参照）

and I sent Satow back to Yedo on the 11th to open communication with Kats.
【訳】 そして私は勝と連絡を開始するため《April》11thにサトウを江戸へ送り返した。

この文を萩原は「勝と連絡をとるために、April 11th（陰暦三月十九日）、ふたたびサトウを江戸へ派遣した」（55）と訳している。しかし原文の"open"は文字通り「開始する」という意味で、サトウが一回目の派遣時に勝と会っていれば、"open"は使わない。また"sent back"を「ふたたび…派遣した」と訳しているが、「ふたたび」なら"again"であり、ここは文字通り「送り返した」と訳すべきである。なぜならこの"back"という表現には、重大な情報を得損なったことに対するパークスの不満、無念さが滲み出ているからである。萩原も「旧知の西郷と勝のふたりが和戦の鍵をにぎっていることを、なぜもっと早く知りえなかったかという悔いがあったかもしれない」（56）と述べている。こうした心情の機微を窺わせるような表現からも、「江戸嘆願」前に二人が会っていなかったことが類推される。

（オ）パークスの情報把握は一八～一九日

二通のハモンド外務次官宛て半公信から決定的なことが分かる。一通は既述の「H２」で、もう一通はこれより五日前に書かれた半公信である。前の報告書なので、こちらを「H１」と略す。

H１……Apr.9付（三月一七日）《史料15－3》

H２……Apr.14付（三月二二日）《史料15－2》

《史料18》「Ｈ１」Ⓔ Apr.9付（三月一七日付）

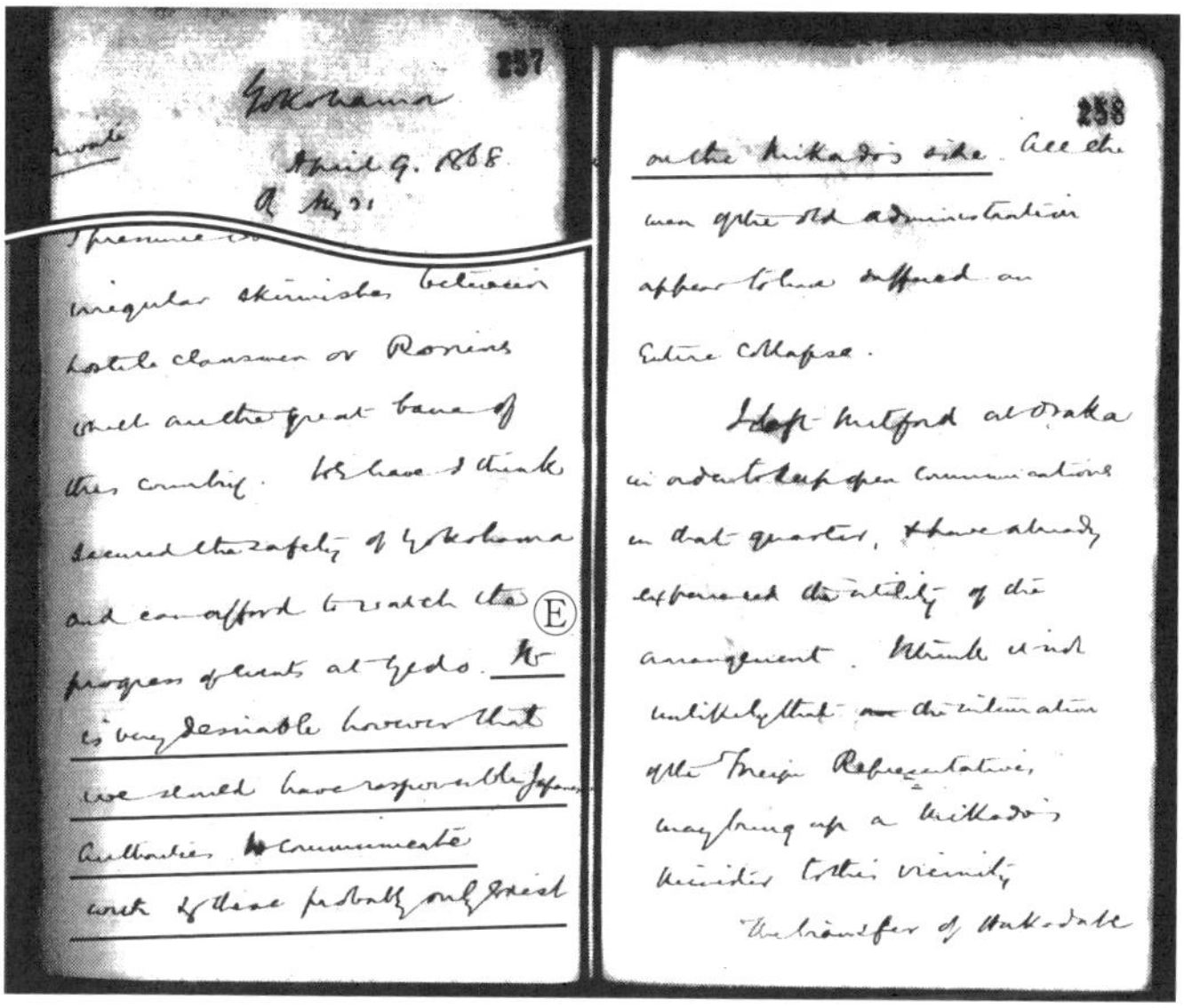
257

Yokohama
April 9. 1868
R. My 21

I presume ...
irregular skirmishes between
hostile clansmen or Ronins
which are the great bane of
this country. We have I think
secured the safety of Yokohama
and can afford to watch the Ⓔ
progress of events at Yedo. It
is very desirable however that
we should have respectable Japanese
Authorities to communicate
with & these probably only exist

258

on the Mikado's side. All the
men of the old administration
appear to have suffered an
entire collapse.
I keep Mitford at Osaka
in order to keep open communications
in that quarter, & have already
experienced the utility of the
arrangement. I think it not
unlikely that ... the intimation
of the Foreign Representatives
may bring up a Mikado's
Minister to this vicinity
The transfer of Hakodate

It is very desirable however that we should have respectable Japasese Authorities to communicate with. But these probably only exist on the Mikado's side.

【訳】しかし、我々が連絡を取るべき日本当局の責任者とのパイプを持っておくことが非常に望ましいのですが、それは多分帝の側にしかいないでしょう。

《史料15-2》「H2」ⒻⒼApr.14付（三月二二日付）（《史料15》参照）

I have found out who these are Kats Awano Kami on the part of the latter & Saigo on the part of the Mikado. I know both men rather intimately, and I sent Satow back to Yedo on the 11th to open communication with Kats.

【訳】私は、その人物が誰であるか、後者の側は勝安房守であり、帝の側は西郷であることが分かりました。私はこの両者をかなりよく知っております。

そこで私は"11th"《和暦三月一九日》に、勝と情報交換を開始するためサトウを再度江戸へ送り返しました。

一七日付「H1」Ⓔには、情報を入手できる責任者は帝の側にしかいないと書かれている。ところが「H2」Ⓕには、徳川方にもおり、それが勝であることが判明、そこで前記Ⓖのようにパークスは一九日にサトウを江戸へ送り返した、と書いている。

この二通から、徳川方の責任者が誰であるか一七日には不明だったが、その後それが勝と判明し、一九日にサトウを江戸に派遣したことが分かる。判明したのは一八日か一九日ということになるが、萩原は一八日に再度来訪した木梨から聞きだしたのであろうと推測している(55)。

重要なことはサトウが勝に「江戸嘆願」前には会っていなかったことである。なぜなら一九日以降に会ったということは、それ以前に会っていない完全な証明にはならないからである。だがこの客観的史料から二人は会っていないことが証明され、「勝工作説」は完全に否定される。

（カ）西郷はパークスに介入無用の圧力をかけた

四月五日西郷が大久保利通に送った書状から極めて重要なことが分かる。西郷は三月二十八日パークスを訪問し、パークスに介入無用を申し入れた（「決してこれに携わらざるものに論じ付け置き申し候」）と書き送っている。すなわち西郷はパークスに圧力をかけられたのではなく、逆に介入しないようパークスに圧力をかけたと言える。

《史料19》西郷の大久保利通宛手紙（『大西郷全集』[7]第二巻、295～6）

> 勝拵よりも外国人へ手を入、此節の御処置に口を続かせ候儀と相心得候故、是は早く解付置不申候ては、事の差障に可相成儀と相考候故、委敷談判に及、決て不携之ものに論じ付置申候間、御安心可被下。ケ程至当の御処置相成候に付ては、外国人迄も感服仕候次第にて、一言も中上様共無之段、ミニストル申述候に付、然らば万国公法に於て、批難は有之間敷と相答候処、折角朝廷御一新の折柄の批難無之様にと相考居候処、実は感服仕候（後略）

（6）「パークスの圧力」は、西郷が自軍や朝廷を説得のために利用

『江城攻撃中止始末』に、渡辺清がパークスの意見を西郷に伝えた際、西郷は「愕然」としたが、後に「幸」と言ったと書かれている。これにつき萩原は、パークスの圧力発言を西郷が利用したと主張する。これを「パークスの圧力・利用説」（単に「利用説」）と呼ぶことにする。

先ず岩倉具定が父・具視に送った次の書状を引用する。

《史料20》 徳川を援ける（岩倉具定書状『岩倉公実記』萩原の引用〔50〕）

> 徳川御追討之趣ハ伝承致居候得共、未ダ朝廷ヨリ公然ト御告知無之ニ付、従前和親条約ヲ結ビタル大君故、先ズ援助可致歟ノ由申居、案外ノ事ニテ、参謀仰天、早速品川迄引返シ、西郷吉之助へ相談ノ上、又駿府迄馳還リ、各国公使へ御告知書相調エ、再度横浜迄罷出、其上江城進撃ト申ス儀ニ有之候。

そして萩原は次のように主張する。

《資料21》パークスは徳川を援けると言わず（萩原延壽、51）

パークスと木梨の面談をつたえる日本側のどの証言を見ても、「従前和親条約ヲ結ビタル大君故、先ズ援助可致歟」などという物騒なことを、パークスは決していっていない。この一事をもってしても、パークスの発言なるものが、東征軍自体にたいして、たくみに利用されたのではないかという疑いをおこさせる。そして、その利用者は、いうまでもなく西郷であろう。

萩原は「日本側のどの証言を見ても」「徳川を援ける」などという物騒な発言はないと言う。念のため『江城攻撃中止始末』の渡辺の談話を見てみる。

《史料22》パークスの徳川援助発言なし（『江城攻撃中止始末』）（53～5）

これハ意外なことを承はる。吾々の聞く所に依ると徳川慶喜は恭順と云ことである。其恭順して居るものに戦争を仕掛けるとは如何と云ふ。（中略）そんなことは出来ませぬ。孰れの国でも恭順即ち降参といふものに向て戦争せねばならぬといふことは無い筈。（53）

若し其国に戦争を開くならば居留地の人民を統轄して居る所の領事之れに政府の命令とい

ふものが来なけれハならん。それに今日まで何の命令もない。(53)

早く各国領事に大総督より命令せねバならぬ。清は急飛にて品川に行き此事を西郷に告くべしと木梨と横浜で別かれて馬に騎り切つて品川に着したのハ今の午後二時頃であつた。直ぐ西郷の所に行きまして横浜の模様を斯々といひたれバ、西郷も成る程悪るかつたと、「パークス」の談話を聞て愕然として居りましたが、暫くしていハく、それハ却て幸であつた、此事ハ自分からいふてやらうが、成程善しといふ内(後略)(55)

書かれているのは、「恭順している者に戦争を仕掛けるのはいずれの国も反対である」、また「政府から領事に「命令」(告知)がなければならないが未だそれがない」、「そこで急ぎ大総督より『命令』を出すよう手配に走った」の三点のみで、萩原の言う通り、「徳川を援ける」などという発言はどこにもない。

しかも各国代表は、一月二五日に中立宣言の布告を発している。フランスは徳川を支援しようとしてはいたが、イギリスが徳川を援けるなどと言うはずがない。

西郷がパークスの発言を聞いて「愕然」としたことについて萩原は次のように言っている。

《**資料23**》西郷の「愕然」（萩原延壽、38）

渡辺は最初西郷が「愕然」としたと云っているが、これはパークスの発言のうちの、慶喜の助命や江戸攻撃の不可を説いた部分にではなく、むしろ東征軍の側からの連絡の欠如を衝いた部分にむけられた反応であろう。

つまり萩原は、「愕然」としたのは「連絡の欠如」を衝かれたからであろうと考えている。

さらに萩原は次のようにも主張している。

《**資料24**》西郷の「却て幸」（萩原延壽、52）

西郷が真に「仰天」したとは到底思えない。やがて西郷は「それは却て幸であった」といったというが、それはパークスの発言が江戸攻撃の中止に利用できると、咄嗟に判断したからに他なるまい。

すなわちパークスの指摘は、利用できるから「かえって幸い」であったと西郷は言ったと萩原は考えた。

以上が萩原の言う、いわゆる「利用説」である。簡単に言うと、慶喜の命を取るような処分は国際世論が許さないというパークスの発言に、西郷が「英国は徳川方を援ける」という尾ひれを付けてオーバーに語り、自軍や京都の強硬派説得に利用した、という説である。

これについては松浦も賛同して次のように書いている。

《**資料25**》松浦玲の「利用説」賛同（松浦玲、368）

> 萩原延壽も、板垣説得にパークスの圧力が使われたという部分は積極的に採用し「利用」と「依存」の区別を立てる。独立の気概を堅持する西郷は、パークスの圧力を利用したのであって依存したのではないというのである。それには私も異存がない。西郷は大総督府を経て京都まで戻っても、パークスの圧力をたっぷりと「利用」した。

実は西郷の「利用説」はこれに留まらず、「京都朝議」でさらにエスカレートし「パークスの圧力」を拡大して利用している。これについては改めて「七　京都朝議」で詳述する。

【注】

（1）アーネスト・サトウ『一外交官の見た明治維新』（下）（岩波文庫　一九六〇年）

一八六一～一八六九年のサトウの回想録。一九二一年、サトウ七八歳のとき出版された。

（2）アーネスト・サトウ日記

横浜開港資料館　請求番号Ca4 04.1 6
Satow Papers : Diaries 1861-1926　P.R.O. 30/33 (6)
Mar.23　82頁
May 15　84頁
（3）「パークスの報告」「サトウMemo」横浜開港資料館　請求番号Ca4 01.9 270
Japan Correspondence Vol.92 F046 (270)
P1　No.72（1回目　April 9）36頁
M1　（1回目　April 8）39頁
P2　No.78（2回目　April 14）110頁
M2　（2回目　April 14）114頁
「パークスの報告」横浜開港資料館　請求番号Ca4 01.9 272
Japan Correspondence Vol.93 F046(272)
P3　No.104（西郷・パークス　May 2）126頁
（4）『A Diplomat In Japan』Ernest Mason Satow（Seeley,Service & Co.Ltd. 一九二一年）
（5）田中惣五郎『勝海舟』（新人物往来社　一九七四年）（千倉書房　一九四〇年）復刻
（6）「ハモンド・ペーパー」横浜開港資料館 Hamond Papers F0391/14　2の2　文書7　35
H1　Private（1回目　April 9）62頁

H2　Private　（2回目　April 14）66頁

（7）『大西郷全集』第二巻（平凡社　一九二七年）

横浜開港資料館の史料【注】（2）（3）（6）は、原本のコピー自体が薄かったり黒ずんでいたりしているものがあり、判読が困難な箇所がある（特に「P1」「M2」）。

五　江戸嘆願　――西郷・勝会談の検証　何も決定せず――

本書の目的は「無血開城」の解明で、核心は三月一三、一四日の江戸薩摩藩邸での会談、すなわち「江戸嘆願」である。「無血開城」は「江戸嘆願」で決定したという「定説」を論究するには、「江戸嘆願」に関する史料が果たして「定説」を裏付けているかを検証しなければならない。それが本章のテーマである。

(1) 勝の西郷説得史料、実は皆無

「無血開城」・「江戸嘆願」に関する史料は数多くあるが、その内容を窺い知ることが出来る史料は以下の五つしかない。そこでこれらを順次検証する。

(ア)『海舟日記』(勝海舟)
(イ)『江城攻撃中止始末』(渡辺清)

（ウ）『談判筆記』（山岡鉄舟）
（エ）『氷川清話』（勝海舟）
（オ）『海舟語録』（勝海舟）

（ア）『海舟日記』（城明け渡すから寛大な処置を）

先ず当事者である勝自身が記している『海舟日記』を検討する。これには「幕末日記」と「慶応四戊辰日記」とがあるので、それぞれの記述を見てみる。

《史料1》「幕末日記」一三日条

十三日　西郷吉之助へ面会、天下之大勢愚存書を送る。

《史料2》「慶応四戊辰日記」一三日条

十三日　高輪薩州之藩邸に出張、西郷吉之助へ面談す。後宮《和宮》之御進退、一朝不測之変を生ぜば、如何ぞ其御無事を保たしめ奉らむ哉。此事安きに似て、其実は甚難し。君等熟慮して、其策を定められむには、我が輩もまた宜敷焦思して、其当否を量らむ歟。戦と不戦と、興と廃とに到りて、今日述る処にあらず、乞ふ、明日を以て決せむとすと云。

「幕末日記」には書面を渡したと書かれているが、「慶応四戊辰日記」には書面のことは触れられていない。和宮の身の安全を確保するのは難しいと述べ、降伏条件についてはよく検討し明日改めて回答すると伝えている。しかし総攻撃を二日後に控え、このような悠長な会談に終わったのはいかにも不自然である。だが『氷川清話』にも同内容のことが語られているので、漠然と信じられてか、一三日は和宮の話だけというのが「定説」になっている。この「三月一三日の交渉」については、別項を立て後述する。

さて肝心の一四日条にはどのように書かれているであろうか。

《**史料3**》「幕末日記」一四日条

十四日　西郷へ再会、諸有司の嘆願書相渡し、愚存を述ぶ。並同人督府伺として明日出立、依て、明十五日江城侵撃の日限延引の令を下ださむと云。小拙、此両日は全力を以て談判す。

これで全文である。

○嘆願書を渡した。
○「愚存を述ぶ」と、自分の考えを述べたと書くだけで、内容は不明。
○西郷は、降伏条件の緩和嘆願には何ら回答せず、大総督府の意見を聞くため駿府に行くと言った。
○西郷は、江戸総攻撃は「中止」ではなく「延引」の命令を下すと言った。
○全力で「談判」したと言うが、談判の内容、西郷の見解は書かれていない。
これでは会談内容は何も分からない。もう一つの日記にはどのように書かれているか。
《史料4》「慶応四戊辰日記」一四日条

> 十四日　同所に出張、西郷へ面会す。諸有司之嘆願書を渡す。
> 【甲】降伏条件緩和の嘆願書内容（後述）
> 此時、参謀品川へ到れるの説あり、故に一書を寄て云く。
> 【乙】一書の内容（後述）
> 我西郷に申て云、
> 【丙】「勝の意見（後述）」と云々。
> 西郷申て云く、「我壱人今日是等を決する不能。乞ふ、明日出立、総督へ言上すべし。亦、明日侵撃之令あれども」といつて、左右之隊長に令し、従容として別れ去る。

亦、彼が傑出果決を見るに足れり。嗚呼伏見之一挙、我過激にして、事を速やうし、天下人心之向背を察せず、一戦塗地、天下洶々として不定。薩藩一、二之小臣、上　天子を挟み列藩に令して、出師迅速、猛虎之群羊を駆るに類せり。何ぞ其奸雄成る哉。（甲乙丙　筆者）

先ず全体を概観して、【甲】【乙】【丙】についてはまとめて後述する。

○嘆願書を渡した（【甲】）というのは「幕末日記」と同じである。

○勝は西郷に手紙を送ろうとしていた（【乙】）。面談したので、渡さなかったか、会って直接手渡したのか不明。海舟の『鶏肋』には「西郷吉之助に逢対す。一書を記し、之に贈る」（362）とある。

○勝は自分の意見を述べたと書いている（【丙】）。問題は、それに対する西郷の意見なりが書かれていないことである。勝が一方的にしゃべったかの如く書かれている。これでは談判とは言えない。

○そして大総督府に伺いを立てると言ったのは「幕末日記」と同じである。ここで重要なのは、西郷が「我壱人今日是等を決する不能」と言ったことである。つまり西郷には決定権がないと自ら述べたことになる。

○明日一五日の侵撃については、最後まで述べていないが、「幕末日記」と同じく、「延期」の命令を下したのであろう。

○最後に、鳥羽・伏見の戦いにおける徳川方の拙劣さと、西郷の迅速果敢さを述べている。

以上が、勝自身が記した西郷との面談内容である。繰返しになるが、西郷が降伏条件の緩和嘆願に対してどのように述べたかが全く記載されていない。勝の一方的な主張ばかりで、西郷の主張の声が全く聞こえない。聞こえたのは「自分では決められないから大総督府に聞いてくる。それまで総攻撃は延期する」という言葉だけである。

勝が記録したのは何も決まらなかったにもかかわらず一五日の攻撃を保留したことだけである。

それでは敢えて後述とした【甲】【乙】【丙】について検討する。

先ず、「嘆願書」の内容（【甲】）。

《史料5》【甲】嘆願書内容

第一ヶ条　隠居之上、水戸表へ慎罷在候様仕度事。
第二ヶ条　城明渡之儀は、手続取計候上、即日田安へ御預け相成候様仕度候事。
第三ヶ条、第四ヶ条　軍艦、軍器之儀は、不残取収め置、追て寛典之御所置被仰付候節、相当之員数相残し、其余は御引渡申上候様仕度事。
第五ヶ条　城内住居之家臣共、城外へ引移、慎罷在候様仕度事。
第六ヶ条　○○妄挙を助け候者共之儀は、格別之御憐憫を以て、御寛典に被成下、一命に

　拘り候様之儀無之様仕度事。

　但、万石以上之儀は、本文御寛典之廉にて、朝威を以被仰付候様仕度候事。

第七ヶ条　士民鎮定之儀は、精々行届候様可仕、万一暴挙いたし候者有之、手に余り候はゞ、其節改て相願可申間、官軍を以御鎮圧被下候様仕度事。

右之通、屹度為取計可申、尤、寛典御処所之次第、前以相伺候へば士民鎮圧之都合にも相成候儀に付、右之辺御亮察被成下、御寛典之御処置之趣、為心得伺置度候事。


この嘆願を西郷の提示条件と簡略化し比較すると以下の通りである。

《図表1》嘆願内容一覧表

	西郷が提示した条件	**徳川方が嘆願した緩和条件**
①慶喜	備前お預け→撤回（西郷一任）	水戸謹慎
②城	引き渡し	田安家へ預ける
③軍艦	引き渡し	必要分残し、残余引き渡し
④武器	引き渡し	必要分残し、残余引き渡し

⑤家臣	向島移住	城外移住
⑥鳥羽・伏見	厳罰	処罰緩和
⑦治安維持	徳川で	受諾

①の「慶喜の処置」については「駿府談判」で西郷が請け合い決定している。西郷一任ではあるが、備前お預けを撤回したということは、少なくとも新政府側（敵方）に身柄を引き渡すことはないと請け合ったことを意味する。後述するが、西郷は「慶喜は謹慎するというならどこに謹慎しても構わない。上野であろうがどこでもご勝手に」と言っているように、「江戸嘆願」において勝が西郷を説得して勝ち取った条件ではない。それどころか、『海舟日記』はもちろん『氷川清話』等、勝が記述したり語ったりしたものの中に、嘆願書の条件に記載されている以外に慶喜の処分についての記述は一切ない。

⑦も西郷の条件を徳川方が受け入れているので、これも嘆願の対象外。

結局、徳川方の嘆願は②～⑥の五ヶ条である。このうち重要なのは②～④の三条件で、⑤⑥はマイナーな条件であるが、これらは受け入れられたのか。少なくとも西郷は請け合ってはおらず、自分の一存では決することは出来ないと、駿府へ持ち帰るのである。しかし駿府でも慶喜の処置は朝命の撤回であり大総督も決定できず、西郷は京都に帰り朝廷で決裁を得ることになる。「京都朝議」での決定内容は「七　京都朝議」で詳述するが、結論は、重要条件の嘆願は拒否され、「江戸嘆願」は失敗であった。

次は、勝が送ろうとして書いた手紙（【乙】）。これは「三　勝海舟の地位・権限」で述べた手紙の⑧である。

《史料6》【乙】 勝が送ろうとした一書

> 昨年已来、上下公平一致之旨あれども、各其中小私あり、終に当日之変に及ぶ者は、皇国人物乏敷に因る。就中、伏見之一挙、一、二之藩士を目して失錯あるは、我尤恥る所。堂々たる天下、終に同袍相喰、何ぞ其陋なる哉。我輩忠諫、一死を以て報ずべきも、既に其失、前日にあり。今日何之面目あって、口を開かむ。然といへども、不日にして一戦、数万生霊を損ぜんとす。其戦、名節条理之正敷にあらず。各私憤を抱蔵して、丈夫之為べき所にあらず。吾人是を知れども、官軍猛勢奮ひ、白刃飛弾を以て、慢に肱弱之士民を劫さば、我もまた一兵を以て是に応ぜずんば、無辜之死、益多く、生霊之塗炭、益長からん歟。軍門、実に皇国に忠する志あらば、宜敷其条理と情実を詳にし、後、一戦を試み、我輩もまた能く其正不正を顧み、敢て慢に軽挙すべからず。嗚呼、我主家滅亡に当て、一之名節大条理を持し、従容死に就く者無きは、千載之遺憾にして、海外之一笑を引く而已。我輩、是を知れども、力支ゆる能はず、共に魚肉せらるゝ者は、深怨銘肝、日夜焦思し、殆ど憤

死せんとす。憐れ其心裡を詳察あらば、軍門に臨て、一言を談ぜむ。幸に塾考せられば、
公私之大幸、死後、猶生るが如くならむ。謹言。
辰三月　○○○
参謀軍門

先ず、宛名が「参謀軍門」とあり、予め新政府軍の参謀に送ろうとして書いたもので、送る機会がなかったと考えられ、しかもその参謀が誰であるか分からなかった。西郷が大総督府下参謀に任命されたのは二月一四日であるから、それ以前に書かれたものかも知れない。松浦玲は、「幕末日記」三月一三日条の「愚存書」がこれであると言う。

「軍門に臨て、一言を談ぜむ」とあるから、この書を書いた時点では新政府軍の参謀に会おうとしていたと考えられる。ところが、これを送る前に会う機会が訪れたので、この書は不要になったはずである。しかし西郷と面会の場にこの書を持参して提示した可能性はあるが、日記からはそれは不明である。勝はこの時期の自分の考えとして、一応日記のどこかに書き残しておきたかったのであろう。

勝はこの書の内容を西郷に語ったかも知れないので、その内容を検討する。

○このような事態に陥ったのは「私」の争いで、それはわが国に人材がいないからだ。特に鳥羽・伏見の戦いは一部の藩士の失策で、恥ずかしい限りである。自分は一死を以てこの争い

を阻止せんと思うがすでに時機を逸してしまい、今さら言葉もない。

○間もなく大きな戦いとなり数万の命が失われようとしているが、それは大義がなく、「私」の争いである。しかし官軍が猛威を振るって攻めて来るので、自分もこれに応じなければ犠牲はいっそう増えることになる。

○もし官軍に正義があるというなら、それを明らかにした上で攻めて欲しい。さすれば当方の不正義を顧みて抵抗はしない。

○徳川の滅亡に当たり、誰一人命を賭してこの正義・不正義を明らかにし、戦いを収める者がいないとは嘆かわしい。

○自分はこれを知っているが、力及ばず焦慮している。

○もし官軍にその気があれば、自分が出掛けて行ってこのことを述べたい。

ここに書かれているのは、新政府軍に大義名分があるのか、「私」の戦いではないのか、という非難である。かといって徳川方に正義があるとも述べていない。極めて抽象的な内容で、西郷（東征軍）がこれを読んで、納得して攻撃を断念するような内容とは程遠い。

最後は、勝が西郷に主張したと言う、最も重要な箇所である。

《史料7》【丙】勝の主張内容

> 我西郷に申て云、『大政返上之上は、我が江城下は、皇国之首府なり。且、徳川氏数百万之

禄地を保つ所以のものは、幕府之入費に充てむが為也。此二つは、宜敷大政と共に其御処置如何を伺ふべきなるべし。況哉外国交際の事興りしより、其談ずる所、独徳川氏の為にあらず、皇国の通信にして、我が私にあらず。印度、支那の覆轍、顧みざらむ哉。今日天下の首府に在て、我が家之興廃を憂て一戦、我が国民を殺さむことは、寡君決て為さゞる所。唯希ふ所、御所置公平至当を仰がば、上天に恥ぢる所なく、朝威是より興起し、皇国化育之正敷を見て、饗応瞬間に全国に及び、海外是を聞て、国信一洗、和信、益固からむ。是の意我が寡君独り憂て、臣輩之不解之所なり』と云々。

ここに記載されている内容、すなわち勝が西郷に述べたと言っている内容は次の通り。

○大政奉還した以上、江戸も徳川直轄地もすべて新政府次第。
○外国との交渉は皇国のためであって、徳川家の「私」のためではない。
○徳川家を守るために戦をして国民を殺すようなことを慶喜は望まない。
○公平・妥当な処置を下せば、朝廷の威信は内外に及ぶであろう。

要は、江戸も領地も差し出す。戦をする意図はないので、寛大な処置を頼むと嘆願しているだけである。煎じ詰めれば、「城は明け渡すから寛大な処置を」と願っているに過ぎず、これが唯一の勝の記載した具体的主張である。しかしこのことはすでに「城を明け渡せば寛大な処置をする」と西郷が駿府で鉄舟に約束済みであり、正に駿府での約束を江戸で確認したことが記されているに過ぎない。ここには勝の西郷説得根拠は疎か、最重要課題であるはずの慶喜の処遇については何も言及していない。そして降伏条件緩和の折衝内容が何も記されていない。

勝は記録魔で、丹念に日記を付け、手紙の内容まで日記に書いたりしている。また『鶏肋』『解難録』などに多くの記録を残している。『鶏肋』（幕末始末（下））の一三、一四日については『海舟日記』とほとんど同文である。また『解難録』には西郷との面談については項目すらない。あるのは嘆願書と当日持参したという一書で、これらは『海舟日記』に書かれたものと同内容である。さらに『氷川清話』『海舟語録』などに数々の自慢話を語っている。ところが、江戸で西郷との会談でしたやり取りの内容については一切記録していない。日記や手紙の文言も、兄弟牆に鬩ぐ時ではない、印度・支那の覆轍は回避すべきである、といった抽象論を述べるのみである。

（イ）『江城攻撃中止始末』（勝の嘆願、何の決定もなく総攻撃延期）

次に、会談に同席した第三者の渡辺清が語った『江城攻撃中止始末』を検討する。長いので西郷・勝会談の要点のみを引用する。

【甲】イントロとしての勝の要望（56）
勝安房言ふに、徳川慶喜恭順と云ふことは既に御承知になつて居らなけれハならぬと思ふ。大坂城を引払ふて江戸に帰つたと云ふのが、既に事実上恭順の大意を達する積りの精神である。（中略）付てハ願くは箱根以西に兵を留めて貰はぬと此江戸の大勢の旗下やら、又藩々の状況と云ひ如何様沸き立つかも知れぬ。（中略）然る処窃に聞くに明日江戸城攻撃と云ふことであるが、兎に角それを見合せを願ふ為めに参つたのである。

【乙】慶喜の処置（56〜57）
西郷言ふには、恭順とあるなれば恭順の実を挙けて貰ひたい。我命令する所に依り慶喜はどこ迄も引籠りて謹慎しやうといふことである乎。それなれば相当の所に謹慎して宜しい。上野であらうとも余所であらうとも御勝手。

【丙】その他条件のやりとり（57）
西郷又改めていふ。然らハ江戸城を受取るに直ぐに渡す乎如何。彼《勝》いふ。それも直く御渡申さう。西郷いふ。兵器弾薬を受取るにハ如何。彼いふ。それも御渡し申さう。西郷いふ。軍艦は如何。彼いふ。所が其軍艦である。陸兵のことであらバ拙者の関する所、成るべく如何にもして穏当に渡さうと思ふが、軍艦となつて来ると、どうも思ふ儘に行かぬ。といふは実際を扱ふて居るのハ榎本である。此釜次郎ハ吾々と一々同意とは申上げかたし。併し今こゝで官兵に対して疎暴の挙動をするといふことは見へません。本人も其意ハ無いといふことは判かつて居る。されど軍艦の受渡のことは到底私は請合はれませぬ。

（中略）

【丁】勝の幕臣たちの状況説明（57～8）

（中略）旗下八万騎といふけれども之れに伴ふ兵は実に莫大の兵である。（中略）其間に挟まつて居る拙者であつて、又其間に挟まつて誠意を尽さうといふ慶喜である。慶喜と雖とも今日では号令を発して其通りにするといふことハ出来ない今日の形勢である。（中略）兎も角明日の戦争ハ止めて貰はなけれハならぬといひました。（中略）

【戊】パークスの圧力（58）

素より西郷ハ彼「パークス」の一件を心に承知して居るから、其事は一言も出さぬが心中にハ明日の攻撃ハ止めなければならぬといふ気を持つて居つたと見へ、段々談話も進んだ上に

【己】江戸攻撃中止（58～9）

然らば宜しい、先鋒隊の挙動ハ拙者が関かる所であるから攻撃だけハ止めやうが、吾が注文通り貴君がなさるか、明日の攻撃兵は中山道にもあれハ其他にもあるから此れ等には伝ふるであるが、貴君ハこのことに付ては如何様のことにする乎。

勝いふ。其れハ実に大慶である、直ちに慶喜の所へ帰り其号令を以て早々鎮撫して、必ず官兵に向つて粗暴の挙動をなすべからずといふことを厳に達する積りてある。

西郷いふ。それハそうであらうが、まづ第一に城、兵隊、兵器を渡さねばならぬ。之れを是非急にせなければならぬといふ。

勝いふ、それハ暫時待て貰ひたいが其事甚た苦しむ処である。内情能く考へて貰ひたい、今日若し其令を発せば慶喜か擒になるも知れぬ。吾々も命を真先に取らるゝであらう。敢て生命を惜むでハないが、徳川三百年の功も斯くの如くしてハ天地に対しても申訳なく、又朝廷に対して大罪を蒙る訳であるから、唯鎮撫するといふまでに止めて置ひて貰ひたい。跡ハ又跡で如何様ともしやうからといふ。

西郷も然らば宜しい、其積りを以て慶喜も降るやうに、何処迄も其方針を以て鎮定するが宜い。此方ハ恭順がどれ位出来るかを見ましやう。故に明日の攻撃ハ止めやうといふて別かれました。勝も満足にて引取りました。

《甲乙丙丁戊己 筆者》

【甲】先ず勝は、慶喜は恭順しているから、兵は箱根以西に留め置き、明日の攻撃は中止してくれと頼む。

【乙】西郷は、慶喜は恭順さえしているなら、どこに謹慎していても構わぬ。「上野であらうとも余所であらうとも御勝手」といとも簡単に言い放っている。慶喜の謹慎先については、一三日に提案し、嘆願書には記載されているが、駿府であれほど熾烈な談判であったにもかかわらず、江戸では全く問題になっていない。これは、実質駿府で決していたからである。「西郷に一任」であったが、身柄を備前（敵方）に引渡すことを撤回した以上、謹慎さえしているならどこでもよい、ということになる。

【丙】その他条件については、城・兵器は引渡すが、軍艦だけは榎本の管轄であるから、勝の自由にはならないと引き渡しに抵抗する。

【丁】そのうち勝は、幕臣たちの抵抗が強く、自分も慶喜も間に挟まって苦慮している。ともかく攻撃は止めてくれと言い出す。

【戊】渡辺は「パークスの圧力」があるため、西郷は江戸攻撃できないと思っている。これについては「四　パークスの圧力」で述べたので、ここでは省略する。

【己】これを境に、勝はいったん引渡すといった城・兵器も暫時待って欲しい、後で如何様ともするからと確約せず、西郷の方もそのつもりでやるように、どの程度できるか見よう、それまで江戸攻撃は保留にすると言い、すべての条件（城・兵器・軍艦の引渡し）が曖昧になり、何も決着しないまま、一五日の江戸攻撃が中止になる。

以上が、渡辺の語る西郷・勝会談の内容である。渡辺は勝も西郷も見事な交渉であると称賛するが、何の決定も合意もないまま、翌日に迫った江戸攻撃を取り敢えず中止（江戸攻撃そのものの中止ではない）するという、具体的中身のないものである。とてもこの会談で「無血開城」が決定したなどと言える内容ではない。

（ウ）『談判筆記』（駿府での約束実行を確認）

鉄舟は「江戸嘆願」についてどのように記載しているであろうか。

《史料9》『談判筆記』（105〜6）

> 【甲】是ヨリ後西郷氏江戸ニ着シ、高輪薩摩邸ニ於テ西郷氏ニ、勝安房ト余ト相会シ、共ニ前日約セシ四ヶ条必ズ実効ヲ可奏ト誓約ス。故ニ西郷氏承諾進軍ヲ止ム。
>
> 【乙】此時徳川家ノ脱兵ナルカ、軍装セシ者同邸ナル後ノ海ニ、小舟七八艘ニ乗組、凡ソ五十人計リ同邸ニ向ヒ寄セ来ル。西郷氏ニ附属ノ兵士、事ノ出来ルヲ驚キ奔走ス。安房モ余モ之ヲ見テ如何ナル者カト思ヒタリ。西郷氏神色自若。余ニ向ヒ笑テ曰。私ガ殺サレルト、兵隊ガフルヒマスト云タリ。其言ノ確乎トシテ不動事、真ニ感ズベキナリ。暫時アリテ其兵ハ何レヘカ去ル。全ク脱兵ト見エタリ。（後略）

江戸での会談の箇所なので敢えて全文引用したが、会談内容については【甲】の箇所のみである。しかし僅かの文の中に重要な要素が二点書かれている。

○先ず、「江戸嘆願」には鉄舟も同席していたことが明記されていること。
○そして「前日約セシ四ヶ条」の「実効」を「誓約」したので「進軍ヲ止ム」と書かれていること。すなわち「駿府談判」の「確約」をしたので「江戸攻撃を中止した」と言っているのである。つまり「江戸嘆願」は「駿府談判」の確認であったことが記載されている。そのためにこそ西郷は江戸に来たのである。この点は、何も決まらなかったという『海舟日記』『江城攻撃中止始末』より遥かに内容が濃いと言える。
また注意すべきことが三点ある。
○約束した条件を「五ヶ条」ではなく「四ヶ条」と言っている点である。この減少した一ヶ条が「慶喜の処置」であることは「二　駿府談判」で述べた。つまりこれは徳川方が実行すべき条件ではなく、一任された西郷（新政府側）が善処すべき条件なのである。
○この文からは、江戸での会談が二日間に渡ったことが分からない。忘れたか、あまり重要ではないと考え省略したかとも思われる。
○会談場所「田町」を「高輪」と誤って書いている。これについては後述する。
【乙】は脱走兵と思しき一団が船で接近してきて一時騒然となったという話で、会談内容とは関係ない。

「（後略）」の箇所には、「二　駿府談判」《史料1》に引用したように、この後鉄舟は、西郷を護送したことと、同日大総督府参謀より呼び出しがあったことが書かれているが、いずれも会談内容とは直接関係ないので、ここでは省略する。

（エ）『氷川清話』（会談内容不明、周辺閑話）

さて、最もよく引用され、そのため真実が隠されてしまった『氷川清話』の「江戸嘆願」箇所を分析する。三月一三、一四日の会談については、比較的初めの箇所と、ほぼ最終箇所とに書かれている。本書の核心部分なので全文引用する。

先ず、比較的初めの箇所に書かれている「江戸嘆願」の交渉を見てみる。

《史料10》七〇万石（『氷川清話』の前半）（63）

> 江戸城受渡しの時、官軍の方からは、予想通り西郷が来るといふものだから、おれは安心して寝て居たよ。さうするとみなの者は、この国事多難の際に、勝の気楽には困るといつて、呟いて居た様子だつたが、なに対手が西郷だから、無茶な事をする気遣ひはないと思つて、談判の時にも、おれは慾は言はなかつた。たゞ幕臣が餓ゑるのも気の毒だから、それだけは、頼むぜといつたばかりだつた。それに西郷は、七十万石くれると向ふから言つたよ。

来るのは西郷だから安心して寝ていたと言っているが、八方塞がりの手詰まり状態で、とても寝てなどいられなかった。面白く語ったのであろう。それより、この会談で七〇万石を勝ち取ったように書いているが、これを言い渡されたのはこの会談の三カ月ほど後であり、七〇万石は勝たちの期待石高よりずっと少なかったのである。しかも西郷が言ったのではない。この時すでに西郷は軍のトップから外されていたのである。

《史料11》一三、一四日の会談（『氷川清話』の前半）（72～4）

西郷なんぞは、どの位ふとつ腹の人だつたかわからないよ。手紙一本で、芝、田町の薩摩屋敷まで、のそ〳〵談判にやつてくるとは、なか〳〵今の人では出来ない事だ。

あの時の談判は、実に骨だつたヨ。官軍に西郷が居なければ、談はとても纏まらなかつただらうヨ。その時分の形勢といへば、品川からは西郷などが来る、板橋からは伊地知などが来る。また江戸の市中では、今にも官軍が乗込むといつて大騒ぎサ。しかし、おれはほかの官軍には頓着せず、たゞ西郷一人を眼においた。

そこで、今談した通り、ごく短い手紙を一通やつて、双方何処にか出会ひたる上、談判致したいとの旨を申送り、また、その場所は、すなはち田町の薩摩の別邸がよからうと、此方から選定してやつた。すると官軍からも早速承知したと返事をよこして、いよ〳〵何日の何時に薩摩屋敷で談判を開くことになつた。

当日おれは、羽織袴で馬に騎つて、従者を一人つれたばかりで、薩摩屋敷へ出掛けた。まづ一室へ案内せられて、しばらく待つて居ると、西郷は庭の方から、古洋服に薩摩風の引つ切り下駄をはいて、例の熊次郎といふ忠僕を従へ、平気な顔で出て来て、これは実に遅刻しまして失礼、と挨拶しながら座敷に通つた。その様子は、少しも一大事を前に控へたものとは思はれなかった。

さて、いよ〳〵談判になると。西郷は、おれのいふ事を一々信用してくれ、その間一点の疑念も挟まなかつた。「いろ〳〵むつかしい議論もありませうが、私が一身にかけて御引受けします」西郷のこの一言で、江戸百万の生霊も、その生命と財産とを保つことが出来、また徳川氏もその滅亡を免れたのだ。もしこれが他人であったら、いや貴様のいふ事は、自家撞着だとか、言行不一致だとか、沢山の兇徒があの通り処々に屯集して居るのに、恭順の実はどこにあるかとか、いろ〳〵喧しく責め立てるに違ひない。万一さうなると、談判は忽ち破裂だ。しかし西郷はそんな野暮はいはない。その大局を達観して、しかも果断に富んで居たには、おれも感心した。

この時の談判がまだ始まらない前から、桐野などいふ豪傑連中が、大勢で次の間へ来て、ひそかに様子を覗つて居る。薩摩屋敷の近傍へは、官軍の兵隊がひし〳〵と詰めかけて居る。その有様は実に殺気陰々として、物凄い程だつた。しかるに西郷は泰然として、あたりの光景も眼に入らないもののやうに、談判を仕終へてから、おれを門の外まで見送つた。

おれが門を出ると近傍の街々に屯集して居た兵隊は、どつと一時に押し寄せて来たが、おれが西郷に送られて立つて居るのを見て、一同恭しく捧銃の敬礼を行つた。おれは自分の胸を指して兵隊に向ひ、いづれ今明日中には何とか決着致すべし、決定次第にて、或は足下らの銃先にかゝつて死ぬることもあらうから、よく〳〵この胸を見覚えておかれよ、と言ひ捨てゝ、西郷に暇乞ひをして帰つた。

この時、おれがことに感心したのは、西郷がおれに対して、幕府の重臣たるだけの敬礼を失はず、談判の時にも、始終座を正して手を膝の上に載せ、少しも戦勝の威光でもつて、敗軍の将を軽蔑するといふやうな風が見えなかつた事だ。


前段は、初日の一三日に会ったときのような書き方であるが、しかし「田町」と書いてあるから一四日のことのようである。そして中段以降は明らかに一四日の内容である。

勝は「おれのいうことを一々信用してくれ、その間一点の疑いもはさまなかった」と言い、それに対し西郷は「いろ〳〵むつかしい議論もありましょうが、私が一身にかけてお引き受けします」と言っただけである。これではどんな話をしたか分からない。その他は、手紙を出したらのそのそやって来たとか、「古洋服」「薩摩風の引っ切り下駄」「熊次郎という忠僕」「西郷の遅刻」などの些事。そして桐野などが次の間で様子を窺っていた、薩摩屋敷を出るとき屯集していた兵士がどっと押し寄せてきた、西郷は礼儀正しい、といった無駄話だけである。

以上が前半の一三、一四日の会談箇所の記述である。次に最終箇所にはどのように書かれているか、内容の重複を厭わず引用する。

《史料12》 手紙（374）

さて山岡に托けた手紙で、まづおれの精神を西郷へ通じておいて、それから彼が品川に来るのを待つて、更に手紙をやつて、今日の場合、決して兄弟墻に鬩ぐべきでないことを論じたところが、向ふから会ひたいといつて来た。

ここでも勝は西郷に二回手紙を出したと語っている。一通は鉄舟に託したと言われるもの、もう一通は『海舟日記』一四日条に書いた手紙（《史料6》）、と思われる。しかしいずれも西郷の手に渡ったかは不明である。「兄弟墻に鬩ぐべきでない」というのは勝の持論だが、井上清は「彼ら（《西郷と勝》）が『兄弟牆にせめげども外侮を防ぐ』ために一致する必要を感じたからであろうか？　いな、それならば正月にでも妥協すればよかったではないか」（『日本現代史Ⅰ 明治維新』、303）と、この時期における勝の主張を一蹴している。

では先ず一三日の交渉を見てみる。

《史料13》一三日（374～5）

そこでいよ〳〵官軍と談判を開くことになつたが、最初に、西郷と会合したのは、ちやうど三月十三日で、この日は何もほかの事は言はずに、たゞ和宮の事について一言いつたばかりだ。全体、和宮の事については、かねて京都からおれのところへ勅旨が下つて、宮も拠ない事情で、関東へ御降嫁になつたところへ、図らずも今度の事が起つたについては、陛下もすこぶる宸襟を悩まして居られるから、お前が宜しく忠誠を励まして、宮の御身の上に万一の事のないやうにせよとの事であつた。それゆゑ、おれも最初にこの事を談したのだ。「和宮の事は、定めて貴君も御承知であらうが、拙者も一旦御引受け申した上は、決して別条のあるやうな事は致さぬ。皇女一人を人質に取り奉るといふごとき卑劣な根性は微塵も御座らぬ。この段は何卒御安心下されい。そのほかの御談は、いづれ明日罷り出で、ゆる〳〵致さうから、それまでに貴君も篤と御勘考あれ」と言ひ捨てゝ、その日は直ぐ帰宅した。

会議は二日間に渡ったが、第一日目は三月一三日で、この日は和宮のことしか話さなかった。勝は和宮を人質に取るような卑劣な真似はしないから安心してくれと言った。しかし『海舟日記』の箇所で触れたように、一三日は和宮の話よりももっと大事な話、降伏条件の内容確認をしていることである。これについては後に「別項」で詳述する。
さて本番の話し合いの一四日である。どんな話をしたか。
《**史料14**》一四日（375〜7）

翌日すなはち十四日にまた品川へ行つて西郷と談判したところが、西郷がいふには、「委細承知致した。しかしながら、これは拙者の一存にも計らひ難いから、今より総督府へ出掛けて相談した上で、なにぶんの御返答を致さう。が、それまでのところ、ともかくも明日の進撃だけは、中止させておきませう」といつて、傍に居た桐野や村田に進撃中止の命令を伝へたまゝ、後はこの事について何もいはず昔話などして、従容として大事の前に横はるを知らない有様には、おれもほと〳〵感心した。

この時の談判の詳しいことは、いつか話した通りだが、それから西郷に別れて帰りかけたのに、この頃江戸の物騒な事といつたら、なか〳〵話にならないほどで、どこからともなく鉄砲丸が始終頭の上を掠めて通るので、おれもこんな中を馬に乗つて行くのは剣呑だと思つたから馬をば別当に牽かせて、おれは後からとぼ〳〵歩いて行つた。そして漸く城門まで帰ると、一翁を初めとしてみな〳〵がおれの事を気遣つて、そこまで迎へに出て居つたが、おれの顔を見ると直ぐに、まず〳〵無事に帰つたのは目出たいが、談判の模様はどうであつたかと尋ねるから、その顛末を話して聞かせたところが、みなも大層喜んで、「今し方まで城中から四方の模様を眺望して居たのに、初めは官軍が諸方から繰込んで来るから、これは必定明日進撃するつもりだらうと気遣つて居たが、先刻からはまた反対にどん〳〵繰出して行く《引き上げる》やうなので、如何したのかと不審に思つて居たに、君のお談であれば西郷が進撃中止の命令を発したわけと知れた」といふので、おれはこの瞬間の西郷の働きが行き渡つて居るのに実際感服した。談判が済んでから、たとへ歩いてとはいふもの丶城まで帰るに時間はいくらもかからないが、その短い間に号令がちやんと諸方へ行き渡つて、一度繰込んだ兵隊をまた後へ引戻すといふ働きを見ては、西郷はなか〳〵凡の男でない、といよいよ感心した。

ここでも西郷が語ったのは「委細承知した。しかしながら、これは拙者の一存にも計らい難いから、いまより総督府へ出掛けて相談した上で、なにぶんのご返答をいたそう。が、それまでのところ、ともかくも明日の進撃だけは、中止させて置きましょう」ということだけで、会談の内容とは程遠い中身である。「詳しいことは、いつか話したとおり」と言うが、談判の詳しい内容などどこにも書かれてない。前半部分には、すでに見た通り西郷との詳しいやり取りなど語られていない。

重要な点は、西郷が一方で「私が一身にかけてお引き受けします」と言っていながら、他方で「拙者の一存にも計らい難い」と言ったことである。三一年も後の放談であるから、言葉尻を掴まえてとやかく言うほど厳密な表現ではないが、念のため『海舟日記』で当日一四日の記載を確認してみる。

《史料15》西郷に決定権なし（《史料4》『海舟日記』一四日条の一部）

> 西郷申て云く、「我壱人今日是等を決する不能。乞ふ、明日出立、督府へ言上すべし。亦、明日侵撃之令あれども」（とりあえず自分の一存で中止だと補って読むべきか）といつて、左右之隊長に令し、従容として別れ去る。

西郷が「請け合った」とは書いていない。そして「自分の一存では決めかねる」と言っているのである。『氷川清話』が三〇年後の放談であるのに比べれば、『海舟日記』の方はたとえ当日に書いたのではないとしても、その時点での記録であり、より真実に近いと思われる。

つまり西郷はここでは何も約束していないのである。「駿府談判」では条件①「慶喜の処置」について「吉之助きっと引き受け取り計らうべし」、と誓約したが、「江戸嘆願」では五条件②～⑥について「総督府へ出掛けて相談」と言っている。つまりペンディングにしたということである。条件⑦「江戸の治安維持」は徳川方が条件を呑んだので嘆願の対象外。

もう一点、西郷が攻撃中止を命じた。だからこの会談で「無血開城」が決まった、と考える人がいるかも知れない。では、西郷は何を理由に、何を交換条件に攻撃を中止したのか。そんなことは『氷川清話』には一言も書いてないどころか、どんな史料を読んでも見当たらない。

この後西郷は「諾」と言ったと書かれている。

《史料16》西郷の「諾」と勝の漢詩（377～8）

> 畢竟、江戸百万の人民が命も助かり、家も焼かれないで、今日のやうに繁昌して居るのは、みんな西郷が諾といつてくれたお蔭だ。おれは始終この事を思つて居るから、世間が奠都祭などと騒ぎ出さないうちに、ちやんと心ばかりの事はしておいた。これを読んで見なさい。
>
> 明治廿五年四月十一日、即ち慶応三年《四年の間違い》戊辰三月十五日より経ること実に廿五年。当時の情形を回想すれば、全都鼎沸し殆んど乱麻のごとし。この日余は品川の牙営に到り参謀に就く。諸士論ずるところあり、しかして西郷・村田・中村数氏、皆既に泉下の人と為れり。余独り無用老朽の身をもつて瓦全し今に至る。人事の思議すべからざることかくのごとく、悵旧の情に勝へず。因りて絶句を賦す。
>
> 皇国一大府　此中無辜民　如何為焦土　思之独傷神
> 八万幕府士　罵我為大奸　知否奉天策　今見全都安
> 義軍勿嗜殺　嗜殺全都空　我有清野術　傚魯挫那翁

官兵迫城日　知我独南洲　一朝誤機事　百万化髑髏

おれの精神はこの四首の中に尽きて居るのだ。沢山な事は言はないでも、わかる人にはわかるからね。

「西郷が諾といってくれたお蔭」というのは正しい。ただしそれは、「江戸嘆願」で勝に対して言ったのではなく、「駿府談判」で鉄舟に対して言ったのである。

「皆既に泉下の人となる」と言っているように、関係者はもう皆死んでしまった。だから勝が『氷川清話』等でいくらホラを吹いても、「勝さん、それは違うよ」と言う人が誰もいないのである（「巻末7　主要人物の没年」参照）。

二首目「知否奉天策（知るや否や奉天の策）」というが、勝はどんな策を講じたというのであろうか。

三首目「義軍勿嗜殺　嗜殺全都空（義軍殺を嗜む勿れ。殺を嗜めば全都空しからん）」と言って西郷を説得したのは勝ではなく、鉄舟である。「二　駿府談判」で解説したように、鉄舟は西郷に「先生に於ては、戦を何途迄も望まれ、人を殺すを専一とせらるるか、夫では王師と云ひ難し」と迫って、西郷から降伏の条件を引き出しているのである。これは勝が手紙などで随所に書いている「兄弟牆に鬩ぐ」のは止めようという論理とは違う。鉄舟の論理は、英公使パークスが「降伏している者を攻めるのは、まして命を取るというのは、国際世論に反する」と言った考えに通じる。

これに続く「我有清野術　傚魯挫那翁（我に清野の術有り　魯の那翁を挫きしに倣わん）」の「清野の術」は「江戸焦土作戦」のことで、魯（ロシア）が那翁（ナポレオン）を撃退した作戦のことである。これについては「九　江戸焦土作戦」で詳しく述べる。しかしこの「焦土作戦」を含め、勝は様々な策を巡らせたと言われるが、それはことごとく史実に反するか、効果が確認されないものばかりである。

（オ）『海舟語録』（己と西郷とでやったのサ）

『氷川清話』と同様のもう一つの座談『海舟語録』には、「無血開城」での西郷との会談に付いては雑話のようなものがほんの少し載っているだけである。

《史料17》西郷・勝の会談（一）（『海舟語録』、218）

> ナアニ、維新の事は、己と西郷とでやつたのサ。西郷の尻馬にのつて、明治の功臣もなにもあるものか。自分が元勲だと思ふから、コウなつたのだ。
> 江戸の明け渡しの時は、スツカリ準備がしてあつたのサ。イヤだと言やあ、仕方がない。

あっちが無辜の民を殺す前に、コチラから焼打のつもりサ。爆裂弾でも大層なものだつたよ。あとで、品川沖へ棄てるのが骨サ。

極論すれば、勝の西郷との会談の弁はこの「ナアニ、維新の事は、己と西郷とでやつたのサ」に尽きると言えよう。会談内容には一切触れずに、ただオレがやった、オレがやったと言う。しかもこの部分は岩波新書の『海舟座談』には載っていないのだ。

もう一ケ所あるので引用する。

《史料18》西郷・勝の会談（二）（『海舟語録』、175）

引渡の時も、西郷が来たと言ふから、安心したのサ。イヤ危ないから二大隊率ゐてゆけなどと言はれたが、『ナアニ、一人で沢山だ』と言つて、十四日に往つた。それで、直きに纏つてしまつた。

これも似たようなもので、会談の中身は全く語らない。

西郷との会談について勝が触れているのはこの二カ所ぐらいで、他には著者の巖本善治が、西南戦争について勝に質問するとき以下のように述べているだけである。

《史料19》 西郷・勝の会談（三）（『海舟語録』、58）

> 御一新の事は、西郷先生と、先生とお二人でなすつたので、その外は、余波のやうに思ひますが。

このように巖本のような海舟のファンが「無血開城」は西郷と勝という「定説」を作り上げてしまうのである。こうなると「定説」というより「虚説」、フィクションである。

ここで「江戸嘆願」の史料検討結果を要約しておく。江戸城は三月一五日「流血落城」の運命にあった。これを阻止すべく多くの嘆願使者が送られたが、いずれも成功しなかった。西郷（東征軍）の攻撃を阻止し、「流血落城」を「無血開城」に変えたのは、「いつ、どこで、誰」なのか。以上検証してきた史料で明らかな通り、それは「一四日、江戸、勝」ではない。それは「二　駿府談判」で論証したように「九日、駿府、鉄舟」である。

（カ）勝の勲功録（控えなし　西郷説得の史料なし）

以上で検証した（ア）～（オ）の中には、西郷との具体的な会談内容について勝が書いた史料がない。唯一渡辺の（イ）『江城攻撃中止始末』だけに会談内容が記載されているが、それはすでに見たように何も決定せぬまま江戸攻撃が取り敢えず延期されたことだけである。勝が書いたものは周辺閑話ばかりであり、鉄舟の（ウ）『談判筆記』は、江戸の会談では駿府での約束を実行する誓約をしたに過ぎない、と述べているだけである。

明治一四年、政府の勲功調査の際、勝は賞勲局に自らの功績を記した勲功録を提出したはずである。ところがあの記録魔の勝がその控えを残していない。勝は「これを読んで見なさい」と「無血開城」に関する自作の漢詩を吉本襄に渡し、「おれの精神はこの四首の中に尽きて居るのだ」と言って『氷川清話』に書かせている（《史料16》）。勲功録の控えがあればそれを渡して書かせたと思われるのだが、果たして原本か控えが残っているのか、少なくとも誰か先学がこのことについて言及しているのか、寡聞にして知らない。

以上見てきたように、勝が西郷を説得して「無血開城」を実現したという史料はない。

（2）三月一三日の会談は、和宮の件より降伏条件内容の確認が重要

前述した、本格的な交渉を一四日に延期した理由を検討する。原口清は「徳川家裁許七ヶ条並ニ伺書」（『嘉永明治年間録』[1]）を紹介して、一三日は鉄舟に提示された降伏条件の具体的内容について伺を立てたと述べている。従来余り注目されていなかったが、重要なので以下にその

全文を引用する。網掛けは徳川方の質問・応諾（第六条の居城明渡しのみ応諾）。

《**史料20**》徳川家裁許七ヶ条並ニ伺書（『嘉永明治年間録』、1409〜11）

徳川家裁許七ヶ条並ニ伺書

一　慶喜ハ備前藩へ御預け恭順謹慎可致事。

伺　備前藩と申候ハ、岡山の儀に御座候哉。江戸屋敷の儀に御座候哉。岡山の儀に御座候てハ、慶喜へ附属の麾下共折合方如何可有之候。可相成ハ何卒水戸表へ御預けの様奉願上度候。

一　諸侯慶喜の暴動を助候者、夫々謝罪の実行可相立事。

伺　諸侯の儀ハ、天朝御処置次第の事と奉存候。当今の形勢諸侯の儀ハ於徳川家関係仕兼候事。

答　問合の通り可致候事。

一　軍艦は不残官軍へ可相渡事。

伺　軍艦と申候てハ次第も可有之、何等の船を御指に候哉。

一　兵器ハ一宇に可差出事。

伺　兵器差出候儀ハ、何品迄兵器と唱候哉。

一　城内へ住居候向ハ、向島へ引移可申事。

伺　城内と申ハ、郭内一円の儀に候哉。又ハ和田倉馬場先内桜田且ハ竹橋半蔵門内の儀に御座候哉。本城西丸だけの儀に御座候哉。

一　居城明渡の事。

答　奉畏候。

一　玉石共焼候御趣意にハ無之候間、一同不可致暴動。暴動致シ候者ハ官軍にて取鎮候事。

右謝罪実行相立候ハヾ、徳川家名の儀ハ寛大を以て御沙汰之事。

伺　寛大と申候ハ何程の御見込に御座候哉。麾下へ説諭方も可有之候間、予め承知仕り度、事柄に寄り麾下通撤暴動難計候。

応接掛　京都方　参謀西郷吉之助　関東方　勝安房守　外一人

先ず、『海舟日記』に記載された条件と比較し、違いを点検しておく。

○「②城」と「⑥鳥羽・伏見の戦いの責任者」の順序が入れ替わっている。ただしこれは余り重要な違いではない。

○「⑦治安維持」が、『海舟日記』では徳川が行い、手に余れば官軍が行うことになっていたが、これが初めから官軍が行うことになっている。しかしこれもマイナーな違いである。注目すべきは第一条である。書付には慶喜は「備前御預け」と書かれているので、一応それは岡山か江戸屋敷かと尋ねている。しかし重要なのはここで「水戸御預け」を願出ている点である。それは「駿府談判」で「備前」が撤回されているので、徳川方から「水戸」を提案した訳である。ところがこれに西郷は答えていない。

第一条についてのみならず、「伺」に対して西郷がほとんど答えていない。これはかなり重要な点である。答えているのは、鳥羽・伏見の戦いの責任者の件のみである。諸侯は、もはや一大名となった徳川の家臣ではなく管轄外だから、朝廷の方で決めて欲しいという要望に、西郷が承知したと答えているのみである。城明渡しについて「答」とあるのは西郷の回答ではなく、徳川の回答である。西郷は実務的な細かい具体策は考えていなかったようで、答えられなかったのであろう。それならば駄目元で、可能な限り徳川に有利な条件を盛り込んで嘆願しようということになったのではないか。「伺」について注目すべきは、条件ではないが、寛大な処置に関し石高を聞いている点である。だが西郷は答えず、一四日には話題にもなっていない。

結局西郷は、諸侯の件以外は、提出された嘆願書に、何一つ応じることも拒否することもできず、そのまま大総督府まで持帰ったと考えられる。慶喜の処分だけは、すでに駿府で鉄舟に確約しているので、一三日には何も答えなかったが、多分徳川の「水戸表」でどうかという要望を受けるつもりであったと思われる。その結果、翌一四日には、『江城攻撃中止始末』に語られているように、西郷は、慶喜の謹慎場所は、上野であろうと余所であろうと《水戸であろうと》「御勝手」と言ったのである。

最後に、関東方応接掛の「外一人」だが、これだけでは不明である。後で別途検討する。

さて余り知名度の高くない『嘉永明治年間録』の信憑性を考察しておく。

『嘉永明治年間録』は、嘉永五年から明治元年までの一七年間の朝廷・幕府に関する事項始め、巷間の出来事まで一五七五項を登載した年表である。明治二年に稿が成ったが印刷もされなかった。しかし明治四年に勅命により浄書し献上されたが、明治六年の宮城の炎上により焼失した。著者の吉野真保は明治三年に死没したが、その子、真幹や友人の手により遺稿となった編者の草稿を書写し本書が成った。

本書の信憑性について列記すると以下の通り。
○編者吉野真保は一介の処士で、記載内容に新政府寄り徳川寄りといった偏向がない。
○吉野真保が死没したとき、遺産は本書の成稿だけであったというから、清貧に甘んじ刻苦精励した人であったと考えられ、脚色がない。
○公私の文書を可能な限り原文のまま転載した。
○処士によるものながら、勅命により浄書して献上し、下賜金（七拾五円）を賜っており、当時の政府はその内容を評価したと考えられる。
三月一三日は、『海舟日記』『氷川清話』によれば、すなわち勝によれば、和宮のことに触れただけで、本格的な交渉は翌一四日に延期したことになっている。『海舟日記』には「…、今日述ぶる処にあらず。乞ふ、明日を以て決せむとすと云」と書かれているが、総攻撃を二日後に控え、早く交渉をまとめなければならない時期に、なぜ「今日述ぶる処にあらず」なのか。また『氷川清話』には「『……』と言ひ捨て、、その日は直ぐ帰宅した」とある。大事な交渉なのに、なぜ「言ひ捨て、、その日は直ぐ」帰宅したのか。勝は、慶喜や一翁ら参政の命令で西郷との交渉に当たったのであるから、交渉結果を復命しなければならない。言い捨てて勝手に帰宅などできるはずがない。後日の自慢話だから、言葉尻を捉えてとやかく言うつもりはないが、勝の言う一三日の交渉には腑に落ちないところがある。『嘉永明治年間録』と『海舟日記』・『氷川清話』と比べると、前者に信憑性があると思われる。

鉄舟は駿府でこのような詳細な話はしていない。これを見て初めて、一三日の質問に基づき嘆願書を作成し、一四日に提示したという流れが納得できる。この『嘉永明治年間録』が余り一般に知られていないため、一三日の真の交渉について書かれたものを見たことがなかった。ところがこれについて原口清は次のように書いている。

《**資料21**》一三日の会談（原口清、304～5）

> 三月九日に政府側の条件書を受取った徳川方が、事前に何らの折衝もなしに、一四日にいきなり対策を提出したと考えるほうが非現実的である。（中略）おそらく、一三日の会談の終了後、徳川方は勝の報告をもとに、嘆願書を最終決定したことであろう。（中略）そして、一三日の会談の主要な目的は右の点にあり、儀礼的訪問とか和宮の件とかは副次的なものと考えてよいと思う。

この原口の説は極めて説得力がある。このように重要な『嘉永明治年間録』の「徳川家裁許七ヶ条並ニ伺書」であるにもかかわらず、原口以外には、この書に言及している先学は坂下正明、石渡芳昭くらいである。(2)なお石渡は原口の著書に言及している。念のため発表年は、原口一九七一年、坂下一九八一年、石渡二〇一一年である。原口の発表から半世紀経つが、その後坂下・石渡の論文に登場する以外、この書を紹介して一三日の話を正しく記述したものはないようである。後述の安藤優一郎、森田健司が、一三日に条件の確認をしたと述べているが、いずれも『嘉永明治年間録』の名は記していない。しかし一三日の会談の実体が知られつつあるように思われる。

原口は、西郷・勝会談が二日間に及んだ理由に初めて言及したのは、石井孝だと言う。だが石井は、「パークスの圧力・勝工作説」を信じているので、勝は、一三日のパークスと木梨との会談をサトウから聞いて知っており、西郷との本格的な会談を一四日に延ばした、と言う。石井は交渉が二日間に及んだ理由を「パークスの圧力」であると的外れの主張をしているのである。もちろん原口は、この石井の「パークスの圧力説」は否定している。

なお、「徳川家裁許七ヶ条並ニ伺書」は『嘉永明治年間録』の四月の項に記載されているが、原口はこれを誤りとしている（348）。

（3）三月一四日の発令は、江戸総攻撃「中止」ではなく「延期」の「仮令」

なお勝との会談で「江戸総攻撃そのもの」を「中止」したと認識している先学が多いようだが、「一五日の予定」は「延期」したのであり、「中止」ではない。これについて原口は「とりあえず明日にせまった江戸城総攻撃延期を仮令したのである」（307）と正確に「仮令」と書いている。『復古記』(3)にも、一四日に西郷が発したのは「仮令」であり、「真令」は大総督府より一七日に発せられたと記されている。

《**資料22**》東山道総督府達書（『復古記』、863）

> 明日江戸打入之儀相達置候得共　大総督宮ヨリ被仰越候次第モ有之、明日之処先相見合セ可申、尚日限之義ハ追テ可及沙汰候間、此旨可相心得候事。
> 　　三月十四日
> 　　　　　　総督府　参謀
> 右之通被仰出候間、御達シ申入候也。
> ○案スルニ、西郷隆盛進軍ヲ止メシノ令、別ニ見ル所ナシ、故ニ東山道総督府ノ達書ヲ

采リテ之を填ス、又本書中、大総督宮云々トアレトモ、其実此時ハ隆盛ノ仮令ニシテ、大総督府ノ真令ハ十七日ニアリ。

なお、勝が参政宛てに出状した報告書にも、「大総督府に意向を伺うまで攻撃差止め」と同内容のことが書かれている。つまり勝自身これが一時的なものであることを十分認識しているのである。

《**資料23**》参政衆宛勝の報告書（『復古記』、863）

昨日、督府軍門へ引合候処、嘆願之儀ハ一己之返答ハ難相成、大総督府へ言上之上何トカ返答可致旨、且軍門参謀、右伺トシテ駿府へ直様出立可致ト申聞候。御先隊明日之進撃ハ、前件伺済迄差止置可申間、先隊へ対シ暴挙無之様精々取計可申旨ニ付、今夜ヨリ右之段厳重之御処置御触出等可然奉存候故、急キ右申上度如此御座候。

安房

参政衆

（4）「江戸嘆願」は西郷・勝だけではなく、鉄舟始め数名が同席

江戸薩摩藩邸での会談には、西郷と勝の二人だけのように考えられているが、実際は数名の同席者がいる。

先ず、『談判筆記』にも「高輪薩摩邸ニ於テ西郷氏ニ勝安房ト余ト相会シ」と書かれているように、鉄舟も参加していた。鉄舟にしてみれば、駿府での西郷との約束が確約されるかを確認する必要があった。万が一鉄舟が東帰して慶喜等に報告した内容と異なっていれば、鉄舟は切腹ものであるから、当然と言えば当然である。

『嘉永明治年間録』にはすでに《史料20》で引用したが次のように記されている。

《史料24》「徳川家裁許七ヶ条並ニ伺書」（『嘉永明治年間録』、1411）

> 応接掛　京都方参謀西郷吉之助　関東方勝安房守外一人

ここに記載されている「外一人」が鉄舟であるかは、《史料20》で触れたように定かでないが、その可能性はある。

勝部真長は大久保一翁が同行していると主張する。

《資料25》 一翁の同行（勝部真長）（187）

> この時、行ったのは大久保一翁と二人づれであったと思われる。『徳川慶喜公伝』（第四巻）にも『岩倉公実記』（中巻）にも、勝、大久保と西郷との談判としてある。幕府のこれまでのしきたりでは、こういう場合、一人で行くということはしない。かならず二人で立ち会う。
> 大久保一翁は平常から無口な人だから、会見中、一言も発言しなかったかもしれない。しゃべったのは勝一人であったかもしれない。しかし付き添いとして、大久保が立ち会っていたことは確かであろう。それを勝の談話では、自分一人で行って、勝・西郷の一騎討ちであったかのようにしゃべっているのはおかしい。

しかし一翁は若年寄で、陸軍総裁の勝より上位である。一翁が参加していれば、「徳川家裁許七ヶ条並ニ伺書」に「勝安房守外一名」と書くはずがない。一翁だけを書くか一翁・勝の順で併記されるはずである。したがって一翁は参加していないであろう。

もう一つ目付の桜井庄兵衛の可能性がある。

《資料26》江戸嘆願（『戊辰日記』三月二八日条、303〜4）

三月十四日勝房州と西郷との応接之節関東より御渡相成候箇条書写
（歎願の箇条　省略）
御目付　　櫻井庄兵衛
　　　　　勝安房守

一四日に提出した嘆願書に「御目付　櫻井庄兵衛」の名が記されている。これについて松浦は、草尾一馬が送った嘆願書の写しについて「江戸城で用意して勝安房に持たせた箇条書には新任ホヤホヤの目付桜井庄兵衛と勝安房との署名があったのだろうか」（820）と書いている。

一方東征軍も西郷だけではない。西郷・勝二人の会談を隣の間から覗き見している者がいる絵があるが、彼等は会談の場に同席していたと思われる。『江城攻撃中止始末』によれば、先ずこれを語った渡辺清、その他に村田新八・中村半次郎も同席していた。

《資料27》同席者（『江城攻撃中止始末』、55）

既に勝が来て居るから君も一所に行たらどうかい。清云、それでは御供しようと云ひました。其時西郷と一緒に出たは、村田新八、中村半次郎、清はほんの付け物のやうにして、其席に出ました。

交渉をしたのは西郷と勝であろうが、同席者は双方複数人がいたと思われる。

【注】

（1）吉野真保編『嘉永明治年間録』（巌南堂書店、一九六八年）

（2）坂下正明「山岡鉄太郎―江戸開城での働きを中心として―」『関西学院高等部「論叢」第五六号』（二〇一一年一月、33〜4）

石渡芳昭「江戸開城前の勝・西郷会談について」『大正史学』一一号（一九八一年、33〜7）

（3）『復古記』東京帝国大学蔵版（内外書籍、一九二九年）

六　先学の諸説　――「江戸無血開城・勝説」の論拠薄弱――

前章で見る限り、史料は「定説」を裏付けていない。「定説」を裏付ける史料がないにもかかわらず、先学たちはどのような論理展開で、「無血開城・勝説」を支持するのであろうか。本章ではその先学の論理を検討する。特に「無血開城」について最も詳細に論じているのは松浦玲と原口清の二人で、本書においても最も多く引用させていただく。両氏の「勝説」「鉄舟説」についての考えを予め簡単に述べておくと、両氏とも「鉄舟説」は採らない。

松浦は、さすがに勝海舟研究の第一人者と言われるだけあり、「無血開城」について校注者的によく史料を駆使して極めて詳細かつ多角的に論じており、大いに啓発される。勝の欠点・誤り等について厳しく批判するのだが、先ず勝ありきの「勝説」支持者で、『談判筆記』を軽視し、徹底的に「鉄舟説」を否定する。

原口は戊辰戦争論争を惹き起こした点は高く評価できるが、「無血開城」はその一部であり、松浦と比べると「勝説」か「鉄舟説」かという論点については物足りなさを感じる。それは同氏が「勝説」も「鉄舟説」も採らず、「既定方針説」を主張するからであろう。それぞれの説については本論で詳しく検証する。

（1）一二人の先学は、「パークスの圧力」信奉、功績は勝（「勝説」）

先ず一二人の先学の説を検証する。

（ア）松浦玲：鉄舟無視・否定の勝信奉者

（A）勝の「私」論

松浦玲は「王政復古の『私』を糾弾」という項目を立て、「王政復古クーデタ、それに続く徳川の罪を問う出兵、それは『私を逞しくして国を破る』ものだと勝安房は指弾する」（345）と述べている。これを「勝の『私』論」と呼ぶことにする。そして西郷が江戸攻撃を中止した根拠として、次のように「勝の『私』論」を挙げている。

《**資料1**》「私」という持論（369）

> 西郷の譲歩は、十四日の駆引きだけから生まれたものではあるまい。静寛院宮（和宮）の

安全問題や、天璋院の嘆願が影響しなかったとは言えないが、勝安房が発信し続けた〝王政復古は薩長の「私」〟という理屈、それが西郷の胸に届いたのではないかと、十三日の予備会談で勝安房には確認できたのではないか。確かに届いていれども、私には勝安房を思想的先達として尊重せざるをえなかった西郷の顔が見えるような気がする。

また、すでに「三　勝海舟の地位・権限」で述べた勝の新政府への手紙③（《図表3》）も「私」論を綴っている。さらに、『海舟日記』にも随所に「私」という表現が展開されているので、その箇所を参考までに引用する。「五　江戸嘆願」の勝の一書《史料6》【乙】と勝の主張《史料7》【丙】である。

《史料2》『海舟日記』三月一四日条に見える勝の「私」論

昨年已来、上下公平一致之旨あれども、各其中小私あり、終に当日之変に及ぶ者は、皇国人物乏敷に因る。【乙】

其戦、名節条理之正敷にあらず。各私憤を抱蔵して、丈夫之為べき所にあらず。【乙】

況哉外国交際の事興りしより、其談ずる所、独徳川氏の為にあらず、皇国の通信にして、我が私にあらず。【丙】《乙丙　筆者》

後述するように、多くの先学が「定説」の根拠として「パークスの圧力」を挙げているが、松浦はこれを明確に否定している。そして西郷の「譲歩」は「王政復古は薩長の『私』」という勝の持論に納得したからではないか、と主張しているようである。

勝は、薩長が自藩を潰し、また大名も武士も廃止（勝の「武家消滅論」）というなら、討幕に文句はないが、「王政復古」は、単に薩長が徳川に取って代わろうとするものである、と考える。西郷にとり勝は、「共和政治」の思想的先達であり、この勝の考えが理解できた、と松浦は考えるようである（821～3）。だが、もしそうなら、西郷が東征軍の先頭に立って江戸に攻め上るはずはなく、またこの理屈で自軍を、そして朝議を説得できるはずもない。現にそのような記録は何もない。これは「証明不能だが」「西郷の顔が見えるような気がする」「西郷が納得して実現したのではないか」というように、松浦の「推論」、「仮説」に過ぎない。「仮説」は構わないのだが、西郷がそれを理解し、朝議を説得した「仮説」の根拠を松浦は示していない。

いずれにしても「勝の『私』論」が西郷を説得したようだ、というのが松浦の結論である。その他にいくつかの松浦の主張を検討する。先ず、「江戸嘆願」で西郷が「譲歩」したと言うが、果たして西郷は「譲歩」したのか。次に徳川の嘆願は「対案」と言えるか。最後に『談判筆記』に対する批判の妥当性を論究する。

（B）西郷の譲歩

松浦は、《資料1》に引用したように、会談で西郷が「譲歩」したという。また別の箇所でも次のように「譲歩」したと書いている。

《資料3》西郷の譲歩（364）

> 西郷が、これはお話にならないと言いきれば、それで談判は終り、明日は戦争である。そうならなかったのは西郷が譲歩したからだ。

しかし西郷は「譲歩」などしていない。西郷に「譲歩」の決定権などない。西郷は、勝の暫時待ってくれという「猶予の願い」を了承したのである。松浦はこれを「譲歩」と考えているようであるが、この交渉で「譲歩」といえば「降伏条件の緩和」の受入れである。「猶予の願い」聞き届けは、「譲歩」ではなく決定の「保留」である。松浦の説は、西郷が譲歩したので、江戸総攻撃は中止になった、というもののようである。松浦が言うように「譲歩」しなければ「明日は戦争」なら、四月四日の最終決定示達を拒否し、戦争になっていたはずである。「七　京都朝議」で詳しく論証するが、松浦は最終決定内容を新政府が「譲歩」したと解釈している。しかし少なくともこの時点で西郷は「譲歩」などしておらず、江戸攻撃も中止などしてはいない。どちらも「保留」である。松浦自身も以下で、「保留」であるかのように言っているのだが、極めて曖昧である。

《資料4》保留（一）(368)

つまり十五日に予定された総攻撃を中止することは、山岡に提示された降伏条件が実行されないいまま、実行の約束もされないままに決まったのである。

《資料5》保留（二）(369)

西郷は降伏条件が履行されないまま、また履行時期の確約も無いままで、攻撃を延期したのである。西郷は彼自身が中心になって進めてきた東征軍の方針を独断で変更した。

この箇所の不正確な点は以下の通りである。

○《資料4》では「中止」、《資料5》では「延期」と矛盾している。もちろん「延期」が正しい。重要な点なので峻別すべきではないか。

○《資料4》「実行されないいまま」《資料5》「履行されないいまま」とあるが、交渉日に即日実行・履行されるはずがない。当日はせいぜい実行・履行の「確約」であろう。わざわざこのように書く意図が不明である。

○《資料4》「実行の約束もされないまま」というのは誤りであると思われる。なぜなら、実行の約束はすでに駿府でなされており、勝は実行しないなどと言っていないからである。暫時待ってくれと言ったのであり、西郷はその「猶予の願い」を了承したのである。

○《資料4》で「十五日に予定された総攻撃を中止することは……決まった」と言うが、決まってなどいない。西郷が命じたのは「延期」であり、しかも既述のように「仮令」である。

○《資料5》で西郷が「東征軍の方針を独断で変更した」と言うが、東征軍の方針は、提示条件を履行させることである。松浦はそれを撤回させたとでも言うのであろうか。西郷が独断で変更したのは「慶喜の処置」だけである。しかもそれは駿府での話である。

この箇所は松浦が何を主張しているかが極めて曖昧で判然としない。

（C）対案

松浦は、徳川方の「嘆願」を「対案」と呼ぶ。

《**資料6**》「対案」（363）

勝安房が十四日に持参した対案（「諸有司之嘆願書」）を、山岡が駿府から持帰った降伏条

件と同じ要領で略記すれば、（後略）

松浦は徳川方の提出した「嘆願書」をなぜか敢えて「対案（諸有司之嘆願書）」と表現している。勝自身が日記に次のように「歎願書」と書いているにもかかわらず、わざわざカッコ書きで注釈を付けてまで「対案」と言い換える理由は何なのであろうか。

《**史料7**》『海舟日記』三月一四日条

同所に出張、西郷へ面会す。諸有司之歎願書を渡す。

「対案」と呼ぶ理由を松浦は次のように述べている。

《**資料8**》「現状維持」——武装解除せず（363〜4）

その手順は、まず現状維持、軍艦・武器も全て持ったまま、次いで何程かの削減に応じようというのだった。
西郷が山岡に示した条件との隔たりは極めて大きかった。お話にならない、と言ってよいだろう。西郷が、これはお話にならないと言いきれば、それで談判は終り、明日は戦争である。

鉄舟の持帰った条件は「武装解除」だが、徳川の提出した「嘆願」は「軍艦・武器も全て持ったまま」の「現状維持」、すなわち「武装解除」はしないという内容であるから、両者の「隔たりは極めて大きかった」ので、これは「嘆願」などではなく、「対案」であるというのが松浦の考えのようである。そしてこの文の「注」にまで「強硬な対案」と強調して繰り返している。

《資料9》「注152」「強硬な対案」(820)

> 『明治戊辰　山岡先生与西郷氏応接筆記』(『談判筆記』)やその原本を尊重して駿府と高輪で決着と信じる人々は、この経過を拒否し、海舟がホラを吹いていると見るようだが、十四日の勝安房が、いま本文に略記した強硬な対案を持参したのは、紛れもない事実である。

だが徳川方の本意は「対案」ではない。鉄舟は単純に無条件降伏したのではない。少なくとも徳川にとっては最重要条件である慶喜の備前お預け撤回と、家名存続を条件に、すなわち有条件で武装解除に応じたのである。松浦は、西郷が「対案」に応じなければ「明日は戦争である」と書いているが、「嘆願」に応じなければ戦争をするなどと、徳川方は全く考えていない。なぜなら徳川はすでに降伏を宣言しており、勝の任務は和戦いずれかの条件交渉ではなく、嘆願の使者だからである。「嘆願」が容れられなければ戦争を選択する権限などは勝に与えられていない。通らなければ諦めざるを得ないというものである。「五　江戸嘆願」の「三月一三日の交渉」で述べたように、駄目元で嘆願条件を出したのである。松浦は「対案」と言うから、応じなければ「戦争」という発想をするのであろう。「七　京都朝議」で詳述するが、嘆願は基本的に拒否された。松浦の論理からすれば、戦争になるはずである。だが、徳川方はそれを受入れた。慶喜はもちろん、一翁ら参政は、新政府の決定を黙って受諾している。戦だという考えは毛頭なかったからである。もちろん抗戦派の家臣も多くいたが、それはこの条件次第ではなく、元々降伏に反対だったのである。

(D)『談判筆記』否定――「高輪批判」――

「無血開城・鉄舟説」の根拠として最も重要な史料『談判筆記』を、松浦は軽視ないし否定しているように思える。何よりも『談判筆記』を採り上げようとしない。もちろん全く採り上げないのではないが、少なくとも書名は松浦の著書『勝海舟』の「本文」には出てこない。出てくるのは全て以下の「注」の中である。

①本章の《資料9》「注152」「強硬な対案」。前項「(C) 対案」で詳述。

②「一　鉄舟派遣」の《資料4》「注146」「初対面批判」

③本章の《資料12》「注148」「高輪批判」

しかも『談判筆記』についての記載は枝葉末節の批判ばかりで、それには②「初対面批判」と③「高輪批判」の二つがある。前者の②「初対面批判」は「一　鉄舟派遣」ですでに述べた通り、松浦の明らかな誤りと言える。後者③は、鉄舟が会談場所を「高輪」と書き間違えたことを松浦が厳しく批判しており、これを「高輪批判」と名付けたことは「二　駿府談判」で述べた。以下にその「高輪批判」の内容を詳しく検討する。

第一に、『勝海舟』「本文」の「高輪批判」を見てみる。

《資料10》「本文」の「高輪批判」(362)

> この日、勝安房と同行して四ヶ条の実行を改めて確約したと書く山岡鉄舟(注148参照)は、翌日提出される対案のことを知らず(全く知らなかったとは思えないが切実には知らず)、それも原因の一つで記憶に大混乱が起ったのだろう。ともかく高輪での四ヶ条再確約は絶対にありえないことだと強く念を押して置く。

ここで一行目の「書く」というのが、『談判筆記』に記載されているという意味のようだが、何に書いてあるのか書名は出さない。「本文」中で『談判筆記』に触れているのはこの一カ所だけである。

この松浦の文は、鉄舟の『談判筆記』の次の箇所を指して批判している。

《史料11》江戸での会談（『談判筆記』、105）

> 是ヨリ後西郷氏江戸ニ着シ、高輪薩摩邸ニ於テ西郷氏ニ、勝安房ト余ト相会シ、共ニ前日約セシ四ヶ条必ズ実効ヲ可奏ト誓約ス。故ニ西郷氏承諾進軍ヲ止ム。

『談判筆記』には「江戸嘆願」が二日にわたったことが書かれておらず、一日のように読み取れる。この会談が行われたのは、「進軍ヲ止ム」とあるから、「一四日」である。「江戸嘆願」は、一三日は高輪、一四日は田町で行われた。鉄舟は「田町」を「高輪」と記憶違いをしているのである。

「前日約せし四カ条、必ず実効を奏すべしと誓約す」とあるが、この「前日」は一三日のことではなく、九日の「駿府談判」のことを意味している。つまり「先日」の意味で記述したのであろう。『広辞苑』によれば、「前日」には「先日」の意味もある（【前日】②先日。以前のある日）から、必ずしも鉄舟の間違いとは言えない。つまり鉄舟は、先日（九日）約束したことを実行すると一四日に田町で確認したのである。

松浦が、《資料10》に「翌日提出される対案のことを知らず」と書いているのは、《史料11》を「一三日」のことと誤読して批判しているようだ。誤読の原因は、鉄舟が「高輪」と誤記したためと、松浦が「前日」を「前の日」（一二日）と解釈したためであろう。松浦は自らの誤読に基づき「高輪での四カ条の確認」は「絶対ありえない」と主張するのである。

しかし鉄舟にとっては、「駿府」で西郷と「約束」し、「江戸」で勝を交えて「確約」したという事実こそが大事であり、高輪か田町かはどうでもよかった。二日間にわたったことも、一三日か一四日かも、いずれも重要ではなかった。

だが松浦は「記憶に大混乱が起こった」「絶対にありえないことだと強く念を押しておく」と、鉄舟が「田町」を「高輪」に間違えたことになぜかひどくこだわる。それでは、鉄舟がもし、「高輪薩摩邸」と書かずに「田町薩摩邸」もしくは単に「薩摩邸」と書き、「前日」を「先日」と書いていれば、松浦は納得するのであろうか。「駿府での承諾、江戸での確約」を認めると言うのであろうか。

どうやら「高輪での四ヶ条再確約は絶対にありえない」という松浦は、「高輪」の誤記を批判しているのではなく、「四ヶ条の再確認」を否定しているように思えるのである。場所の誤記を指摘しつつ、実は鉄舟の駿府での功績を否定しようとしている節がある。場所の誤記により鉄舟が駿府で西郷と約したという事実は何も変わらないにもかかわらず、松浦は、「駿府談判」そのものを全面否定しようとしているとしか思えない。

第二に、『勝海舟』「注」の中の「高輪批判」を検証する。前記の「本文」の「注」である「注148」には「本文」での批判を二箇所にわたって繰り返している。

《資料12》「注」の「高輪批判」（「注148」818～9）

注146で述べた『明治戊辰 山岡先生与西郷氏応接筆記』（『談判筆記』）で山岡は本当は七ヶ条だった降伏条件を②⑤④③①の順で五ヶ条だけ挙げ、①（山岡は最後に挙げる）の慶喜備前藩預けに猛烈に異議を唱えて西郷の善処を約束させ、他の四ヶ条は自分の一存で承諾し、江戸へ持帰ると皆々慶び寛典の御処置があったと江戸中に布告、西郷が江戸に着くと高輪で勝安房と自分が面会して前日約束した四ヶ条の実行を改めて確約したと書く。駿府での四ヶ条承諾や江戸高輪での四ヶ条確約が全くの間違いであることは改めて説く必要もないほどなのだが、これを信じる人も意外に多くて（後略）（818）

四ヶ条一存承諾、高輪での再確約という明々白々の誤りが維持されたままである。（819）

この「注」での松浦の批判は次の二箇所である。表現は異なるが、言っている内容は同じである。

○「全くの間違い」……「駿府での四ヶ条の承諾」と「高輪での四ヶ条の確認」

○「明々白々の誤り」……「四ヶ条一存承諾」と「高輪での再確約」

若干の表現の違いはあるが、松浦がたびたび言及するので、これを「鉄舟の約束・確約」と呼ぶことにする。

「本文」では、表面上は「高輪」の誤記批判のようであったが、「注」での批判は「鉄舟の約束・確約」に変っているように思える。なぜなら場所の誤記を批判するだけなら、「高輪は全くの間違い」「高輪は明々白々の誤り」とだけ書けばよく、わざわざ「四ヶ条の承諾」「四ヶ条の確認」とまで書く必要はないはずだからである。「鉄舟の約束・確約」を否定しようとするからこのように書くのであろう。詰まるところ松浦は「高輪」の誤記を『談判筆記』の誤りに掏り替えていると言わざるを得ない。それ以外に『談判筆記』自体の内容についての批判はしていない。

もしそれほど会談場所の誤記を言い募り、それで鉄舟の努力の全てを否定しようと言うなら、勝の『海舟日記』十四日条の全く同じ会談場所の誤記を松浦はどう考えるのであろうか。

《**史料13**》勝の場所の誤記（『海舟日記』十三日条、十四日条）

十三日　高輪薩州之藩邸に出張、西郷吉之助へ面談す。
十四日　同所に出張、西郷へ面会す。

一四日が「同所」では、前日一三日と同じ「高輪」になってしまうが、一四日は「田町」であ

る。勝も「田町」を「高輪」と間違えて書いているのである。このことについて松浦は次のように書いている。

《資料14》勝の場所の誤記（松浦玲、364）

さて『慶応四戊辰日記』が「同所」と書いたので困るけれども、十四日は高輪ではなくて田町である。芝田町である。（中略）その十四日付の西郷の返書を、後年の海舟は『亡友帖』に模刻影印した。そうまでしながら影印に付したコメントでは「高輪」と書くのだが、これは十三日の顔合せと十四日の本格的談判がゴッチャになっている。

記録することが極端に不得手だという問題がこれに重なって何度も驚かされるのだが、それに耐えて真相に迫らなければならない。十四日は田町である。

勝も一三日と一四日の場所に大混乱をきたしている。松浦はこれをもって勝が江戸で西郷に会ったことを全面否定しようとでもするのであろうか。

日記を書く時にうっかり書き間違えたのかと思うと、どうやらそうでもなさそうなのである。『海舟日記』のうち「幕末日記」はほぼ同時点で書いたと思われるが、こちらには一三、一四日とも会談場所の記載がない。あるのは後になってじっくり書いた「慶応四戊辰日記」の方だけである。そしてこれも後で書いた以下の二書にも一四日は「高輪」なのである。

《史料15》勝の場所の誤記（「幕末始末 下」〔『鶏肋』〕、362）

> 同月十四日、高輪藩邸に到り、西郷吉之助に逢対す。一書を記し、之を贈る。

《史料16》勝の場所の誤記（「断腸之記」〔『鶏肋』〕、384）

> ○慶応戊辰年三月十四日高輪薩州邸にて西郷へ談判の記
> 同三月十四日、高輪薩州邸に於て、西郷に談判す。是、余が一生の難事也。

『氷川清話』前半部分には、手紙を出したら西郷がやってきたというくだりに、二回「田町」が出てくるのだが、最終部分には「翌日すなわち十四日にまた品川《高輪》へ行って西郷と談判し」と「高輪」になってしまっている。どうも勝の頭の中は誤った「十四日高輪」という意識が強いのではないかと思われる。

それでは会談場所は、一三日はさて置き、一四日は実は「高輪」で行われたのではないだろうか。しかし残念ながらそうではない。一四日、勝が「田町」に着き、「高輪」に居る西郷に当てて手紙を書き、使いは西郷からこれから「田町」まで行くから待ってくれという返書もらって帰ってきた。つまり会談は「田町」で行われたのである。次の《図表1》が《資料14》で言う『亡友帖』[1]の西郷の返書で、これから一四日の会談場所が田町であることが確認できる。

《図表1》西郷の勝宛返書（『亡友帖』）（158～9）（注）「田丁」は「田町」のこと。

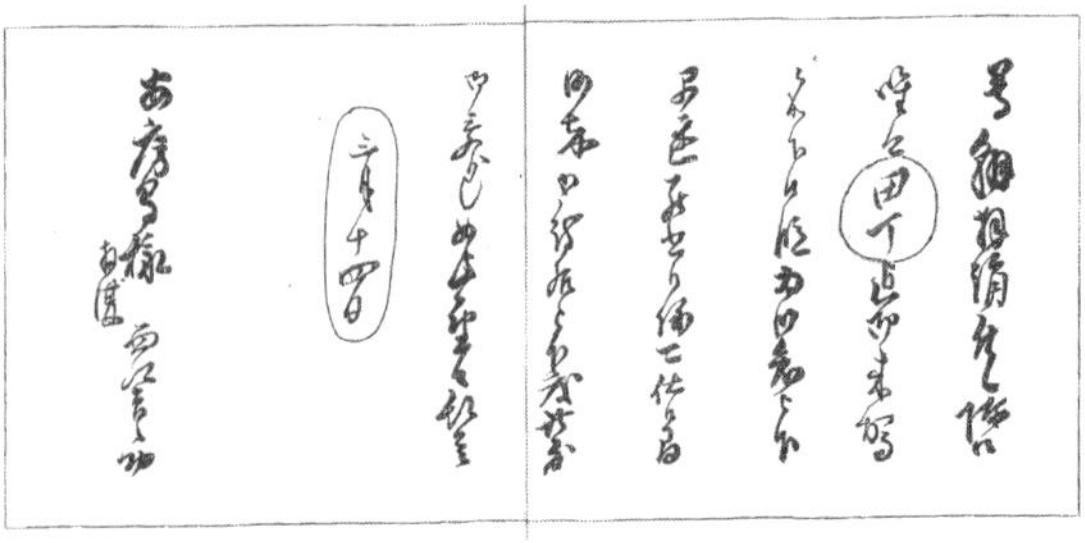

【釈文】

尊翰拝誦仕候、陳ば唯今田丁迄御来駕被成下候段、為御知被下
早速罷出候様可仕候間、何卒御待被下度、此旨御受迄如此御座
候。頓首

三月十四日

安房守様　　西郷吉之助

拝復

《図表2》勝のコメント（『亡友帖』）（160）

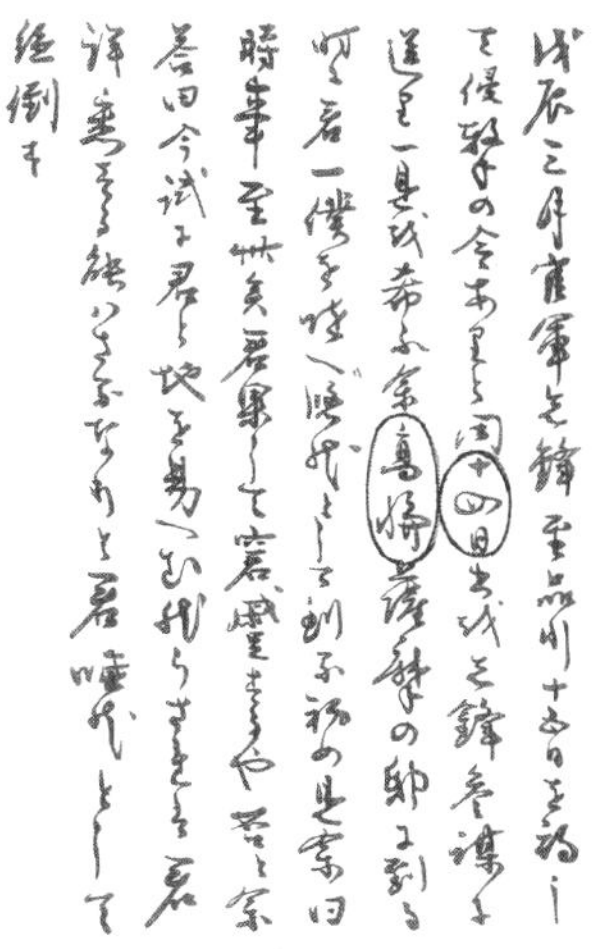

【釈文】
戊辰三月、官軍先鋒至品川。十五日を期して侵撃の令ありと。同十四日、書を先鋒参謀に送り一見を希ふ。余、高輪薩摩の邸に到る。時に君、一僕を随へ、悠然として到る。（後略）

《図表1》の書簡は、《資料14》で触れたが、明治十年西南戦争で西郷が亡くなった直後、勝が亡くなった友人たちの書簡を集めて作成した『亡友帖』に載せた西郷の書であるから間違いない。ところが、ご丁寧にこの西郷の書に対する「勝のコメント」（《図表2》）が、「田町」を「高輪」と間違えているのである。それについて松浦は次のように書いている。

《資料17》勝の思い込み（松浦玲、527）

この手紙を刻した海舟は、周知の談判について短くコメントするのだが、西郷が「田町迄御来駕」と書いているのを掲げながら「余高輪薩摩の邸に至る」と記憶の混乱を見せる。海舟の困ったところである。

確かに松浦の言うように、勝のコメントには「十四日、高輪」と書かれている。こうなるともう、松浦の言うような「記憶の混乱」などではなく、完全に勝の「思い込み」としか言いようがない。「縮小」を「縮少」と思い込んでいる人が多いが、そういう人は清書する際、原稿の正しい「縮小」を見ても「縮少」と誤記するであろう。それと同じである。

敢えて付け加えるなら、『三条実美公年譜』[2]（巻二十二）(20)は一三日も一四日も「高輪」と間違えている。多分これは『海舟日記』を参照して書かれたと推測される。そうだとすると、松浦は鉄舟の間違いを非難するが、勝の間違いの方が影響大であると言えまいか。

ただ江戸での会談場所がどこであれ、会談の内容には関係がない。松浦が余りに鉄舟の会談場所の誤記にこだわり、それを以て鉄舟の「駿府談判」の重要性まで否定しようとするように思われたので、敢えて反論を試みたまでである。松浦の言葉を借りれば、『談判筆記』の誤記についても「それに耐えて真相に迫」って欲しいものである。それよりも松浦はなぜ『談判筆記』を真正面から否定しないのであろうか。それは否定できない、その根拠がないからではなかろうか。

松浦の論を要約すると次のようになる。勝が西郷を説得したのは「勝の『私』論」であると主張するが、しかしこれは飽くまで「仮説」であり、松浦はその「仮説」の論証をしていない。その一方で『談判筆記』「武蔵正宗」を無視ないし批判する。しかも「初対面批判」「高輪批判」といった末梢的な内容の批判であって、根拠を示しての核心部分の批判はなされていないように思う。

鋭い分析力を持つ松浦は、分析すればするほど「勝説」の根拠が崩れてしまう。本書では「勝説」否定の根拠として松浦の分析を随所で引用している。「勝説」が崩れるとその反動として「鉄舟説」の信憑性が高まる。ならば「鉄舟説」を採ればよいのだが、それはせず敢えて「鉄舟説」の根拠を無視・否定する。松浦を勝信奉者と呼ぶ所以である。

(イ) 原口清：分析・論理鋭いが「鉄舟説」採らず、既定方針説

では「江戸嘆願」について、原口清はどのように語っているのであろうか。

《資料18》全て「保留」(307)

①徳川方の以上の「嘆願書」に対し、西郷はさほど論評を加えた様子はない。②彼は、自分の独断で決定する権限はないといい、③「嘆願書」を大総督に上申することを約束し、④とりあえず明日にせまった江戸城総攻撃延期を仮令したのである。(中略) だが、⑤彼

は、徳川方の対案の各条項をそのまま呑んだわけでもなく、山岡に示した政府側の条件を撤回したわけでもない。（中略）⑥徳川方の対案に対する政府の態度決定は、後日にもちこされることになる。《丸なか数字①〜⑥ 筆者》

この短文の中に、「江戸嘆願」の本質が見事に凝縮されており、正に肯綮に当たる見解と言えよう。

①⑤⑥ 嘆願について西郷は何の意思表示もせず、全てを保留、ペンディングにした。
② 自分には権限がないと述べた。
③ 嘆願内容を上申すると言ったのであり、請け合うと答えた訳ではない。
④ 一五日の江戸総攻撃は「中止」ではなく、「延期」であり、しかもその「延期」の命令も「仮令」であると述べている。

条件の決定は「後日にもちこされる」と明言しており、何も決まらなかったと言っているに等しい。たとえ「権限」はなくとも、「慶喜の処置」については善処すると、西郷が鉄舟に請け合った「駿府談判」とは大違いである。

いずれにしても、「江戸嘆願」は全てがペンディングであった、というのが原口の結論のようである。しかし原口は、鉄舟は媒介者であり、「駿府談判」で「無血開城」が決定したことは認めない。それでは「いつ、どこで」決定したと言うのだろうか。

実は原口は「既定方針説」を主張する。だが新政府内では、慶喜処分については強硬論・寛典論があり流動的であった。西郷自身当初は強硬論であった。ところが井上清と原口は慶喜の助命は政府の三月初めからの「既定方針」と言う。「駿府談判」、「江戸嘆願」以前に決していたと論ずる。もしそうであれば、鉄舟や勝の努力がなくとも、慶喜は助命されたことになるが、果たしてそうであろうか。これを検討する。

先ず原口の論法を見てみる。

《資料19》「既定方針」(311)

> 以上に対し井上清氏は、その著『日本の歴史(明治維新)』・『西郷隆盛』(両書とも中央公論社刊)で、パークスの発言は西郷が戦争回避を決断する上に一定の影響を与えたことはみとめるが、渡辺その他のようにいうのは明らかに誇張であり誤りであるとし、西郷の態度は政府の三月初めからの既定方針を外れるものではなかったとみている。私は、『戊辰戦争』において、右については井上氏とほぼ同様の見解を示し、それは今日においても変りはない。

井上は政府の既定方針は三月初めには決まっており、西郷もこれに同調していたと主張し、原口もこの見解に賛同していると言う。つまり両者とも「パークスの圧力」については、一定の影響は認めるがとしつつ、基本的には否定している。両者は「既定方針」という点では一致しているが、それが三月初めに「転向」したか否かという点では異なっている。

《**資料20**》新政府側の譲歩の性格（273～4）

> 新政府側の譲歩の性格についても、微妙な見解の差異がみられる。すなわち、井上氏は、これによって新政府や西郷隆盛が「旧体制との妥協」に「転向」したものとみなしているのに対し、私は、それは新政府の基本方針の修正を意味するものではないとする見解をとっている。

井上は新政府が方針を転向したというが、原口はそれを否定する。だがここでは両者のこの論戦には立ち入らない。ここでは西郷が三月初めには既定方針に同調していたという原口の主張を検討する。

《**資料21**》慶喜の処置（135）

> 慶喜個人の生死は、開城・武装解除・絶対恭順により、天皇政府の権威を貫徹する問題にくらべるならば、それほど重要性のあるものとも思われないし、まして、慶喜の謹慎先を備前藩とするか水戸藩とするかといったことは、慶喜やその家臣の感情からすれば大きな

問題であろうとも、政府自体にとっては、末梢的な事柄であろう。

原口は、慶喜の助命など、まして謹慎先などさほど重要ではなく、重要なのは「天皇政府の権威の貫徹」であり、それは「開城・武装解除・絶対恭順」であると言う（これを「絶対恭順」と呼んでおく）。しかし果たしてこの「絶対恭順」が「既定方針」となり、西郷も同調していたのかは疑問である。

○三月初めには「絶対恭順」が既定方針となっていたという根拠が明示されていないのである。岩倉・大久保らが「慶喜の恭順が真実であった場合の措置を検討し方針をたてる必要性は認めたであろう」が、「どこまで考えたかは確証がない」（297～8）と原口は言う。これでは飽くまで「推測」の域を出ないと言わざるを得ない。

○原口の論によれば、「絶対恭順」に徳川方が合意すれば、江戸総攻撃は中止するはずであるが、それは「いつ、どこで」合意したと言うのか。「江戸嘆願」においてかというと、そうではない。前述のように、原口は「江戸嘆願」では全てが保留であったと述べている。

○では「駿府談判」で決定したと主張するのか。原口の主張通り「絶対恭順」が条件と言うなら、西郷は駿府で鉄舟によりそれを確信して合意したはずである。ところが原口は「二　駿府談判」で既述のようにそれは認めていない。

結局原口は、新政府の既定方針が「いつ、どこで」決したのか、そしてそれが徳川方との間で「いつ、どこで」合意されたのか、明言していない、と言わざるを得ないのである。次にそもそも三月初めの時期に、新政府に「既定方針」と呼べるようなものが確立していたのであろうか。それを検討する。筆者はこれには以下の理由により否定的である。

第一に、新政府側は慶喜の恭順を確認しようとしなかった。

三月六日に駿府の大総督府で軍議が開かれ、江戸進撃の方策が協議され、江戸進撃期限が一五日に決定された。このとき「別秘事」として以下の決定がなされた。

《史料22》別秘事の第一条（『有栖川宮熾仁親王』上、118～9）

> 一、慶喜、若真ニ恭順恐入、奉待天譴候心底ナラバ、軍門ニ来リ而可拝事。

ここには「若真ニ恭順恐入」とあるように、恭順が真ならば、と書かれている。原口も《資料21》で、「天皇政府の権威を貫徹」すること、すなわち慶喜の「絶対恭順」が重要であると述べている。ならば「絶対恭順」の真偽を確認する努力をすると思われるのだが、その形跡が見られない。それどころか様々な救解の書簡や使者が送られているが、鉄舟以外いずれも無視されたり、阻止されたりで、まともに相手にされていない。

第二に、慶喜の助命は決まっていなかった。

原口自身、西郷は京都で慶喜の死一等を減ずることを「力説」、と述べている。慶喜の恭順が真実であることが確認され、助命が「既定方針」なら、助命を「力説」する必要はないはずである。現に「西郷も困窮不平之意味有之由也」(『戊辰日記』、300)と、西郷は京都で強硬派説得に苦労している。西郷の苦労は「七　京都朝議」で詳しく述べるが、慶喜の助命が決定したのは、二〇日の「京都朝議」においてである。

第三に、慶喜の処分も一定していなかった。

三月六日の軍議で、慶喜は「軍門投降」と決められたが、僅か三日後の九日に鉄舟に示された条件は、これとは異なる「備前お預け」であった。さらに三月一二日正親町・西四辻両卿が輪王寺宮に示した条件は次のように慶喜の「軍門投降」「因備お預け」で、六日の別秘事の「軍門投降」とも、九日に西郷が鉄舟に提示した「備前お預け」とも微妙に異なっていた。

《史料23》輪王寺宮への提示条件（『三条実美公年譜』一二日条、20）

> 両卿曰ク慶喜ハ宜ク罪ヲ軍門ニ謝シ、城及ヒ軍艦兵器ヲ献スヘシ。然ルトキハ朝廷慶喜ヲ因備ニ付シ、其生命ヲ全クシ、社稷ヲ存セラルヘシト。

さらに岩倉具視は「京都朝議」において、「軍門投降」を主張した。「既定方針」ならこのように異なるはずはない。

第四に、主要条件ではないが、鳥羽・伏見の戦いの責任者についても、岩倉は寛典論、三条は厳罰論と、一定していなかった。

このように慶喜の恭順が真なら「備前お預け」も一応可とはしていたものの、飽くまで流動的で、「既定方針」と呼べるほど確固たるものではなかったと見るのが妥当であろう。もし原口の言うように、「慶喜の処分」など重要ではないというなら、西郷はなぜ京都まで帰ったのか。京都で朝廷の決裁など得ずに、徳川方が嘆願する「水戸謹慎」を認め、さっさと城や軍艦・武器を接収すればよかったはずである。だが実際は、慶喜追討は朝命であり、首を取るか少なくとも身柄確保が必要であり、「慶喜の処分」は新政府側にとっても重要で、謹慎さえしているなら「水戸でもどこでもご勝手に」などというものではなかったのである。

結局原口は、慶喜の助命を含む和平交渉すなわち「無血開城」が「江戸嘆願」で決したという「定説」は明確に否定する。それでは「駿府談判」で決したかと言うと、既述のようにこれも認めず、その前の三月初めより「既定方針」になっていたという「既定方針説」を主張する。だがその「既定方針」の根拠については推測に過ぎない。これが原口の論理の結論と言えよう。原口も松浦と同様鋭い分析をしているのだが、「鉄舟説」を採らない。松浦と違うのは「勝説」も採らず、勝信奉者ではないという点である。

（ウ）井上清：民衆革命説　規定方針説

次に井上清の見解を検討する。先ず井上は、西郷と勝の会談を評価はするが、二人の会談を「無血開城」決定の「美挙」と主張するのは「俗説」であると言う。

《資料24》俗説、千載の美挙（『西郷隆盛』〔下〕、81）

> 俗説では、江戸城の平和的明け渡しを千載の美挙とし、西郷と勝の両雄の肝胆相照した大度量・大英断をたたえる。

そして次のように寛大な方針は政府では早くから決定していたと言う。

《資料25》民衆革命説（『西郷隆盛』〔下〕、82）

> しかし、慶喜と幕府が武力抵抗の意志をすてて、絶対恭順すれば、慶喜の生命は助ける、徳川家は存続させ、処分は寛大にするという大方針は、政府では早くから決定していたことである。二月初めには慶喜を切腹させるまで責めつけるといっていた西郷も、このとき意見を変えて、政府の宥和的方針に同調し、したがって江戸城攻撃も中止したのである。

それは西郷の大英断ではなく、彼もまた京都政府と同じく旧体制と妥協する立場に転向したのである。その転向の根底には、革命的民衆への警戒と、イギリスの圧力があった。

先ず、井上も「慶喜が絶対恭順すれば命は助ける」という「既定方針」に西郷もこの時期までに同調していたと言うが、原口清のところですでに述べたように、飽くまで流動的であった。次に、転向の理由が、「革命的民衆への警戒」と「パークスの圧力」と言うが、これも納得のいく理由とは思えない。「パークスの圧力」はすでに「四　パークスの圧力」で述べたように否定されている。ただし井上・原口二人とも、「渡辺その他のようにいうのは明らかな誇張であり誤りである」と、これについては否定的である。

残るは「革命的民衆への警戒」、すなわち「民衆革命説」というマルクス主義的階級闘争史観である。原口は「マルクス主義的維新史把握も、後述のように相当の成果をおさめながらも、いまだ戊辰戦争の全構造的な分析を独自の課題とした研究成果を公表するまでにいたっていない」(9)と否定している。井上は、「宮さん宮さん、御馬の前の、ぴらぴらするのは、なんじゃいな」の歌詞が「あれは朝敵征伐せよとの」という代りに、「あれは人民敵を討つ」だったら「これも一つのマルセイエーズに近づきえたであろうが」(『日本現代史Ⅰ　明治維新』、296)と言うほどのマルクス主義者である。「民衆革命説」の当否には踏み込まないが、以下のようなことは言えるであろう。農業がほとんど唯一の生産手段であった時代は、土地が唯一の財産で、武士が名実共に地主であり、支配階級であった。だが江戸時代、禄米を受ける武士が地主の実を失い、一方商業が発達し、武士階級が没落、封建社会が崩壊した。明治維新を経済の側面から大きく捉えればこんなところであろう。一揆・打ち壊しがあったのは事実だが、支配階級と被支配階級との血みどろの闘争など見られなかった。

井上は次のように「民衆革命説」に関し不実の記述をしているので、この点だけ指摘しておきたい。

《資料26》『サトウ回想録』の曲解（『西郷隆盛』〔下〕、85～6）

> パークスは旧年末にはサトウを京都に入らせ、「日本人が共倒れになるのを防ぐ」、すなわち天皇方と幕府方という支配階級の両方が共倒れになり、その間に民衆革命が成長するのを防ぐために、天皇政府に圧力を加えようとしたが、戦争が始まったので、その計画は中止された（サトウ『日本における一外交官』）。その後慶喜が恭順の意を示すと、パークスは謝罪して隠居しているものを何故討つか、と政府を詰問していた。

井上は「（パークスは）サトウを京都に入らせ……民衆革命が成長するのを防ぐために、天皇政府に圧力を加えようとしたが……（サトウ『日本における一外交官』）」と記載しているが、この『日本における一外交官』（『サトウ回想録』のこと）には、「民衆革命」の成長を防ぐ目的の記述などない。念のため同書の当該箇所を引用する。

《**資料27**》パークスの京都行き（『サトウ回想録』、98）

私は、京都へ長官を連れて行って相抗争する両派の間を調停させ、日本人同志が互いに共倒れになるのを防止しようという計画を立てた。そこで、西郷や後藤に会って必要な手段を講ずるために、長官に先行して伏見へ行くことにしたいと申し出たのであるが、この覇気に富んだ計画も京都の情勢があまりにも急速に進展したためにだめになってしまった。

そもそも京都行きは、パークスがサトウに命令したのではなく、その逆でサトウが発案してパークスを京都へ連れていこうとしたのである（"I conceived a plan for taking the chief up to Kioto." 原本〔295〕）。日本人同士が争って共倒れになるのを阻止しようとしたのは事実だが、「民衆革命が成長するのを防ぐため」などという理由は、『サトウ回想録』のどこにも書かれていない。これは「民衆革命説」を補強しようとする井上の牽強付会ではないかと思われる。

（エ）遠山茂樹：パークス説得説

遠山茂樹も井上清と同じく「パークスの圧力・パークス説得説」であるが、パークスが内戦を好まなかった理由が、井上は「民衆革命」であるのに対し、遠山は「貿易阻害」であった。

《**資料28**》内戦は貿易阻害　（遠山茂樹、232）

> それはまた一刻も早く日本の政情を安定させて、貿易を中絶なく発展せしめようとするイギリスの要望の反映でもあった。幕府倒壊前後に、王政復古を強力に支持したイギリスは、その後は徳川氏にたいする武力倒幕派の徹底的圧迫を好まず、平和裡に天皇制諸藩連合政権に移行することを希望し、そのための斡旋を行った。

この文の「注」の中に以下の「パークスの圧力」が記載されている。

《**資料29**》「注（一六）」パークスの斡旋　（遠山茂樹、248）

> 江戸城の無血開城について、西郷と勝海舟との間に妥協ができたのは、パークスの斡旋が一役買っていた。

そしてこの後に、『サトウ回想録』の西郷・パークス会談の箇所を記載している。ただし訳からではなく、原本の〝A Diplomat In Japan〟から引用している。すでに論究したように、パークスの斡旋が一役買ってなどいない。

（オ）服部之総：「無血開城」に言及なし

遠山を挙げたので、念のため遠山が尊敬して止まない、服部之総について触れる。遠山は服部の『絶対主義論』の「解説」を書き、そこで服部のことを次のように高く評価している。

《資料30》遠山茂樹の服部之総評（服部之総『絶対主義論』「解説」遠山茂樹、353）

> 「維新史の方法」の諸著は、学生時代かと《ママ》の私の座右の書であり（中略）実に二十数年にわたって学界の第一線に立ち（中略）
> 服部さんの学問は、原則につらぬかれている。マルクス、エンゲルス、レーニンの学問的帰結――公式をしっかりつかみ、それを土台としている。

遠山によれば、服部はバリバリのマルクス主義者である。

そこで服部の『維新史の方法』を見てみると、その「戊辰戦争」冒頭に次のように書いてある。

《**資料31**》戊辰戦争論（服部之総『維新史の方法』、51）

戊辰戦争の官賊両陣営は、外見上のあらゆる同似性にも拘わらず、異った階級的利害を主張したのである。一は国民的ブルジョアジーの、他は封建諸侯の。

しかし残念ながら「無血開城」についてはー言の言及もしていない。マルクス主義歴史学者として、戊辰戦争を階級闘争としての側面から捉えようとしており、「無血開城」には全く関心がなさそうである。いずれにしても「（ウ）井上清」のところで述べたように、原口によれば「マルクス主義的維新史把握も、……研究成果を公表するまでに至っていない」（9）のである。

（カ）主室諦成：パークス説得説

主室諦成も「パークスの圧力説」を採っている。

《**資料32**》西郷の快諾（94）

条件の緩和について懇談した。さきの六四（元治一）年の会見によって勝の人柄と見識にいたく敬服していた西郷は、その申し出を快諾し、（後略）

西郷と勝の会談を「懇談」と表現しているのは他に見たことがない。西郷が初めての会見のとき、勝に敬服したのは事実であるかも知れないが、それを嘆願の「快諾」とつなげるのは、余りにも短絡的ではなかろうか。事実西郷は「快諾」などしておらず、結果的にも嘆願は否決されている。

《**資料33**》「パークスの圧力」(95)

> 江戸城無血開城は、通説では西郷と勝の会見において、西郷の肚によって決定したことになっている。しかし西郷は武力討幕を主張しつづけた張本人である。それが最後になって妥協したのは、よくよくの事情があったにちがいない。結論をさきにいえば、それは日本の国内秩序を一日もはやく回復させ、貿易の発展によってその利潤を期待するイギリス公使パークス(40)の助言によるところが大きかった。

《資料32》では、西郷は勝に敬服していて決定したと述べているが、ここではそれは通説で実際は貿易阻害を嫌う「パークスの圧力」で決した、と矛盾したような記述である。

（キ）石井孝：パークスの圧力・勝工作説

石井孝は、『江城攻撃中止始末』の中の、西郷が勝の書簡を提示し烈火の如く怒った話を引用した後、次のように書いている。

《資料34》 警戒心と敵意（『戊辰戦争論』、130）

> もちろん西郷は、部下の士気を鼓舞する必要があり、勝は、強硬な徳川家臣を慰撫しなければならないので、たがいに相手にたいして高い姿勢をとったということもあろう。しかしこの段階で両人は、相互信頼どころか、逆に強い警戒心と敵意をもちあっていることがわかるであろう。あくまでも無条件降伏をたたかいとろうとする西郷は、到底、勝の主張をいれるわけにはいかなかったのである。

一般に西郷と勝は互いに尊敬し合っていたかの如く言われるが、石井はその考えを採らない。それはよいのだが、次の会見結果についての見解は的を外れているようである。

《資料35》一四日に延長（『戊辰戦争論』、136）、（『維新の内乱』、71）

おそらく、一三日パークスと木梨との会見が行なわれるのを知っていた勝は、西郷との本格的な会見を一四日にのばしたのであろう。

《資料36》「パークスの圧力」（『戊辰戦争論』、138〜9）

パークスの圧力を背景にして、勝は相当、凄味をきかせたようである。(138)

勝との第二次会見で西郷は、勝の嘆願書を大総督に取りつぐことを約した。このとき西郷は、みずからの提示した徳川処分案（無条件降伏）を撤回して、勝の対案をのまなければならないことを決意した。(139)

先ず、勝がパークス・木梨会談を事前に知っていたというのが史実に反する話であることは「四　パークスの圧力」で述べた。次に、西郷の提示案が「無条件降伏」でないことも再三書いた。嘆願を取り次ぐことを約束したが、約したのは石井自身も言うように、飽くまで「取次ぎ」であって、「請合い」ではない。西郷が対案を呑まなければならない理由は「パークスの圧力」であると石井は言うが、西郷は対案を呑まなければならないなどと決意してはいなかったはずである。西郷が決意していたのは、鉄舟に約した「慶喜の処置」だけである。

《資料37》「パークスの圧力」（石井孝『明治維新の国際的環境』、842）

つまりパークスの天皇政府側に加えた圧力によって、最初の徳川氏処分方法は改訂を余儀なくされ、勝の意見を全面的にいれて緩和された処分方法が作成され、パークスの了解を得たうえで、徳川側に伝達されたということになったわけである。

この石井の説は以下のように的外れも甚だしい。

○新政府の条件は、「パークスの圧力」によって改訂を余儀なくされてなどいない。

○勝の意見を全面的にいれて緩和もされていない。

○「パークスの了解を得た上で」と言うが、西郷はわざわざパークスの了解を得に行った訳ではない。すでに朝議で確定した内容をパークスが聞き、結果的に満足し称賛しただけである。

（ク）小西四郎：先入観による「勝説」

《資料38》「最後の大仕事」（小西四郎、27〜8）

この辺の事情については他の論稿に詳しいのでここでは一瞥にとどめるが、西郷隆盛との会見、江戸城無血開城となって事が解決したことは、あまりにも有名な話である。勝はやはり幕臣であり、幕府側の代表として行動しなければならなかった。徳川家の家名存続、江戸を戦火から救うこと、この最後の大仕事を遂行して、彼の政治的生命は終わったといってもよい。（27〜8）

しかし明治となってからの彼の行動はいただけない。（中略）
勝の業績には相当称賛してよいものがあるが、しかしそれに比べて人気はパッとしない。人物の好き嫌いは、その出所（ママ）進退や、晩年の行動によって左右されることが多い。彼が明治政府に出仕したこと、明治維新は、幕臣としては自分一人が活躍して、新日本を誕生させたような大言壮語とも思われる発言なども、彼の人気低迷の要因と考えられるのである。（28）

西郷との会見による「無血開城」が勝の「最後の大仕事」であると根拠も示さず「定説」を認めているようで、単なる「先入観説」かと思われる。

ただその後で、出処進退、手柄の独り占めのために、人気がないと批判している。好き嫌いは人によるが、勝には出処進退の見事さ、生き方の美しさが欠けていたため、小西は「明治になってからの勝の行動はいただけない」と批判しているのであろう。

（ケ）江藤淳：パークスの圧力・勝工作説

江藤淳も、次のように石井と同様の内容を述べている。

《資料39》一四日に延長（江藤淳、180）

> 本会談を翌日に持ち越したのは、並行しておこなわれている木梨・パークス会談の結果をたしかめてから、西郷との談判にあたろうとしたためにちがいないからである。

石井と同様なのは当然である。江藤はこの箇所の「注」に、前記《資料35》の石井の説（『維新の内乱』）を引用したと書いているのである。いずれにしても江藤も石井と同様「パークスの圧力・勝工作説」信奉者であるのは間違いなかろう。

（コ）勝部真長：鉄舟に触れるが勝信奉者

勝部真長は『談判筆記』を全文引用したが、それだけで勝部自身のコメントがなく、『江城攻撃中止始末』をパークスとの折衝から西郷・勝の会談まで全文引用しているが、同様に勝部の具体的な論評がない。述べていることは「勝と西郷の談判。これは勝以外の幕臣の誰をもってきても、ゲームの相手として釣り合わないのである」（196）といった程度のことである。先ず「西郷・勝会談」ありきの「先入観説」であるように思える。

（サ）萩原延壽：パークスの分析鋭いが、先入観による「勝説」

萩原延壽も、「パークスの圧力」については極めて緻密な分析を残しているが、鉄舟は勝の派遣と言い、「江戸嘆願」については勝部と同様「先入観説」のようである。

《資料40》 高等政治（萩原延壽、45〜6）

> 西郷の眼中にあるのは勝と大久保、勝と大久保の意中にあるのは西郷のみであったように思える。この人間的な組み合わせがなければ、和戦と江戸開城をめぐる「高等政治」の展

開もありえなかったであろう。

表現こそ違え、勝部と全く同じことを言っている。

(シ)佐々木克：勝の気迫

佐々木克の考えは次の通りである。

《資料41》気迫で判定勝ち（佐々木克、53～6）

万一の場合に備えて焦土作戦をたてていた。これはまた限度をこえた屈辱的な講和を拒否しようという決意でもあった。勝は、後年こうした背水の陣をしいて、西郷との会談にのぞんだからこそ、「精神が活発」となって幕府の要求を貫徹させることができたと述べている。(53)

いまイギリスに背を向けられて、フランスとともに幕府支持に廻られては大変な事態である。また関東一帯に起っている農民の騒擾や脱藩士・浮浪人などの不穏な動きもあり、いざ戦争となっても、その後の治安に自信を持てない。それにだいいち西郷個人の考えで、この大問題を決定できる資格が彼にはないのだ。結局西郷は、総督府―政府に帰って相談のうえで返事をするということで、一五日に予定していた江戸城攻撃の中止を指令した。まずは背水の陣をしいた勝の気迫が判定勝を収めたというところであろう。（55〜6）

「パークスの圧力」、そして「農民の騒動」、井上清の「民衆革命説」に近い考えであるが、いずれも西郷説得の決め手ではない。しかも西郷には決定権がないと言う。すると佐々木の言う決め手は、「焦土作戦」準備により背水の陣をしき精神を活発にした勝の「気迫」ということにならざるを得ない。それで「判定勝」を収めたと言うが、佐々木の言う「判定勝」とは何なのであろう。要求貫徹のことと思われる。だが勝は精神を活発にしなければ要求を貫徹させることなどできないと言っているが、要求を貫徹したとは言っていない。事実貫徹などしておらず、精神を活発にはしたかも知れないが、結果は「判定勝」ではなく、「判定負」ではないか。

以上「無血開城」実現の根拠に関する先学の諸説をまとめると以下のようになる。複数の根拠を挙げている先学もいる。

（一）「パークスの圧力・勝工作説」：　石井孝・江藤淳
（二）「パークスの圧力・パークス説得説」：貿易阻害説：　遠山茂樹・圭室諦成
　民衆革命説：　井上清
（三）既定方針説：　井上清・原口清

（四）その他：

「私」論：　松浦玲
先入観説：　小西四郎・勝部真長・萩原延壽
気迫：　佐々木克
言及なし：　服部之総

しかしこれら先学の論を検討しても、「定説」を正しいとする史料の提示もなく、論理的検証に耐えられるものは見当たらないと言わざるを得ない。

（2）一〇人の先学も、「パークス説得説」、根拠不明の「勝説」が未だ大勢

では次に比較的新しい先学の説を検討する。（一）の一二人の先学についてては見られなかった「定説」を支持する史料の提示なり、説得力のある論理の展開があるであろうか。この一〇人の先学についてては、他の章のテーマに関する説もここでまとめて採り上げる。

（ア）宮地正人：根拠不明の「勝説」

宮地正人は、鉄舟が駿府にやって来て西郷と面会した後、次のように記述している。

《資料42》駿府・江戸会談（宮地正人、188～9）

東征軍としても、旧幕府統轄責任者がここに絶対恭順の立場で交渉に臨んできたのである。のがす手はない。しかも相手は西郷の信頼している旧知の人物なのである。西郷は大総督の意見を糺《ママ》した上で作成した謝罪条目七カ条を山岡に示したが、その内の慶喜備前藩御預けの条に関しては、家臣として呑むことは不可能と強硬に抗議、その修正を西郷が請合い山岡はただちに帰府、勝に経緯を報ずるのである。（中略）
事は一日で決着せず、翌一四日も交渉は継続した。西郷側の条件に勝は左のごとく修正を要求する。
（修正要求内容　略）
西郷は勝の修正の趣旨を容れることを約し、ただちに東海・東山二道先鋒総督府に対し、明日の江戸城進撃中止を命じ、（後略）

この箇所の前段に鉄舟が持参した勝の手紙の内容が書かれており、冒頭の箇所の「東征軍としても……旧知の人物なのである」は勝を指しているのである。だがここには勝と西郷との会談内容が記載されておらず、どのようにして決着したのかが不明である。しかも西郷が徳川方の修正を「容れることを約し」と言っているが、西郷は修正を「容れる」などと請合ってはいない。「保留」にしたのである。

なお、勝を「旧幕府統轄責任者」というのも正しくない。別の箇所では「旧幕府全体を総括」(187)とも記している。

細かい点だが、鉄舟が「勝」に報告するというのは正しいと言えない。「復命」とは本来「命令を受けてした事の結果を命令者に報告すること」(『大漢語林』(大修館書店))であり、鉄舟は命令を下した慶喜に報告したはずである。まして宮地は、「山岡鉄舟は勝邸に訪いて面会」(187)と、勝が鉄舟に命じたとは書いていないのであるから、勝に報告では、命令者が曖昧になる。

(イ)松尾正人：パークス説得説

松尾正人は、江戸総攻撃を行わなかった背景を次のように記している。

《資料43》強硬な処分論後退（松尾正人、63～4）

これらの背景には、新政府側のたのみとしたイギリスが、新政府軍の江戸城攻撃に反対するようになっていた事情が存在する。すでにイギリスは、戦火が外国人をまきこむような事態にたびたび警告を発していた。貿易の安定を第一に望む立場からも、戦乱の拡大を危惧したのである。また支配の安定を急務とする新政府側が、戦火にともなう「世直し一揆」

の激化した事態に対し、早期に関東の平定を望んだことも、強硬な処分論が後退した原因と思われる。

○松尾の説も、自分たちが戦火に巻き込まれ、貿易が阻害されることを危惧した「パークス説得説」である。
○井上清のような「民衆革命説」ほどではないが、新政府側が「世直し一揆」の激化も懸念していたと言う。
○別の箇所で「勝の書翰を持った腹心の山岡鉄太郎」(62)と書いて、初対面のはずの鉄舟が「腹心」とされている。

(ウ) 三谷博：根拠不明の「勝説」

《資料44》『維新史再考』(三谷博、320)

慶喜はこれに対し、全面恭順を決意した。陸軍総裁の勝に全権を委ね、その勝は駿府の総督府に山岡鉄舟を派遣して西郷との間に交渉を始めた。総攻撃予定の前日、十四日に勝と西郷は江戸の薩摩下屋敷で会見し、降伏について合意した。西郷は総攻撃の延期を布告し、駿府ついで京都に急行して、太政官の了解を取り付けた。
○勝に全権を委ねた。　↓　全権を委ねてはいない。
○鉄舟を派遣した。　↓　派遣していない。
○西郷・勝の会見で合意した。　↓　合意などせず、保留しただけ
タイトルは『維新史再考』であるが、結局「定説」そのままで、「無血開城」に関する限り「再考」になっていないように思える。結局会談の内容も、合意の根拠も示されていない。

（エ）家近良樹：パークス説得説その他

家近良樹については三冊の著書①『幕末維新の個性1　徳川慶喜』、②『徳川慶喜』、③『西郷隆盛』を検討する。

《資料45》四つの理由（①『幕末維新の個性1　徳川慶喜』、231〜2）

九日には、慶喜が派遣した幕臣の山岡鉄太郎（鉄舟）が、やはり駿府に到着し、西郷との会談がもたれる。そして、この後すぐに、大総督府から勝海舟・大久保一翁・山岡鉄太郎の三名に対し、慶喜の死一等を減じるための条件が提示される。（231）

こうしたなか、江戸総攻撃の日に想定されていた三月十五日の前日にあたる十四日に、西郷と勝海舟の話し合いの場がもたれる。そして、この日、江戸総攻撃が停止となる。江戸への攻撃が取り止めとなった理由としては、
①イギリス公使パークスの対幕戦反対表明、
②大総督府が、これ以上、旧幕府方を追いつめないい方が得策だと判断した、
③静寛院宮の要請、
④勝・大久保・山岡と西郷との関係、
等々が挙げられる。そして、この後、大総督府と旧幕側との間で、慶喜の処遇をどうするかが話し合われ、最終的には、四月四日に、それが決まる。（231〜2）

鉄舟を派遣したのは慶喜であると言うのは正しいが、その他は種々問題があるので、それを列挙する。
○総攻撃は「延期」「保留」されたのであって「停止」されたのではない。
○①「パークス説得説」を一つの根拠として挙げている。
○②総合的にこのような判断はあったとしても、それは大総督府の判断ではなく、「京都朝議」においてであろう。しかしそう判断した史料は示していない。
○③静寛院宮については「八　大奥の女性」で論ずるが、その要請で攻撃中止になったのでは

ない。

○④勝・大久保・山岡と西郷とのどういう関係か、これだけでは不明。少なくとも大久保との関係については説明が必要ではないか。

○一四日以降に大総督府と旧幕側との間で慶喜の処遇について話し合いなど行われていない。いずれにしてもここには納得のいく根拠は見られない。

これより一〇年後の同名の著書（②『徳川慶喜』）には次のように書かれている。

《**資料46**》美談か（②『徳川慶喜』、244～5）

三月十三・十四の両日、陸軍総裁の勝海舟と大総督府参謀の西郷との談判によって、新政府軍による江戸城総攻撃は、ひとまず回避される。

これは、長年にわたって、西郷・勝両者の美談として語りつがれてきたが、江戸への進軍の動きを押しとどめたのは、イギリス公使パークスの反対であった。（中略）

ついで一橋家当主の徳川茂徳や幕臣の山岡鉄太郎（鉄舟）・大久保一翁らの尽力もあって、慶喜の最終的な処分が決まるのは、四月四日のことであった。

○先ず、西郷・勝の会談を「美談」としてきたが、とこれは否定しているが、パークスの反対により攻撃が回避された、と「パークスの圧力」を信じているようである。

○徳川茂徳は、三月七日品川で留められ、池上本門寺に待機させられて、嘆願書を提出したのは「京都朝議」終了後の三月二七日のことで、「無血開城」には何ら貢献していない。なお、「茂徳」は尾張の藩主時代の名で、一橋家当主というなら「茂栄」とすべきであろう。

○嘆願使者に鉄舟を挙げているのは、よく知られている史実なのでよいが、一翁も尽力したと言うなら、具体的な説明が必要と思われる。

両書に共通しているのは、勝が余り前面に出ていないことである。

その後の著書『西郷隆盛』には次のように書かれている。

《資料47》3つの理由（③『西郷隆盛』、320）

> 満々たる「戦いの精神」の下、一路江戸に向かって進軍した西郷は、結局、江戸総攻撃を中止せざるをえなくなる。中止を余儀なくされた要因はいくつか考えられる。

こうして以下の三点を列挙している。

○その一、天璋院（篤姫）からの書状。

○その二、パークスの反対。慶喜の対外和親の実績、領事への無通告、貿易の損失といった従来から言われている反対理由である。

○その三、勝海舟らの尽力。

その一では、①『幕末維新の個性1 徳川慶喜』で静寛院宮（和宮）を採り上げたのに対し、③『西郷隆盛』では天璋院（篤姫）を挙げている。しかし、いずれにしても彼女たちにより江戸攻撃が中止になった訳ではない。

その二には、「パークスの圧力」を挙げている。

その三の「勝海舟らの尽力」についてはどのように書いているか。勝は①②『徳川慶喜』では重視されていなかったが、③『西郷隆盛』では「これまで江戸総攻撃の中止要因として最もよく語られ続けてきた勝海舟らの尽力である」（321）と前面に出てきている。

先ず、鉄舟については要約すると次の通り。鉄舟が初対面の勝を訪問し益満を連れて駿府に行くと告げる。勝はそれを了承。鉄舟は西郷に面会し、勝の手紙を提出し、慶喜の恭順を説き、七ヶ条の処分案が提示されるが、交渉により若干の修正（慶喜の岡山藩への預託の中止など）がなされる。以上比較的正確な内容であるのだが、肝心の勝との会談の記述になると次のように抽象的な表現ばかりで中身がない。

《**資料48**》千両役者（③『西郷隆盛』、322）

海舟が前日と同様に「全力を以て談判」した結果、明日に予定されていた江戸城総攻撃がひとまず見合わせとなる（「勝海舟関係資料 海舟日記」〔三二〕）。

それにしても、ここには懐に入ってきた窮鳥に対する西郷特有の対応の仕方が見てとれる。

大久保は、西郷に劣らない「胆力」の持ち主ではあったが、彼では西郷のような柔らかな対応はなしえなかったであろう。ましてや、「逃げの小五郎」といわれた木戸の「胆力」では西郷の真似はとうていできなかったと見なせる。まさに心中に余裕のある千両役者なればこそとりうる風格の漂う対応となった。

「全力を以て談判した」と『幕末日記』を引用し、それで総攻撃が見合わせとなったと記しているだけで、その「全力」の内容には全く言及していない。

前の②『徳川慶喜』では、江戸総攻撃回避は西郷・勝会談の「美談」ではないと否定的に述べているにもかかわらず、この③『西郷隆盛』では、西郷を「窮鳥に対する対応」「千両役者」「風格の漂う対応」といった美辞麗句を並べ立て賛美し、結局「美談」に仕立て上げてしまっており、矛盾するように思われる。

（オ）保谷徹：パークスの圧力説か？

保谷徹の記述は以下のように「定説」通りの筋を追っているだけのようであり、しかも鉄舟は勝が派遣したと述べている（160～1）。

○勝義邦は山岡鉄太郎を使者に立て、大総督府の意向を探った。

・派遣指示が勝という「勝の使者説」。

○鉄舟は駿府で西郷に面会、七ヶ条の降伏条件を提示され帰府。

・単に条件を持ち帰っただけという「メッセンジャー説」。

○一四日に勝・西郷会談が実現した。それに対し勝は受け入れ可能な条件を提示した。

・受け入れ可能な「条件」ではなく、駄目元の「嘆願」。

○しかし西郷・勝会談で決したとはせず、西郷は江戸攻撃を延期し、駿府、京都へ戻った。

・これは正しい。

○そして次のように「京都朝議」において、石井孝の説、「パークスの圧力説」を紹介している。

《資料49》京都朝議（保谷徹、161）

春嶽が知りえた範囲では、西郷とともに木戸孝允が寛典を主張し、また西郷は英国公使からも厳しく勧告されたようだとも記している。このパークスと西郷の会見について、石井孝は四月一日にパークスが慶喜ら旧幕勢力への寛大な措置を要望したことを英国外務省文書から指摘している（明治維新の国際的環境）。

石井が「パークスの圧力」、それも「勝工作説」を主張していることはすでに述べたが、その石井の説を引用している保谷はその説を肯定しているのであろうか。だが「勝工作説」「パークス説得説」いずれを支持しているかは明確ではない。

・いずれにしても「パークスの圧力説」は正しくない。

（カ）岩下哲典：数少ない「鉄舟説」主張者

（一）と（二）二二人の先学のうち、明確に「江戸無血開城・鉄舟説」を主張しているのは岩下哲典だけである、

《資料50》鉄舟説（岩下哲典、6）

> 「江戸城無血開城」に果たした勝海舟の役割は、実は巷間言われるほど、重要ではない。なぜなら、その前提となる、徳川慶喜の助命（救解）と徳川家の家名存続と旧幕府の武装解除、すなわち武器・弾薬、軍艦、江戸城の引き渡し（江戸無血開城）は、慶応四年（一八六八）三月九日の、山岡鉄舟と西郷隆盛の駿府会談で、ほぼ決まったからである。

このように簡潔明快に述べており、その根拠はすでに紹介した「二　駿府談判」の「一番鎗断

簡」で明記している通りである。

（キ）竹村英二：パークス説得説、鉄舟の営為は評価するが結局「勝説」

《資料51》「パークスの圧力」（竹村英二、139）

> 無論、山岡の行為はあくまで不戦にむけた「地均し」であり、西郷が最終的に江戸無血開城に同意したのは、非戦論者であった英公使H・パークスの強い圧力によるものであったとする尾佐竹猛氏の見解が妥当といえよう。

竹村英二はなぜ「パークス説得説」を主張するのに、わざわざ戦前の学者（尾佐竹猛）を引用するのだろうか。明治四三年吉田東伍はパークスの意向を江戸城明渡しの決定的要因とみたという意見を発表し、昭和五年に尾佐竹猛はこれに同意している、と原口清は書いている（原口清、310）。「パークスの圧力」を論ずるなら、このような戦前の、まして明治時代の説だけでなく、もっと最近の萩原延壽の『遠い崖』（一九八一年発表）も併せ検討すべきではないか。

竹村の説で目を引くのは次のように「鉄舟の営為」を評価している点である。

《資料52》鉄舟の営為（竹村英二、140）

しかし一方、回避の決定はあくまで勝―西郷会談でなされたことである。果たしてこの会談が、西郷が山岡を通じて勝の書状を受け取り、事前に敵方（幕府側）の恭順の意を直接的に確認することなく、幕府軍軍艦奉行であった勝との面談の約束を易々と受け入れたかは、甚だ疑問である。（中略）

しかし、外交相手（イギリス）の要請のみで、直接に敵方の意図を確認する機会無しに、勝―西郷会談が実現し、結果、攻撃が回避されたとは考えにくい。この点において、山岡の営為は正当な評価が与えられるべきものといえよう。

事前の「山岡の営為」を高く評価している点はよいのだが、鉄舟は「地均し」と言って、「しかし一方、回避の決定はあくまで勝―西郷会談でなされたことである」と、結局は多くの先学同様、「駿府談判」は「媒介説」、「無血開城」は「勝説」という「定説」に陥ってしまうようである。竹村は鉄舟の営為を上回る勝の営為とは何であると考えているのであろうか。

なおこの時点での勝を「軍艦奉行」と書いているが、単純な思い違いであろうか。また鉄舟を「若年寄格の幕臣ではあったが」（140）と、竹村は肩書についての厳格さに欠けるようである。

（ク）安藤優一郎：パークス説得説、歩兵脱走による結果論

《**資料53**》一三日の交渉（安藤優一郎148）

> まずは、下交渉のような形で海舟は西郷に対面。助命条件について問い合わせることとしたのである。

「徳川家裁許七ヶ条並伺書」の名は見えないが、一三日の会見をこのように記し、勝は西郷に条件について一件ずつ質している。一三日の会談についてこのような認識を示している先学はほとんどおらず、この点は評価できる。

もう一点評価できるのは、会談結果の江戸城総攻撃は「一時中止」「延期」と言うべきであると強調し、その理由を明記している点である。

《**資料54**》一時中止・延期（安藤優一郎、157）

> 三月十四日の西郷と海舟の会談により、江戸城総攻撃は中止になったというのが一般的な印象だ。だが、中止というよりも「一時中止」「延期」と表現した方が正確である。西郷が

次に持ち帰ることになる新政府の判断を、徳川家が受諾すれば中止。さもなくば攻撃は実行されるからだ。

以上は他の先学とは違う優れた点であるが、以下は「定説」から抜けられないようである。

《資料55》「勝の使者説」（安藤優一郎、140～1）

海舟からの書面が届いた後、徳川家の旗本で精鋭隊頭を勤める山岡鉄太郎が駿府に到着する。山岡鉄舟だ。海舟からの依頼で、西郷との直接交渉に臨んできたのである。

「海舟からの依頼」と述べ、「直接交渉」と書くにもかかわらず西郷との交渉内容については何の記載もなく、七ヶ条の提示条件を持帰るという、単なる「勝の使者説」に過ぎない。

《資料56》「パークスの圧力・パークス説得説」（安藤優一郎、152～3）

木梨の申し入れを聞くや、パークスは激怒しながら異を唱えた。（中略）
恭順の姿勢を示した者に戦争を仕掛けるのは認められない。（中略）
其国に戦争を開くならば居留地の人民を統轄して居る所の領事之れに政府の命令といふものが来なければならん、それに今日まで何の命令もない。（中略）（152）

ここに、西郷は豹変する。今までの強硬方針から一転、総攻撃中止が頭をよぎりはじめる。そして、海舟との第二回目会談に臨む。(153)

結局西郷は「パークスの圧力」により豹変し、攻撃を中止したと述べている。降伏している者を攻めるな、戦争の通告が来ていない、というクレームで、完全な「パークス説得説」である。このように安藤の説は、「勝の使者説」「パークス説得説」の域を出ていないと言える。ただ安藤が少し違うのは、徳川方が四月四日に最終通告を受け、七日に請書を出した後である。形式的にはここで決着したが、実態は以下のように決着しなかったという点である。

《資料57》「脱走」という結果論（安藤優一郎、162～9）

従来の幕末史から受ける印象では、西郷の度量により、江戸城そして徳川家に関する海舟の嘆願は全面的に受け入れられた。こうして、江戸は火の海から救われ、焼け野原にならずに済んだというイメージではないか？　だが、実際はまったく違うのである。(162)

九日、陸海軍からの要望書が海舟のもとに届く。武器や軍艦をすべて取り上げられるのは反対である。(164～5)

軍艦などは二隻の脱走では済まなかった。開城当日の十一日、海軍副総裁の榎本武揚の指揮で八隻すべてが安房の館山に脱走する。軍艦引き渡しの約束はまったく守れなかったのだ。

陸軍についても、開城当日に歩兵奉行・大鳥圭介が脱走。下総国府台に陸軍の将兵二千人が集結し、官軍を大いに悩ますこととなる。(166)

東征軍は、徳川家の陸軍将兵が、〝武器引き渡し〟に応じないことを見据え、一戦も覚悟したわけだが、反発する歩兵たちが脱走してしまったことで、江戸では戦争が起きなかったのである。当日は表向き何事もなく、江戸城明け渡しは粛々と進行した。だが、あくまで結果として〝江戸城無血開城〟がもたらされたというのが真実に近かったのである。(169)

要は、江戸が「火の海・焼け野原」にならずに済んだのは、西郷の度量のように言われるが、実際は歩兵たちが脱走してしまったからで、これは飽くまで「結果」であり、これが幕末維新の「不都合な真実」であると主張する。これが安藤の著書のタイトルであり、要旨である。つまり安藤は、新政府側は「パークス説得説」により矛を納めたが、徳川方は「脱走」により結果的に矛を納めざるを得なくなったと主張する。和平は双方が矛を納めなければ成立しない。新言い換えれば、いくら新政府側が矛を納めても、徳川方が矛を納めなければ、成立しない。新政府側は和平を決定して四日に最終条件を示した。徳川方もこれを呑み七日に請書を提出した。ここに形式的には和平は正式に成立したことになる。後は一一日に条件（城・軍艦・兵器の引渡し）を実行するばかりであった。だが陸軍将兵が武器引き渡しに応じず一触即発だったと言う。しかし「脱走」により、結果として戦闘とならず、江戸が「火の海・焼け野原」にならずに済んだと安藤は主張する。

一触即発の状況にあったことは事実であり、ユニークな考えとは思うが、反発する将兵たちが脱走せずに、籠城して抗戦しようとしたら江戸は「火の海・焼け野原」になったかは以下のように甚だ疑問と言わざるを得ない。

○上野戦争はあっけなく終了した。上野の山と江戸城とでは防御の堅固さが違い単純に比較はできないが、トップが戦意を喪失し、戦闘抑止に必死な状態では、いかに将兵たちの怒りが尋常ではないといっても、組織的な抗戦など不可能ではないか。

○軍艦は攻撃側なら海上から城への砲撃が可能であろうが、守備側の味方の支援には余り役立たなかったであろう。

○謹慎しているとはいえトップである慶喜が城外の上野にいては、江戸城での抗戦は不可能であったのではないか。

○江戸城内は抗戦派と和平派とで混乱に陥ったとしても、果たして江戸市中が「火の海・焼け野原」になるような大規模な戦闘が展開したであろうか。

（ケ）磯田道史：鉄舟評価しつつ「勝説」

磯田道史の著書として、すでに紹介した①『素顔の西郷隆盛』（二〇一八年）を中心に、座談形式でテレビ放映された②『江戸無血開城の深層』（二〇一三年放映）を参考として検証する。②が放映されたのは二〇一三年であり、①の五年前である。この間に磯田の考えが変わったかも知れない。また②は磯田の外四人（原田武夫・中野信子・宮崎哲弥・大石学）による座談で、必ずしも著者である磯田の考えばかりではないかも知れない。したがって①を中心に、②を参考として検証する。

先ず、核心の西郷と鉄舟・勝の会談部分を引用する。

《資料58》交渉まとめ上げ（①『素顔の西郷隆盛』、159）

> 山岡の手柄を横取りした説もありますが、勝がこの交渉において何もしなかったわけではありません。まず山岡を派遣し、官軍側の総責任者である西郷と会うために旧幕府側の総責任者として前線の危ない中まで出てきて、交渉をまとめ上げていく手腕はやはり見事でした。

先ず、「山岡を派遣」と言っているが、②では「山岡は徳川慶喜の直接の命を受けて西郷のもとに赴いたのであって、勝の命で行ったわけではないというのも事実です」（101）と矛盾したことが書かれている。②は座談形式なので磯田以外の誰かの意見なのか、磯田の考えが変わったのか不明である。もちろん「慶喜直命説」の②が正しい。

次に、勝は「旧幕府側の総責任者」と言い、別の箇所でも「勝は、慶喜からほとんど白紙委任に近い権限を手に入れました」（①154）と言っているが、そんな権限が与えられてないことはすでに「三　勝海舟の地位・権限」で論証した通りである。

細かな点を言えば、「前線の危ない中まで出てきて」というが、江戸城から薩摩藩邸まで高輪も田町も僅か五～八キロほどで、鉄舟が行った駿府までの東征軍が押し寄せる一八〇キロの道のりに比べれば大したことはない。

最も重要な交渉結果については、「交渉をまとめ上げ」と言うが、どのような交渉をして、どのようにまとめ上げたかは書かれていない。西郷は何も請け合ってはおらず、全て保留のまま、総攻撃を延期しただけである。他の箇所では次のように書いている。

《資料59》 直接会見で決着（①『素顔の西郷隆盛』、157）

> 勝が山岡という命知らずの人間を選び、山岡は命がけで西郷と勝の間を行き来して話を実質的に進めていきました。やがて下交渉が整い、江戸中が総攻撃に震える前々日、勝と西郷

が直接会見して結着がはかられました。

ここでも同様に、勝と西郷の直接会見で「決着」が図られたと言う。また鉄舟を「選び」というのは「勝の使者説」で、鉄舟の談判を「下交渉」と言う。そして依然として「決着」・「本交渉」の経過・内容の説明はない。

なお、「前々日」は一三日であり、「前日」(一四日)の間違いではないか。

敢えて②の結論部分を引用する。

《資料60》 西郷―勝会談で決まった(②『江戸無血開城の深層』、102)

したがって、江戸無血開城に山岡が果たした役割は正当に評価すべきだと思いますが、それで勝の評価が下がるというものではない。勝の正確さを欠く証言や回想と、勝の評価は切り離して考えるべきなのです。最終的に江戸無血開城を決定したのは、「西郷―山岡会談」でもなく、「西郷―慶喜会談」でもなかった。あくまでも「西郷―勝会談」で決まったということは、この交渉の最終決定権を勝が持っていたという明らかな証拠なのではないでしょうか。

鉄舟を評価すると言いながら、最後は「勝説」になっている。一体何を根拠に西郷・勝会談で決まったというのであろうか。それには全く触れない。この引用を読むと、西郷・勝会談で決まったのは「最終決定権」を勝が持っていたからのように思えるが、磯田が述べているのは逆で、西郷・勝会談で決まったのだから、勝が最終決定権を持っていたはずだと言っている。この論法だと、勝は最終決定権など持っていなかったのだから、西郷・勝会談では決まらなかったことになるのではないか。テレビでユニークかつ痛快な解説をする磯田も多くの先学同様「先入観説」から脱することができないのは残念である。

（コ）森田健司：根拠不明の「勝説」

《資料61》明らかな「誤り」（森田健司、116〜7）

> この「事件」が取り上げられるとき、必ず登場する人物が二名いる。旧幕府軍の陸軍総裁、勝海舟（一八二三〜九九）と、新政府軍の大総督府参謀、西郷隆盛である。
> 無血開城の約一カ月前である三月十三日、彼らは江戸高輪（現在の東京都港区）の薩摩藩邸で面会した。この日はいくつかの事項に関する確認だけが行われ、本格的な交渉は翌日、田町（同港区芝）の薩摩藩蔵屋敷で行うこととなる。結果、両名を中心とした二日間の会談によって、一切の衝突を伴わず、江戸城は新政府軍に開放《ママ》されたのだった。

以上は、疑うべくもない事実である。しかし、この事実から、次のようなことが語られるとき、違和感を覚えずにはいられない。

勝と西郷の努力によって、江戸の町と、そこに住む百万の民衆は守られたのだ――。

これは、明らかに「誤り」である。新政府軍は江戸に攻め込んできて、そこで戦を行おうとしていた。降伏条件を整理し、この戦を食い止めたのは、勝であって、西郷ではない。

あるいは、物わかりのよい西郷がいたからこそ、江戸の町を火の海にすることを阻止できたという見方もあるだろう。しかし、百歩譲っても、西郷は江戸を守った功労者などではない。政権を暴力で奪おうとする薩長がいなければ、そもそも話し合い自体、必要なかった。

江戸を守ったのは、勝を筆頭とした旧幕臣や、必死に嘆願の手紙を書き続けた、天璋院や和宮といった、大奥の女性たちである。新政府軍に、町や民衆を守るという発想はなかった。この事実を前提としなければ、維新期の実態は見えてこない。


ほとんどの先学が会談場所を単に「高輪」と言っているが、森田健司は正しく一三日「高輪」、一四日「田町」と明記している。また、あまり明確ではないが、一三日は「いくつかの事項に関する確認だけ」と「徳川家裁許七ヶ条並伺書」に基づくような記載をしている。

戦をしかけた新政府側、西郷には、江戸の町・民衆を守るという発想はなく、戦を「食い止めた」のは勝であり、旧幕臣であり、大奥の女性であった、と主張する。
それではどのようにして食い止めたのか。

《資料62》鉄舟の役割（117、130）

新政府軍から、談判によって江戸を守った勝海舟。（117）
しかし、勝・西郷会談には「前史」がある。 慶応四年（一八六八）三月九日、山岡鉄舟は、西郷と向かい合っていた。場所は、駿府（現在の静岡市）、伝馬町の松崎屋源兵衛宅である。山岡は、自らの主君、徳川慶喜が恭順の意を示し謹慎していることを伝えた上で、勝の認めた手紙を西郷に手渡したのだった。 この山岡・西郷会談があって初めて、数日後の勝・西郷会談は実現した。そして、これによって江戸の町は救われたのである。（130）

鉄舟・西郷会談は「前史」であり、「無血開城」を実現した「本史」は「勝・西郷会談」であると言う。「メッセンジャー説」よりは多少ましな「媒介説」かと思ったが、後の泥舟のところには「胆力を備えたメッセンジャーを推挙」（144）と書かれている。しかも肝心の「本史」である「勝・西郷会談」の内容についての記載は見られない。

「無血開城」については、「鉄舟説」は岩下ただ一人で、他の先学は皆「勝説」である。一二人の先学に倣ってまとめると次のようになる。

（一）「パークスの圧力・勝工作説」：　松尾正人・家近良樹・保谷徹？

（二）「パークスの圧力・パークス説得説」：　保谷徹？

（三）根拠不明の「勝説」（「先入観説」）：　竹村英二・安藤優一郎　宮地正人・三谷博・磯田道史　森田健司・（家近良樹？）

（四）明確な「鉄舟説」：　岩下哲典

「パークスの圧力説」では、石井孝や尾佐竹猛を引用する先学はいても、萩原延壽の『遠い崖』を引用する先学がいないのは意外である。萩原が朝日新聞に発表したのは約四〇年前、文庫出版したのは二〇年前である。萩原説に同意できないなら、その理由を述べてもらいたいものである。その上で石井説・尾佐竹説を支持すべきではなかろうか。

（二）については、一応「パークスの圧力」を根拠としてこれを示して「無血開城」を述べているが、（三）に至っては、「直接会見で」「談判によって」等、全く根拠もなく「無血開城・勝説」を主張する。「先入観説」と言わざるを得ない。ただこれは「一二名の先学」についても似たようなことが言える。

その他の項目についての所見を見ると、先ず、鉄舟の派遣については、「勝の使者説」が圧倒的に多い。「慶喜直命説」は家近と岩下だけである。磯田は慶喜が派遣したとも勝が派遣したとも書いており、どちらか不明。宮地は明記していないが、「勝に報告」と書いていることから、「勝の使者説」と思われる。他の先学、松尾・三谷・保谷・竹村・安藤・森田各氏も、そろって「勝の使者説」である。

もう一項目、勝の地位であるが、宮地・三谷・磯田の三氏が「旧幕府の統括責任者」「全権を委ね」「白紙委任」と、徳川のトップであるかのような表現が見られる。

結局、一〇名の先学は、一二名の先学と余り変わらず、新たな史料を発見し、深く掘り下げ、新規の論を展開している訳ではない。岩下以外は全て「勝説」である。

中で少々ユニークなのは、安藤の「脱走」による「結果論」という考え方くらいである。

なお安藤・森田は、一三日に勝が西郷に降伏条件の内容を確認したと、「徳川家裁許七ヶ条並伺書」（『嘉永明治年間録』）を窺わせる記載をしている。

しかし残念ながら、「定説」支持の論理らしきものも（一）の一二人の先学と余り変わらず、いずれも論理的検証に耐えられないと言わざるを得ないものばかりである。

【注】

（1）勝海舟『亡友帖・清譚と逸話』（原書房、一九六八年）

（2）『三条実美公年譜』巻二十一　宮内省、一九〇一年）

七　京都朝議　――「駿府談判」の結果承認――

（1）西郷は朝廷の強硬派説得に苦労

西郷が京都に帰った理由について考察する。重複を厭わずその部分だけ『海舟日記』を引用する。

《史料1》西郷に権限なし（『海舟日記』三月一四日条）

> 西郷申て云く、「我壱人今日是等を決する不能。乞ふ、明日出立、督府へ言上すべし。亦、明日侵撃之令あれども」といつて、左右之隊長に令し、従容として別れ去る。

西郷が決定できなかった理由は、再三述べたように西郷には「権限」がなかったからである。「権限」とは「慶喜の処置」についての権限である。つまり慶喜の水戸謹慎は、慶喜追討の朝命を撤回することであり、西郷は「督府へ言上すべし」と言ったが、大総督有栖川宮にも権限外のことで、朝廷の決裁を得るため急遽京都まで帰ったのである。

三月二十日朝議（三職会議）にかけられた。三条実美・岩倉具視・大久保利通・木戸孝允らが出席した。

実は京都に戻った西郷が、朝議においてどのような発言をしたかの記録は残っていない。しかし噂話は伝わっており、松平慶永の家臣中根雪江は『戊辰日記』に、せっかく江戸でうまく決着をつけたのに、京都においては強硬論があり、西郷が困窮したと書いている。また同書には、西郷が慶喜の助命を言い出し、それを木戸が側面援助したと書かれている。

《史料2》京都で西郷苦戦（中根が山内容堂から聞いた話『戊辰日記』三月廿二日条、300）

> 十三日於江戸表大久保勝両氏と応接有之。両氏より御謹慎之実跡は函嶺以東へ入兵有之而も毫も抗拒之景況無之、又数隻之軍艦あれとも一処に碇泊して動かさる等之事を説得して、恰好之談に相成、上京之処、於此表は何処迄も押詰候様との指揮にて、西郷も困窮、不平之意味有之由也。

《史料3》 木戸孝允の応援（山内容堂と松平慶永の密談『戊辰日記』四月十二日条、319）

西郷去月十九日俄然として上京して東都之御処分を謀るに逢ふ。三条岩倉並顧問之輩参朝して共議に及ふ。此時吉之助、徳川公大逆といへとも死一等を宥むへき歟之語気ある故、準一郎《木戸孝允》其機に投し、大議論を発し、寛典を弁明し十分之尽力に而、箇条書等も出来せり。徳川公免死之幸福は準一之功多に居るとそ。

（2）朝廷は、西郷が鉄舟に譲歩した慶喜の処分以外は拒否

「京都朝議」で議論の末、決定した条件が（城の処置は大総督府に一任）、四月四日に江戸城において新政府側から徳川方に提示された。提示というより命令である。条件の後ろに以下のようにわざわざ「復活折衝は受け付けない」と明記されている。

《史料4》 新政府の正式決定（『海舟日記』四月四日条）

右限日、既に寛仮《寛大》に候上は、更に歎願哀訴等、断然不被聞食、恩威両立、確乎不

抜之　叡慮に候。速拝膺、不可有異議者也。

この前に、嘆願に対する新政府の正式決定・回答が記載されているが、原文は省略し、以下に嘆願と比較した一覧表を示す。

《図表1》嘆願と新政府正式決定（①は「江戸嘆願」の成果ではない。⑦は嘆願の対象外）

	徳川方の緩和嘆願	**新政府の最終・正式決定**
①慶喜	水戸謹慎	○承認
②城	田安家へ預ける	×尾張藩へ預ける
③軍艦	必要分残し、残余引渡し	×いったん全部接収、後に必要分返還
④武器	必要分残し、残余引渡し	×いったん全部接収、後に必要分返還
⑤家臣	城外移住	○承認
⑥鳥羽・伏見	処罰緩和	○承認
⑦治安維持	受諾	

「新政府の正式決定」、すなわち西郷・勝の「江戸嘆願」の成果はどうであったか、以下に個別

に検討する。

（ア）慶喜の処置は承認

①の慶喜の備前藩お預けが、水戸謹慎となり徳川の要望が通った。しかし、「慶喜の処置」は、すでに「駿府談判」で確定していた。西郷一任ということで、備前藩お預けはなくなった。つまり敵方の手に渡すことはなくなり、助命は認められていたのである。西郷一任とは、当然「備前藩お預け」より軽い処分とすることを確約したことであり、それが「江戸嘆願」で、水戸謹慎を提案（嘆願）しただけである。西郷は「謹慎さえするなら、どこでもご勝手に」と言っている。これは勝が西郷から勝ち取った条件緩和ではない。すなわち「江戸嘆願」の成果ではない。なお、慶喜に極刑（死罪）を科さないことは「京都朝議」で初めて正式に決定した。

（イ）城明渡し先は藩内佐幕派を大量惨殺した尾張藩

②の城の預け先であるが、田安家は御三卿の一つであり、実質徳川宗家と同じであるが、尾張藩はそうではない。御三家の一つであるから、田安家と同じと思ったら大間違いである。尾張藩の当主徳川慶勝は、御三家でありながら早々に新政府側に寝返り、他藩に新政府側に付く

ように働きかけているのである。慶勝は新政府側に寝返る際、藩内の佐幕派家臣を大量に処分している。「姦徒誅戮」したとする「青松葉事件」[1]である。

一月二〇日、家老の渡辺新左衛門他二名を切腹ではなく斬殺した。続いて二一日四名、二三日二名、二五日五名、合計一四名が姦徒としていずれも断首された。つまり城の明渡し先は、「御三卿ではなく御三家」などという生易しいものではなかったのである。

《史料5》尾張藩の親徳川派家臣の処分（青松葉事件）

因而同《一月》十五日京を発し、同廿日国城ニ入、直ニ老臣等を会し、前条之件々詰問。確証を得、即時大義滅親之令を降し、以て左之三人を斬ニ処す。

家老列　渡辺新左衛門
大番頭　榊原勘解由
馬廻頭格　石川内蔵允

自余追日斬ニ処する事左の如し。

廿一日　《略　四名》
廿三日　《略　二名》
廿五日　《略　五名》

右之通断首之上、新左衛門始家族家来ハ夫々家臣之内へ預ケ置、各禁錮せしむ。

（ウ）軍艦・武器引き渡しは「武装解除」

③④の軍艦・兵器も、全て接収して、家名存続に伴い石高決定後、相当分を戻すというもので、当初全部接収であったから、嘆願がある程度認められたと思うのは大間違いである。松浦玲は嘆願を「対案」と呼び、当初提示条件と嘆願の「中を採った」と言う。

《資料6》 中を採った（松浦玲、370）

> 大総督府の原案では、軍艦・武器を全て接収するというのみで一部を徳川に返すとは明言されていなかったのだから、これは原案と対案の中を採ったのである。

これについて原口は「政府の手で行なうのと徳川の手で行なうのとは大きなちがいがある」（307）と厳しく見ている。

いったん全てを接収するということは、いわゆる「武装解除」である。「武装解除」されてしまえば、たとえ約束を守らず一部返還されなくとも、もはや抵抗はできない。敗者にとって極めて厳しく、かつ危険なものである。徳川方の軍艦は新政府に比べ数段優れていたから、これらを一部手元に残し、いざという場合の抵抗力を温存しておこうという徳川の目論見は粉砕されてしまったのである。

（エ）承認はマイナー条件のみ

「江戸嘆願」で受け入れられたのは、⑤家臣の退去、⑥鳥羽・伏見の戦いの責任者の助命（万石以上は別扱い）という、降伏条件としてはマイナーなものに過ぎない。⑦の治安の維持は、新政府の条件を徳川が受け入れており、条件緩和折衝の対象ではないので、最終回答では触れられていない。初めから新政府が行うという説もあるが、(2)徳川方で行い、手に余れば新政府が引き受けるというのが正しい。現にそのような結果になった。(3)

そして三日後の四月七日、徳川方はこれを受入れ、請書を提出した。

結局「江戸嘆願」は失敗であった。

（3）西郷は「パークスの圧力」の利用だけでなく、拡大・誇張利用

西郷が勝との会談前にパークスの警告を聞いたのは、渡辺清の報告によってである。その内容は『江城攻撃中止始末』によるしかないが、それによると「恭順して居るものに戦争を仕掛

けるとは如何と云ふ」「孰れの国でも恭順即ち降参といふものに向て戦争せねばならぬといふことは無い筈」（四　パークスの圧力）というだけである。西郷はこのパークスの警告に「英国は徳川方を援ける」と付け加えて利用したことは、すでに「四　パークスの圧力」で論証した。「京都朝議」では、この「利用説」をさらに「拡大・誇張」して強硬派説得に利用した。

それではどのように「拡大」したか。パークスが、第一に「英仏合同で新政府を伐つ」と言い、第二に「慶喜の備前お預けにも反対」と言った、と西郷は主張した。

（ア）「英仏合同で新政府を伐つ」は西郷の拡大利用

四月一二日の『戊辰日記』に、《史料3》に続いて「京都朝議」の様子が記録されている。

《史料7》「英仏合同徳川氏を援けて新政府を伐ツ」（『戊辰日記』四月十二日条、320）

> 西郷吉之助曽而英国公使に会せしに公使徳川公之処置を問ふ故、西郷答に大逆無道罪死に当るを以てす。公使云、万国之公法によれは一国之政柄を執りたる者は罪するに死を以てせす。況や徳川公是迄天下之政権を執りたる而已ならす神祖以来数百年太平を致す之旧業あり。徳川公をして死に抵らしむるは公法にあらす。新政に此挙あらは英仏合同徳川氏を援けて新政府を伐ツへしといへり。西郷大に驚愕して爾後宥死之念を起せしとそ。

ここには、慶喜を死罪とすることは万国公法に反するというだけではなく、もしこのようなことをすれば、「英仏合同徳川氏を援けて新政府を伐ツへし」と書かれている。

この冒頭に書かれている、西郷が英国公使パークスに会ったというのは三月二八日、すなわち「京都朝議」の後、西郷が江戸に戻る途中である。だが、このときは史料のような会話はなされていない。最後の「英仏合同し新政府を伐つ」「西郷大に驚愕して爾後宥死之念を起せし」というのは、三月一四日に渡辺が西郷に報告したときの内容としか考えられない。『戊辰日記』の作者中根自身か中根への伝言者が一四日と二八日の話を混同したのであろう。とはいえ、「京都朝議」でこのような話があったことは間違いなかろう。こうした話が出るのは、西郷が三月一四日の「江戸嘆願」直後板垣を説得したときか、二〇日「京都朝議」の場しか考えられない。前者であれば、岩倉具定の手紙に書かれていてよいと思われるが、「援助」という表現はあるが、「伐つ」などという過激な言葉はどこにも見当たらない。となるとこのような話が出たのは、後者の二〇日の「京都朝議」と考えるしかない。

それでは「英仏合同し新政府を伐つ」などという物騒な考えをパークスは持っていたであろうか。「京都朝議」の後ではあるが、三月二八日の西郷とパークスの会談でどのような話が出たのか、史料を確認する。

先ず、『サトウ回想録』の該当箇所にはどう書かれているか。

《史料8》三月二八日西郷・パークス会談（「四　パークスの圧力」《史料12》）

> 卿（パークス）は西郷に向かって、慶喜とその一派に対して苛酷な処分、特に体刑をもって望《ママ》むならば、ヨーロッパ諸国の輿論はその非を鳴らして、新政府の評判を傷つけることになろうと警告した。西郷は、前将軍の一命を要求するようなことはあるまいし、（後略）

アーネスト・サトウが引用したこの箇所は、パークスの報告書「P3」である。念のためその部分を英文は省略し「訳」のみを再度引用する。

《史料9》三月二八日パークスの西郷説得（「四　パークスの圧力」《史料14－1》「P3」）

> 【訳】私（パークス）は先月（April）28th（四月六日）、京都から帰還の途上横浜を通過する際の西郷吉之助に会う機会があった。そして私がさきに新政府の他の有力者たちにしたように、西郷に次のことを力説した。それは、前将軍またはその支持者に対する過酷な処分、特に過酷な体刑は欧州列強の意見によれば、新政府の評判を傷つけるであろうということである。

「新政府の他の有力者たち」とは三月一四日に来た木梨・渡辺のことであろう。彼らにもここに書かれていることと同様のことを告げたと言っている。故にすでに引用したようにパークスが「恭順して居るものに戦争を仕掛けるとは如何」と言ったと渡辺は語っているのである。

さらに、西郷自身の言葉として大久保利通に送った手紙がある。

《史料10》大久保利通宛手紙（『大西郷全集』、295～6）（「四　パークスの圧力」《史料19》）

> 勝抔よりも外国人へ手を入、此節の御処置に口を続かせ候儀と相心得候故、是は早く解付置不申候ては、事の差障に可相成儀と相考候故、委敷談判に及、決て不携之ものに論じ付置申候間、御安心可被下。ケ程至当の御処置相成候に付ては、外国人迄も感服仕候次第にて、一言も申上様共無之段ミニストル申述候に付、然らば万国公法に於て、批難は有之間敷と相答候処、折角朝廷御一新の折柄の批難無之様にと相考居候処、実は感服仕候（後略）

ここには、先ず、干渉するなと釘を刺したと言い（「決て不携之」）、次に、パークスは慶喜に対する寛大な処置に感服した（「外国人迄も感服」）、と書かれている。

以上西郷とパークスが接触した時点のことを記した史料を検証したが、どこにも「徳川方を援ける」はもちろん「英仏合同し新政府を伐つ」などという過激な話など見られない。つまりパークスは「英仏合同し新政府を伐つ」などという考えは持っていなかったと言える。いずれにしても西郷は、パークスの話を誇張し、「拡大解釈」して朝廷説得に利用したと考えられる。

（イ）慶喜の備前お預け反対も拡大利用

もう一点、西郷が「拡大利用」した点がある。それは慶喜の「備前お預け」撤回である。なぜならすでに見てきたように、パークスは慶喜に対する過酷な処置は国際世論が許さないとは言っているが、「備前お預け」には言及していないからである。ということはこれには反対はしていないことになる。「苛酷な処置」に「備前御預け」が含まれているかと言えば、それはあり得ない。パークスの報告書（P3）は公文書であるから、「kill」だの「death」などという表現は極力避けるであろう。「severity towards the late Taikun or his supporters, especially in regard to personal punishment」は直訳すれば「過酷な処分」「過酷な体刑」だが、要は「死罪」のことである。パークスが主張したのは「慶喜の助命」であり、「備前お預け」の撤回まで言及した史料など存在しない。だが西郷は「慶喜の助命」を「備前お預け」にまで「拡大解釈」して朝廷説得に利用した。パークスは、「備前お預け」であれば、ナポレオンを英領セント・ヘレナ島へ島流しにした前例（一八一四年）に徴し、それこそ国際世論に反しておらず、反対はしなかったと推測される。

そもそも新政府側には、慶喜の助命はしても、「備前お預け」まで撤回する必要性はなかった。それを強行すれば一戦に及ぶかも知れないが、元々そのつもりで東征軍を送ったのである。

元来強硬派であった西郷もしかりである。譲らなくてもよかった可能性のある「備前お預け」撤回まで西郷は「京都朝議」で主張した。それには「パークスの圧力」をより拡大・誇張してでも利用する必要があったと考えられる。

ではなぜ西郷はそこまでして慶喜の「備前お預け」撤回にこだわったのか。強硬派であった西郷は、黙って慶喜の身柄確保なり、江戸攻撃なりを実行すればよかった。西郷は職を賭してまでこだわったが、それにより西郷にプラスになるものは何もなかった。逆に、実質的に東征軍のトップであった西郷が、江戸開城を境に、徳川方に甘いとされ、実質トップの座を大村益次郎・三条実美らに譲る羽目になる。上野戦争では総指揮は大村益次郎が執り、西郷は一方面軍の大将に過ぎなかった。

にもかかわらず「パークスの圧力」を「拡大利用」してまで強硬派を説得したのは、「慶喜の処置」について鉄舟に譲歩を約束したからに他ならない。勝の嘆願であるその他条件を通すためでないことは、前者は確約したが、後者は請け合わなかったことから、さらに「京都朝議」で前者は通ったが、後者は通らなかったことからも明白である。

以上要約すれば、パークスの警告は、「降伏している者を攻めるな」「慶喜を死罪にするな」の二点のみである。「パークスの圧力」の「利用」「拡大利用」は、パークスが言ってもいない以下のことを西郷が付け加え、味方の強硬派を説得したことである。

英仏合同で徳川を「援ける」　↓　新政府を「伐つ」　↓　慶喜の「備前御預け」も反対

（ウ）「万国公法」も拡大利用

『戊辰日記』にも記載されているのでこの時期の「万国公法」について少々触れておきたい。「万国公法」という用語は、"Elements of International Law"の清国における漢語訳名である。これが一八六五（慶応元）年日本の開成所で翻刻され日本に広まった。当時知識人の間ではかなりよく知られていた用語と推測される。坂本龍馬の海援隊の船が紀州藩の船と衝突した「いろは丸事件」（一八六七年）では、龍馬は当時日本に持ち込まれたばかりで自身が精通している「万国公法」を持ち出し、紀州藩側の過失を追及したと言われる。

文久・慶応年間、榎本武揚・西周がオランダに派遣され、そのとき「万国公法」を学んだ。榎本武揚は、その知識を活かし明治時代にロシアとの千島樺太交換条約締結に尽力し、その後外務大臣等を歴任して活躍している。西周は『万国公法』を慶喜の命で慶応四年に日本語訳した。なお現在では「国際法」と訳されている。

パークスが「万国公法」と言ったとは、『江城攻撃中止始末』やパークスの報告書等の史料に書かれていない。発言したことが全て記録されているとは限らないが、それが『戊辰日記』の山内容堂と松平慶永の密談の中にパークスの発言として書かれているのである。

『戊辰日記』の《史料7》の記載内容は、既述のように「京都朝議」と後日の西郷・パークス会談が混同されている。したがって西郷の大久保宛手紙に書かれた「万国公法」の表現に影響された可能性もあるが、「英仏合同して新政府を伐つ」という明らかに西郷の創作である表現と共に語られているということは、「万国公法」も西郷の「拡大利用」の一環であったことは十分考えられる。「京都朝議」のメンバーなら誰でも知っており、対外的には尊重しなければならないと認識されている「万国公法」を持ち出し、慶喜の処置を間違うと諸外国から「万国公法」違反であると非難されると脅したのであろう。それらしき表現が見られるのはパークスの報告書（P3）の〝opinion of European powers〟だが、これは文字通り欧州列強の意見（「国際世論」）であって、「万国公法」（International Law）ではない。また『江城攻撃中止始末』で渡辺がこのくだりで語ったのは「孰れの国でも恭順即ち降参といふものに向て戦争せねばならぬといふことは無い筈」といった程度の表現で、これも「万国公法」ではない。

さらに付言すると、西郷は、朝議結果をパークスが高く評価したことに対し、しからば「万国公法」において非難はありませんな、と確認した、と大久保に書き送っている（《史料10》）。これは「京都朝議」でパークスが「万国公法」を口にしたという西郷の創作に対する裏付け的意味を持つのではなかろうか。すなわち慶喜処分が苛酷であると「万国公法」で非難されるとパークスが言った、と西郷は創作し「京都朝議」で主張したが、ここでパークスに念を押したことによって、その創作が事実であったかのように大久保に伝えていると考えられる。

（4）先学の半ばは、朝廷は降伏条件緩和の嘆願を受け入れたと主張

先ず松浦玲は、前述の通り①⑥は寛典、②は通らなかった。③④はそのままは通らなかったが原案と対案の中を採ったと言う。

これに対し、原口清は、①⑥は要望通り、と松浦とほぼ同様の解釈だが、②は田安と尾張とでは大変な違いと、松浦とは異なる厳しい見方をしている。しかも③④は松浦とは反対の「拒否」と厳しい評価である。そして総合的には次のように記述している。

《資料11》否定（原口清、318）

> 以上のことを総合すると、政府が決定した徳川慶喜降伏条件は、基本的には、勝海舟ら徳川方諸有司の嘆願書の承認のうえにたったものではなく、反対にその重要部分を否定し、政府の従来の方針を貫徹したものであることがわかる。

井上清は、「五　江戸嘆願」で述べたように「対案」と表現している。しかし②については尾張藩に「引渡す」のと田安家に「預ける」のとは全く意味が違う、③④については官軍が全て

を没収するという線は貫いたと言い、次のように結論付けた。

《資料12》　受入れず（井上清『西郷隆盛』〔下〕、81）

こうして政府がわはとにもかくにも、その当初の論理を貫いて、勝の対案の論理はうけいれなかった。

井上も原口同様、嘆願内容は拒否したと言っている。

萩原延壽も以下のようにほぼ同様の見解である。

《資料13》　拒絶（萩原延壽、78）

ただ結果的に、勝が提出した対案のうち、第一条、第五条、第六条（但し、会津、桑名をのぞく）、第七条が承認され、第二条、第三条、第四条が拒絶されたこと、（後略）

佐々木克も以下のように同意見である。

《資料14》　譲歩せず（佐々木克、56）

いまや完全に政府側にある尾張家が城を管理し、武器類も政府が認められる分量だけ返してやる、というのでは、幕府の武力的基盤は、ほとんど政府の手に移されることになる。つまり政府は決して必要以上の譲歩はしなかったのであった。

ところが石井孝は次のように全く反対の見解を述べている。

《資料15》 大幅取り入れ（石井孝『戊辰戦争論』、143）

以上の諸条件には、三月一四日、勝が西郷に渡した嘆願書の趣旨が大幅に取り入れられている。（中略）はじめ東征大総督府が要求した無条件降伏の線が、相当の大藩としての「徳川藩」の再建を可能にする条件付降伏の線に変えられた事情を知ることができよう。

すでに見たように、嘆願の趣旨は大幅に取り入れられてなどいない。取り入れられたのはマイナーな条件のみで、重要な②③④は拒否された。また当初要求したのは「無条件降伏」ではない。初めから、七ヶ条の条件を呑めば家名は存続するという「条件付降伏」である。さらに「相当の大藩」と言うが、石高には全く触れられておらず、この時点でそのような保証はない。石井は、『勝海舟』にも同内容のことを書き、最後に次のように述べている。

《**資料16**》　勝の成功（石井孝『勝海舟』、185）

> これはたしかに、海舟の大きな成功であった。

だが、嘆願内容の重要な条件が取り入れられなかった結果を踏まえれば、逆に「海舟の大きな失敗であった」と言うべきではなかろうか。

江藤淳も石井と似たような見方をしている。

《**資料17**》　勝の意図完全実現（江藤淳、201）

> これ《徳川処分案》を前章に掲げた勝安房守の「歎願書」の文面とくらべると、江戸城を田安家ではなくて尾張家にあずけるという点をのぞいては、ほとんど同一といってよいほどである。第一条には長々ともっともらしいことが書いてあるが、政治的に意味あるのは「水戸表に退き謹慎罷在るべし」という一行だけで、あとは朝廷の面子を立てるための修辞にすぎない。海舟の意図は、ほぼ完全に実現されたのである。

「海舟の意図は、ほぼ完全に実現された」と言う。江藤は『勝海舟全集』（勁草書房・講談社双方）の編集者の一人として勝海舟に深く関わっただけに、勝に対する深い思い入れがあるのではないだろうか。

圭室諦成は、嘆願受入れ説である。しかも朝廷内には反対者はいないと言っている。

《資料18》 異議なし（圭室諦成、94）

> もともと武力討幕を極力主張したのは西郷であり、西郷が軟化したいま、朝議として異議のあろう筈はない。

勝部真長は、やや曖昧であるが、勝の嘆願が通ったように記している。

《資料19》 勝の条件荒筋で決まった（勝部真長、206）

> これは海舟の絶対二条件――慶喜の命と徳川家臣団の生活保障について、すでに荒筋で決まったようなものである。

以上、まとめると次のようになる。

嘆願拒否派：原口清・井上清・萩原延壽・佐々木克
受　入　派：石井孝・江藤淳・圭室諦成・勝部真長、
中　間　派：松浦玲

原口が「徳川方の前記嘆願書と新政府の決定とに関し、両氏《井上清と石井孝》はまったく逆の結論をだしているのである」（273）と述べているように解釈は人によって分かれるが、いずれを採るかについては説得力のある根拠を示す必要がある。筆者は（2）で述べたように、拒否派に説得力があると考える。

【注】

（1）『名古屋藩 青松葉事件 及 勤王誘引始末』（維新史料編纂会、一九一二年）
原本　侯爵徳川義親所蔵

（2）「徳川家裁許七ヶ条並ニ伺書」の七条には「暴動致し候者ハ官軍にて取鎮候事」とある。

（3）勝の「幕末日記」閏四月二日条には、大総督より一翁等と共に江戸鎮撫を委任された旨書かれている（「江府鎮撫の儀御委任可有之旨也」）。だが一カ月後の五月二日条には、解任されたと記録されている（「市中取締幷巡邏、官兵にて被仰付に付、此方にて心得るに不及旨、督府より御達〔達の日付は五月一日〕」）。

八　大奥の女性　――慶喜を軽視　お家大事――

大奥には新政府側所縁の女性が二人いた。一人は和宮（静寛院宮）、もう一人は篤姫（天璋院）で、前者は十四代家茂の、後者は十三代家定の正室である。大奥の二人の女性の論点は、人質として利用されたかという点と、二人の嘆願が「無血開城」に有効であったかという二点にある。

（1）和宮・篤姫を人質とした記録などない

先ず人質として利用されたかであるが、勝が様々な対新政府工作をしたという話には必ず「人質作戦」が出て来る。

そこで先に、勝がどのように行動したか、『海舟日記』を見てみる。

《史料1》鉄舟に持参させたという手紙（『海舟日記』三月五日条）

> 後宮（和宮）之尊位、一朝、此不測之変に到らば、頑民無頼之徒、何等之大変、牆内に可発哉。日夜焦慮す。

《史料2》一三日の西郷との面会（『海舟日記』三月一三日条）

> 後宮之御進退、一朝不測之変を生ぜば、如何ぞ其御無事を保たしめ奉らむ哉。

いずれも後宮の安全確保について不安であると述べている。

『氷川清話』では次のように語っている。

《史料3》13日の西郷との会合（『氷川清話』375）

> 最初に、西郷と会合したのは、ちやうど三月十三日で、この日は何もほかの事は言はずに、たゞ和宮の事について一言いつたばかりだ。（中略）
> 「和宮の事は、定めて貴君も御承知であろうが、拙者も一旦御引受け申した上は、決して別条のあるやうな事は致さぬ。皇女一人を人質に取り奉るといふごとき卑劣な根性は微塵

も御座らぬ。この段は何卒御安心下されい。そのほかの御談は、いづれ明日罷り出で、ゆる〳〵致さうから、それまでに貴君も篤と御勘考あれ」と言ひ捨てゝ、その日は直ぐ帰宅した。

勝は朝廷から和宮の身の安全をはかるよう依頼されていた。そのこともあり和宮を人質に取るような卑劣な真似はしないと言ったのである。

ところがこれに対し「むろん海舟はそれをことさらに強調するわけではない。ほのめかすところが交渉というもののポイントである。」という説もある[1]。またテレビ放映で「ここで勝は『最後の一手』を打つ。最後の切り札『大奥の二人の人質』である。それは将軍に嫁いだ、孝明天皇の妹和宮と、薩摩藩の姫、篤姫だった。初日勝は、相手の泣き所大奥二人の女性の安全を保証した。この最後のカードで、西郷との交渉の外堀は埋まった」と、あたかも和宮と篤姫を人質にし、西郷に圧力をかけたかのような解説もある[2]。

朝廷側では和宮の身柄については心配し、引き渡しを要求したが、和宮自身が京に帰ることを拒否している。和宮は夫である家茂が亡くなり、「公武合体」のためという目的が消滅してしまったため京へ帰ってもよかったのだが、兄である孝明天皇も崩御し、帰るところがなくなってしまった。また徳川方にとっても、天皇が代替わりして、和宮は以前ほど重要な存在ではなくなっていた。

篤姫については、「慶喜殿が帰られた時に、天璋院を薩摩へ還すといふ説があつたので、大変に不平で、『何の罪があつて、里へお還しになるか、一歩でも、コ、は出ません、もし無理にお出しになれば自害する』と言ふので、昼夜、懐剣を離さない」と『海舟語録』(201)に書かれている。当時の価値観では、いったん嫁いだ女性が実家へ返されるのは、何か不始末があった場合で不名誉なことであったから、篤姫は、自分に何の落ち度があるのか、冗談ではない、という意地があったのであろう。

和宮も篤姫も、十四日の「江戸嘆願」における条件交渉では話題にもならない。

西郷は「江戸嘆願」後、京都に帰り降伏条件について朝廷の決裁を得ようとするが、慶喜の処置を巡って苦労する。そのとき「パークスの圧力」を「拡大利用」し強硬派を説得したことはすでに述べた通りだが、もし和宮・篤姫に人質としての利用価値があるなら、勝ではなく西郷こそが利用し強硬派を脅したはずである。しかしそのような人質とされたなどという記録も噂も一切ない。つまり「人質作戦」など存在しなかった。

(2)和宮・篤姫の嘆願内容は、慶喜は見捨てお家大事

次に、和宮と篤姫は、どのような嘆願をしたのか、そしてその嘆願が果たして「無血開城」

に奏功したのかを検討したい。念のため言及しておくが、このことは勝の工作とは関係ない。と言うより、勝は二人の嘆願には全く関わっていない。

先ず、和宮の嘆願書・使者派遣を一表にすると次のようになる。

《図表1》和宮の嘆願活動（『静寛院宮御日記』[3]）

	使者	宛先	場所	出発日	帰府日	哀訴内容
（ア）	藤子	橋本実麗 実梁	京都	一月二一日	二月三〇日	家名存続
（イ）		橋本実簗	軍中	二月二六日		身の処し方伺い
（ウ）	藤子	橋本実簗	沼津	三月一〇日	三月一七日	慶喜に附属せぬ者寛大に
（エ）	玉島	岩倉具定	蕨	三月一一日	三月一三日	進軍猶予

（注）（イ）は使者によらず。「出発日」は嘆願書作成日。
実麗は和宮の伯父、実梁は実麗の養子。橋本家は和宮の母方の実家。

（ア）和宮の嘆願使者派遣は慶喜討伐軍準備真最中、回答は曖昧な口述書

一月二一日、和宮は、使者として上臈土御門藤子を京都の大納言橋本実麗・少将橋本実梁の下に送り、次の嘆願書を届けた。

《史料4》（ア）の嘆願書（『静寛院宮御日記』、4）

> 此度之一件ハ、兎も角も慶喜是迄重々不行届の事故、慶喜一身ハ何様ニも仰付られ、何卒家名立行候様幾重ニも願度。

「慶喜の身」はどうでもよいから、「家名」だけは存続を、とひたすら「家名存続」を嘆願している。

（イ）二回目嘆願書は使者藤子の京都出立後

さらに二月二六日橋本実梁へ次のように伺いを立てている。

《**史料5**》（イ）の嘆願書（『静寛院宮御日記』、9～11）

官軍向れ候ハヾ、其時に臨私進退いかゞ致し候半、後代迄潔名を残し度、いろ〳〵と勘考致し候へ共、浅知の私決行致し兼、ヶ条ニて御相だん申入候。（9）
一、官軍向はれ候とも慶喜一身の御征伐にあらせられ候や、当家も是限断絶の思しめしに有らせられ候哉、其節私はいかゞ遊ばし戴候や。（10）
一、弥官軍向れ候へ共、（中略）慶喜は身より出候事に候へ共（中略）天璋院初万一不慮等も候て、私一人安泰ニ致し居候ては、亡夫への貞操も立難候まゝ、私一身ハ当家存亡ニ従候心得ニ候。（中略）慶喜故ニ朝敵と共に身命を捨候ては、御父帝様玉体を御汚し申上候様の事ニて不孝の段恐入残念の事に候。孝を立んと致せバ不義に当り、義を致せば不悌に成。誠ニ進退いかゞ致しよろしくやと当惑已致し居候。何れ共後世迄潔名を残し度候間御差図頼入候。以上。（11）

ここでは、「慶喜」は自業自得であるが、「徳川家」を断絶させて自分一人安泰では亡夫に合わ

せる顔がない、自分はどうしたらよいのかと伺いを立てている。嘆願書というよりむしろ進退についての伺書と言えよう。これは橋本実麗にも送っている。

ただしこの手紙が書かれたのは二月二六日である。名古屋で橋本実梁が二月一〇日に認めた手紙が二月二五日に和宮に届き、これに対する返書として二月二六日に送ったのである。すでに藤子が京を発った（二月一八日）後である。したがって以下の「口演書」（口述書）への影響はない。

藤子は橋本実麗から和宮への返書に添付された以下の「口演書」を受取り、二月三〇日に江戸に帰着し和宮に復命した。

《**史料6**》「口演書」写し（『静寛院宮御日記』、12）

> 此度の事ハ実ニ容易ならざる義ニ御座候へ共、条理明白謝罪の道も相立候上ハ徳川家血食の事ハ厚思召も有らせられ候やニも伺候間、右の所は宮様よりも厚御含有らせられ候様存候事。

慶喜は謝罪しているので、家名存続については、「厚思召も有らせられ候やニも伺候」と、断定を避けた曖昧な表現である。しかも慶喜の処遇については言及していない。

藤子が京に到着したのは二月六日だが、議定・長谷信篤等に会えたのは一〇日である。そして朝廷の返答がもたらされたのは、京都出立の前々日（一六日）である。藤子は先ず、長谷信篤の「返答書」を受取った。これには「内親王哀訴の事は厚く朝議を尽くさるべき」旨が記載されている。「朝議を尽くす」というだけで、確約を避けている。次に、橋本実麗邸へ行き、和宮への返書を受取った。それには正親町三条（実愛）の文の写《史料6》の口演書）が添付されていた。藤子は結局実麗にも会えず、参内も許されず二月一八日京都を発ち三〇日帰府し和宮に復命した。朝廷側は徳川方の使いなど避けたかったのであろう。ただ皇女である和宮の使いなので、すげなく追い返すわけにもいかず、朝廷では言質を取られないようよほど用心して、正式書面は渡さなかったと考えられる。

藤子の京都滞在期間の二月六～一七日の間に朝廷では何があったのか。

九日　有栖川熾仁親王　東征大総督任命。

一二日　西郷隆盛　東海道先鋒軍の薩摩藩諸隊差引として京都発進。

一四日　西郷　東征軍総督府下参謀に任命。

一五日　有栖川宮熾仁親王　京都進発

つまり慶喜討伐軍が形を整え江戸に向かって進発し、藤子の嘆願を拒否するかのごとき段取りが進行していたのである。こうした背景が、「口演書」の歯切れの悪い言い回しや、書面で渡さなかったことに現れているように思われる。

実は、『岩倉公実記』では、この（イ）の手紙について誤った記述がなされている。

《史料7》和宮の嘆願書（『岩倉公実記』、304〜7）

（ア）の手紙（302）

慶喜の和宮宛哀訴状（303）

此時実梁又内親王《和宮》ノ手書ヲ逓送シテ博房ニ寄ス。其文ニ曰ク。（304）

（イ）の手紙（304〜7）

博房此手書ヲ具視ニ示シテ熟考センコトヲ要ム。具視之ヲ読テ心ヲ痛マシムル（後略）（307）

岩倉具視は（イ）の手紙に配慮し、その結果長谷信篤の「返答書」、《史料6》「口演書」が藤子に渡されるという流れが記載されている。しかしこの（イ）の手紙は、前述のごとくすでに二月一八日に藤子が京を発った後の二月二六日に書かれたものであり、「口演書」には影響を与えてはいない。『岩倉公実記』の編者は（イ）の手紙を一カ月間違えて取扱ったと推測される。そして辻褄を合わせるためか、（イ）の手紙の日付を「正月二十六日」に訂正している。

もう一点、西郷の手紙になぜ和宮のことが書かれているのかという疑問がある。

《史料8》西郷の二月二日付大久保一蔵への書（『大西郷全集』第二巻、231）

只今別紙相達申候。慶喜退隠の歎願、甚以不届千万、是非切腹迄には参不申候ては不相済、必越土抔よりも寛論起候はんか、然れば静寛院と申ても、矢張賊の一味と成りて、退隠位にて相済候事と被思食候はゞ、無致方候付、断然追討被為在度事と奉存候。

慶喜は切腹にすべし、静寛院（和宮）といっても「賊の一味」、と言い放っているのであるが、西郷の手紙の日付は二月二日であるから、静寛院宮の手紙はまだ京都に届いておらず、西郷は見ていないはずである。にもかかわらず「静寛院宮」に触れているのは奇妙である。一日に桑名で橋本実梁が和宮の手紙を受取っているが、その内容が翌日京都にいる西郷に届くであろうか。「只今別紙相達申候」の「別紙」は、藤子が持参したものではなく、慶喜が別途一月二一日に松平慶永らに送った嘆願書と思われる。『岩倉公実記』によれば「初メ正月二十一日徳川慶喜書ヲ徳川慶勝、松平慶永、浅野茂勲、細川護久等ニ贈リ退隠ノ意ヲ陳ヘテ以テ救解ヲ請フ。二十九日慶永先ツ之ヲ具視ニ示シテ」(360)と、一月二九日には慶喜の退隠の意思が京都に伝わっている。西郷の手紙に「慶喜退隠の歎願、甚以不届千万、是非切腹迄には参不申候ては不相済」とあるので、「別紙」は慶喜が松平慶永らに送った手紙と見て間違いなかろう。

しかしこれには鳥羽・伏見の戦いは、先供のものが勝手にやったもので、朝敵の汚名は心外であり、病気にもなり退隠したい、といった内容で、そこには和宮のことは書かれていない。西郷は和宮の手紙に関係なく、公家衆の中に和宮の身を案ずるものが居たため、敢えて「和宮も賊の一味」と言い放ったのであろうか、いささか疑問である。

いずれにしても藤子が滞在していた二月のこの時期の京は、前述のようにとても和宮の嘆願書などで収まるような状況ではなかった。

（ウ）三回目嘆願書は、家臣に慶喜を見捨てさせる

和宮は三月一三日、再び土御門藤子を遣って沼津の橋本実梁に手紙を届けた。

《史料9》（ウ）の嘆願書（『静寛院宮御日記』、19）

> 当家家臣とても、慶喜に俯属致不申、勤王の道相守候者ハ、定而御咎ハ不被為有候やと存候間、もし〳〵其思召ニも被為有候ハヾ、其旨私へ御沙汰戴候ハヾ猶又家臣共へも申聞せ厚説得致し候ハヾ、御仁恵を仰、自然人気も和らぎ候やと存付候間くるしからず候ハヾ御沙汰成下され候様願度存候。

慶喜から離れ、勤王の道を守る者は罰しないと告げれば、家臣達は朝廷の仁恵に感動するであろうから、自分にご沙汰をもらえれば家臣達を説得すると言っている。和宮はここでも「慶喜に附属致不申」と、慶喜に対し冷淡である。しかし自分の主君を見捨てろという論理は、家臣には通じにくいのではなかろうか。

（エ）四回目嘆願への返書は「計らい兼ねる」

さらに和宮は三月一一日、女官・玉島を蕨駅に居る東山道先鋒総督の岩倉具定に遣わし、以下のように嘆願した。

《史料10》（エ）の嘆願書（『静寛院宮御日記』、20）

【（エ）の嘆願書】
慶喜ニも悔悟伏罪東叡山に謹慎罷在候得共（中略）大総督宮様へ願の義ニ付昨日藤府中宿迄差立候間、其御返答伺候迄の処、何卒其御手御軍勢御進之処ハしばらく御猶予願度（後略）

【一三日　玉島帰参　岩倉の返書文言大略】
大総督府御下知次第之事故私ニ取計ハ相成難候へ共、御下知迄ハ当宿に滞留のよし申越さる

慶喜は謹慎しているから進軍を止めてくれ、と切羽詰まって嘆願している。しかし岩倉総督は、和宮への奉答書には「私ニ取計ハ相成難候」と書き、玉島に授けるに留まっている。

（オ）篤姫の嘆願も和宮と全く同様、慶喜は見捨てお家大事

和宮が専ら公家衆に嘆願しているのに対し、篤姫は薩摩藩に対し嘆願を行っている。三月一一日に御年寄つぼねが江戸を発ち、西郷に会い、一三日には帰府している。手紙の宛名は「薩州隊長へ」である。篤姫は、ともかく東征軍の薩軍の最先端に届けば、西郷に渡してもらえると考えたのであろう。その手紙は次の通り。

《資料11》篤姫の嘆願書（原口泉『篤姫　わたくしこと一命にかけ』[4]、178）

> 当人はいか様天罰被仰付候ても是非に及ばざる事にて候へば、元より御歎き可申様も御座無事に付、是は可然御心得、只々徳川之儀は大切の家柄、此段幾重にも御組分、何れにも徳川家安堵致候様　御所え御取成之程折入而御頼申候。（中略）
> 存命中当家万々一之事出来候ては、地下において何之面目も無之と、日夜寝食も安んぜず、悲歎致居候心中の程御察し下され、（後略）

篤姫の嘆願内容も、和宮とほぼ同様と言うか、全く同趣旨である。先ず慶喜などどうなっても構わないが、徳川の家名だけは何とか残してくれ。さもないと自分は徳川家に嫁いだ嫁として

亡夫に面目が立たない、と嘆願している。

宮尾登美子は次のように書いている。

《資料12》 篤姫の手紙（『篤姫の生涯』[5] 宮尾登美子 NHK出版 二〇〇七年、199）

> 西郷隆盛などは当初、慶喜には切腹を、和宮とて賊の一味、と強硬にいきまいていたのですが、のちには徳川一門の安泰に同意を示します。これも篤姫の意が通じたせいではないかと私は思っています。

西郷が当初強硬だったのは事実であるが、それが軟化したのは、篤姫の手紙によってではない。テレビなどでは天璋院の手紙は長さ三メートルで、千三百字を超えると説明しているが、手紙の長さや字数の多さなど関係ない。こういうことを強調するのは、「焦土作戦」で親分衆の話を持ち出すのと同じで、話を面白く講談調に仕立てているだけである。

いずれにしても慶喜は和宮からも篤姫からも、嫌われていた。和宮も篤姫も、陳述したのは慶喜の助命でもなく、まして自分たちの身の安全でもない。徳川家の安泰である。嫁いだ女性が、婚家の安泰を願うのは至極当然であった。

東征軍は、慶喜追討が目的で、必ずしも家名断絶を決めていた訳ではない。「無血開城」のポイントは、「慶喜の処置」と「家名存続」であったが、大奥の二人の嘆願では「家名存続」は訴えたが、「慶喜の処置」については、「慶喜は身より出候事」「いか様天罰被仰付候ても」のように、言わずもがなの冷淡さを示している。この辺りが主君大事の家臣とは大いに異なる点である。これでは仮に家名を残すと言われても、慶喜の処置次第では、徳川の家臣達は黙ってはいられないであろう。こうした内容の嘆願がどうして「無血開城」に貢献したと言えるのであろうか。嘆願をしたという事実と、江戸攻撃が中止になったという事実との因果関係はない。

また和宮の（ア）（イ）以外の嘆願は、いずれも鉄舟・西郷の談判（九日）の後であり、西郷・勝会談（一三、一四日）の最中である。時期的にも、新政府軍の江戸攻撃に影響を与えたとは思われない。鉄舟の『談判筆記』に、西郷が鉄舟に、静寛院宮・天璋院の使者が来たと語っている箇所があるが、これは後日聞いた話を九日に西郷から聞いたと勘違いしたのではないかと思われる。いずれにしても、二人の女性の嘆願が、「駿府談判」「江戸嘆願」に影響したという史料はない。

（3）先学は、和宮・篤姫の嘆願効果を無視か否定

原口清は、藤子が「口演書」を得たことについて、「内々ながら朝廷の意志をはじめて明らかにしたものである。おそらく、岩倉具視などの意向が反映したものであろう」（293）と評価して

いる。しかし既述のように、藤子に書付を渡さず筆写させたり、表現が断定的でなかったり、という点を考えると、「朝廷の意志を明らかにした」とは到底言えない。二月二日の西郷の手紙《史料8》は「是非切腹迄には参不申候ては不相済」と強硬である。また、和宮・慶喜の嘆願書を読んだと思われる大久保利通は、二月一六日の蓑田伝兵衛宛書簡で(6)「誠あほらしさ沙汰の限」「親征ト迄被相決候を退隠位ヲ以謝罪なと、益愚弄」「天地ノ間ヲ退隠して後初て被解兵可然」「例之譎詐権謀」と筆を極めて慶喜を断罪している。「天地ノ間ヲ退隠」とは死を以て、の意であり、「譎詐権謀」は権謀術策。ただ西郷・大久保の手紙は、和宮の嘆願同様、慶喜には極めて辛辣であるが、徳川の家名存続を否定してはいない。その意味で「口演書」の「徳川家血食の事ハ厚思召」という表現は、家名存続を匂わせていたと言える。

　これに対し江藤淳の「政治的文脈にこの歎願を投影してみれば、慶喜の『御征伐』をも辞さないというところに難点がある。すでに述べたように、海舟の眼から見れば、あくまで譲歩できないのは慶喜の身の保全と、幕臣の生活保証《ママ》であった。この条件の一つを欠いた静寛院宮の歎願は、かりに実現したとしても政治的には無意味だといわなければならない。実際、これに対して有栖川大総督宮からもたらされた回答は、ただ『恭順の次第によりて寛大の御沙汰あるべし』という漠然とした挨拶にすぎなかった」(144)という厳しい評は、正鵠を射ていると言えよう。いずれにしても、和宮の嘆願の「無血開城」に対する貢献については否定的である。

　原口と江藤は、「慶喜の処遇」と「家名存続」についての考え方で、見解が分かれる。結局この時点では、新政府側の徳川方に対する考えは流動的であったというのが真実と言えよう。それではこの両方に決着が付いたのは、すなわち「慶喜の寛大処置」「家名存続」が認められたのはいつ、どこにおいてあろうか。三月九日、「駿府談判」においてである。実質ここで決し、最終三月二〇日に「京都朝議」で正式に決裁されたことはすでに詳述した通りである。

なお江藤は、「徳川慶喜もまた十四代将軍家茂の未亡人、静寛院宮に周旋を依頼するというかたちで、京都に『歎願書』を送っていた」（126）と言い、その嘆願書が西郷を激怒させたと書いている。それはよいのだが、その後に「さらに二月二十六日、宮はふたたび土御門藤子を沼津に派遣して、橋本少将に一書を呈した」（143）という記述は明らかに誤りである。和宮が再び藤子を沼津に派遣したのは三月一〇日（《図表1》（ウ））である。にもかかわらず、官軍派遣は慶喜一人の征伐か徳川の家名も断絶するのか、という二月二六日の手紙（イ）の内容を紹介している。つまり《図表1》の（イ）と（ウ）を混同しているのである。和宮の嘆願書・使者についての記述は『静寛院宮御日記』「土御門藤子筆記」いずれも分かりにくく、『岩倉公実記』編者も江藤淳も勘違いしたようである。なお江藤は篤姫については記していない。

松浦玲は、「つぼね《篤姫の使者》出立を勝安房はおそらく知らない」（361）「ここ《十三日の勝との会談》には天璋院の陳情を受けた西郷の心境が入りこむ余地が無い」（362）と述べている。松浦は和宮の嘆願には触れていない。

勝部真長は逆に、和宮が橋本実梁宛手紙を藤子に持たせたと書くだけで（159）、その効果には全く言及せず、篤姫については記述なし。

圭室諦成は、「そして《慶喜は》輪王寺宮・静寛院宮・天璋院・徳川慶勝・松平慶永・山内豊信らに救解斡旋をたのみ」(93)という記述しかない。

その他の先学は和宮・天璋院を全く無視である。結局和宮・篤姫に関しては、「人質作戦」は小説・テレビの材料であり、学者は採り上げない。「嘆願」についても、使者に手紙を持参させた事実は紹介しても、その効果にまで言及する先学はほとんどいない。

【注】

(1) 青山忠正『明治維新を読みなおす』(清文堂出版、二〇一七年、85)
(2) TBS(BS)THE歴史列伝「江戸無血開城 勝海舟」、二〇一五年一一月一三日
(3) 正親町公和編『静寛院宮御日記』上巻(皇朝秘笈刊行会、一九二七年)
(4) 原口泉『篤姫 わたくしこと一命にかけ』(グラフ社、二〇〇八年)
(5) 宮尾登美子『篤姫の生涯』(NHK出版、二〇〇七年)
(6) 蓑田伝兵衛宛書簡(『大久保利通文書』第二巻 マツノ書店、二〇〇五年、217)

九　江戸焦土作戦　――火消しに火付けなど依頼せず――

勝は、火消し・ヤクザなどの親分のところを回って、東征軍が進撃して来たら、子分を使って市街を焼き払い焦土と化すよう依頼したと言われる。これにより西郷に「圧力」をかけ、東征軍の江戸総攻撃を中止させようとした。

この「焦土作戦」は「定説」のようになっているが、果たして本当に勝は火消しに火付けを依頼したのであろうか。そしてそれは江戸総攻撃阻止に役立ったのであろうか。本章ではこれを検証する。

（1）勝が、火消しの親分に火付けを依頼した史料はない

焦土作戦に触れた史料を検討する。

勝は日記に次のように書いている。

《史料1》「焦土作戦」を決心（『海舟日記』三月一〇日条）

竊に聞けることあり、官兵、当十五日、江城侵撃と云。三道之兵必死を極め、進めば後ろ其市街を焼きて、退去之念をたゝしめ、城地に向て、必死を期せしむと。若今我が歎願する処を不聞、猶其先策を挙て進まむとせば、城地灰燼、無辜之死数百万、終に其遁がれしむるを知らず。彼、此暴挙を以て我に対せむには、我もまた彼が進むに先きんじ、市街を焼きて其進軍を妨げ、一戦焦土を期せずんば有べからず。此意此策を設けて、逢対誠意に出づるにあらざれば、恐らくは貫徹為しがたからむ歟。愚不肖、是に任て一点疑を存せず、若百万之生霊を救ふにあらざれば、我先是を殺さむと断然決心して、以て其策を回す。

先ず、密かに聞いたと言うが、多くの探索が様々な情報をもたらしていたはずであり、東征軍が市街を焼きながら進軍してきたか否かなど直ぐに知れ渡るはずである。だがそのような事実はない。

次に、「焦土作戦」など予め参政（若年寄）に諮ることもなく、事前に陸軍に準備させることもなく、勝が突然火消しらに命じて実行できると考えること自体非現実的である。

そして何よりもここには、江戸を焦土にするとは書かれているが、火消しの親分の話など出てこない。

『氷川清話』では次のように語っている。

《史料2》新門の辰（『氷川清話』、237）

おれも維新前には、種々の仲間と交際したヨ。新門の辰などは、ずいぶん物の分つた男で、金や威光にはびくともせず、たゞ意気づくで交際するのだから、同じ交際するには力があつたヨ。

官軍が江戸城へ押し寄せて来た頃には、おれも大いに考へるところがあつて、いはゆる破落戸の糾合に取掛つた。それはずいぶん骨が折れたヨ。毎日役所から下ると、すぐに四つ手籠に乗つて、あの仲間で親分といはれる奴どもを尋ねてまはつたが、骨が折れるとはいふもの丶、なかなか面白かつたヨ。

貴様らの顔を見こんで頼むことがある。しかし貴様らは、金の力やお上の威光で動く人ではないから、この勝が自分でわざ〳〵やつて来たと一言いふと、へー、分りました、この顔が御入用なら、いつでも御用に立てますといふ風で、その胸のさばけて居るところなどは、実に感心のものだ。

官軍が江戸へはいつて、暫時無政府の有様であつた時にも、火付けや盗賊が割合に少なかつたのは、おれがあらかじめこんな仲間の奴を取り入れておいたからだヨ。

ここには、勝が火消しや博徒の親分衆のところを回る話が書かれ、新門辰五郎の名や親分は出てくるが、火を付けろという話は語られていない。「破落戸（ならずもの）の糾合に取掛った」「こんな仲間の奴を取り入れておいた」と言っている。つまりならず者の暴発を抑えておいたと言っているのである。

また『氷川清話』には自作の漢詩を書かせている。江戸百万の人民が助かったのは西郷が「諾」と言ってくれたからだ、と述べた箇所に書かれた勝の四首の五言絶句の中の一首に、次のような「焦土作戦」に触れた箇所がある。

《史料3》清野作戦（焦土作戦）（『氷川清話』、377）

> 義軍勿嗜殺　嗜殺全都空　我有清野術　㑭魯挫那翁

後半に「我に清野作戦あり。ロシアがナポレオンを破ったのに倣おう」と、ロシアがナポレオンを撃退した清野作戦を真似て「焦土作戦」を準備したように書かれているが、具体的にどのような内容であったか、どのように準備したかなどは語られていない。

また、『氷川清話』と並ぶもう一つの談話『海舟語録』には次のように語られている。

《史料4》 焼打（『海舟語録』、218）

江戸の明け渡しの時は、スッカリ準備がしてあつたのサ。イヤだと言やあ、仕方がない。あつちが無辜の民を殺す前に、コチラから焼打のつもりサ。爆裂弾でも大層なものだつたよ。あとで、品川沖へ棄てるのが骨サ。治つてから、西郷と話して、『あの時は、ひどい目にあはせてやらうと思つてた』と言つたら、西郷め、『アハハ、その手は食はんつもりでした』と言つたよ。

「焼打」「爆裂弾」とは言っているが、ここには火消しやヤクザの親分は書かれていない。「爆裂弾」など火消しが持っているはずがない。新門辰五郎に「爆裂弾」を渡し、これで火付けをするよう命令したとでも言うのであろうか。荒唐無稽の話である。後日勝は西郷に、「焦土作戦」によりひどい目にあわせてやろうと思っていた、と語ったと書いているが、それは取りも直さず「江戸嘆願」の席ではこの話は出なかったことを物語っている。この後日談も真偽は当てにならないが、少なくともこれにより西郷が江戸攻撃を中止したのではないことを勝自身が語っているようなものである。いずれにしてもここには火消しや、新門辰五郎に火付けをさせる話など全く触れられていない。

さらに勝の『解難録』にもこれらと同様のことが書いてある。ポイントのみを引用する。

《史料5》「三二一　府下鼎沸、乾父使用」（『解難録』、312）《「乾父」は親分》

> 予、早く是を察し、府下の遊手、無頼の徒、財物を奪ひ、火を放ち、灰燼たらむことを恐れ、火消組の頭分幾名、博徒の長幾名、運送手長、非人の長幾名、其名あり、徒中名望ある所謂親方と唱ふる輩三十五、六名を以て、密に結で、其徒を集めしめ、一令を待て動くを約し、雑費幾許金を与へ、敢て私に手を下さしめず、皆、直談して他に知らしめず。彼輩、其撰抜、直に談ずるを以て栄とし（海舟から直談判を受けたのに感激して）、竊に謂て曰く、「余等は、是箇之（壱箇之であろうか）男子也。一諾命を致すべし、何ぞ我が児分等に暴を為さしめむ哉」と。義気傑然たるもの不少。

勝が火消しや博徒の親分たちのところを回ったと書いているが、それは無頼の徒が強盗・放火を起こすことを恐れたからである。そのため金を渡し、子分たちの取り締まりを依頼したのである。親分たちは、勝が直接来てくれたことに感激して、「何ぞ我が児分等に暴を為さしめむ哉」と、「我が児分等」の抑え込みを請け合ったと書かれている。火付けの依頼ではない。要は治安維持である。ここに「一令を待ちて動くを約し」とあるので、これを勝の命令を待って火付けをすると解釈されるようであるが、これは治安維持の行動のことであろう。なぜなら勝は火付けの依頼・命令などしていないからである。

同じ『解難録』の前記に続く項目に、次のように書かれている。

《史料6》「三三　一火策」（『解難録』、312〜3）

予、出て西郷氏に談ず。前より密に謀り、都下之無頼、鳶の者を以て、我令を守らしむ。彼《西郷》、我が趣意を不聞、漫に兵力を恣にし、猛威を以て強て戦をせば、我、豈是に応じ、首を伸て降るの理あらむ哉。如斯ならば、彼求めて邦民を殺す也。我殺すにあらざる也。其進軍を見ば、即時、四方に諜し、市街を焼き、進退を立切り、焦土となさむ。是等、魯西亜都下に於て那波列翁を苦しめし策也。（中略）

後、竊に聞く、伊知地氏（東山道先鋒総督府参謀伊地知正治）、進軍令を定む。其法、三道只一気、城に向つて進入し、其来路を火し、後顧の念を絶ち、唯城に向つて死あり、退くの念なからしむと。（中略）

又、信田歌之助、成川禎三郎、伊志田某に令して、密に約を定め、房総に屯せしめ、府下若し大火発せば、其海岸所在の大小船を以て、速に江戸に入れ、江戸川々の小船悉く出して人を乗せ、便宜に走らしめよと。幸にして無事を保ち、此策終に徒労となる。此際費用夥多、予、大に困弊す。（中略）

若し如此ならざりせば、十四、十五両日《「十三、十四両日」の誤り》の談、予が精神をして活発ならしめず、又貫徹せざるものあり。

ポイントは前段にある。「前より密に謀り、都下之無頼、鳶の者を以て、我令を守らしむ」の「我令」というのは、前記の《史料5》から解釈するなら、「子分共に暴動を起させない」と約束したことであろう。もし西郷が我が願いを聞かず攻めてくるなら、「即時、四方に諜し、市街を焼き」、と言っているが、これが火消しに火付けをさせるという意味であろうか。もしそうであれば、「四方に諜し」のところにこそ「前より密に謀りし都下之無頼、鳶の者に命じ」とでも書くであろう。しかしそのためには、「前に密かに火付けを命じた」ことを書いておかなければならない。書いてあるのは「子分共の抑え込み」だけで、「火付け」についてはどこにも一切言及していない。

「退路を立切」るなど、陸軍を使って組織的にやらなければ不可能であろう。火消しに勝手に火を付けさせたのでは単に江戸を焼け野原にするだけである。しかし勝は事前に一翁ら参政や陸軍に相談などしていない。勝は初めから実行するつもりなどなく、せいぜい自分でも言うように「予が精神をして活発ならしめ」ようとしただけであろう。結局自ら「此策終に徒労となる」と書いている。

さらに勝の「幕末始末」(下)『鶏肋』にも同じようなことが書かれている。

《史料7》「幕末始末」(下)(『鶏肋』、362)

又、竊に聞ける事あり、「官軍、十五日、江城侵撃の宣令あり。三道の兵、必死を極めて進

み、うしろの市街を焼き、退去の念を絶たしめ、城に向つて、益必死を期せしむ」と。（中略）
彼此の暴挙を以て、我に対せば、我もまた、彼の進むに先ち、直に市街を焼て、其進軍を妨げ一戦、焦土を期せずばあるべからず。（中略）
若百万の無辜を救ふにあらずば、我、まづ之を殺さんと、断然、決心して、其策を運らしたり。

《史料6》の「一火策」とほとんど同内容である。勝は至るところにこの「焦土作戦」を書き、また語っているが、内容は大同小異で、火消しに火付けの依頼をしたなどと書いてはいない。

（2）勝の依頼は子分たちの暴発防止

勝は、この策が実際に実行できるか、実行した場合に、東征軍を窮地に陥れ、かつ船で江戸中の市民を避難させるという所期の目的が達成できるか、といった実現の可能性には触れない。西郷との会談のための策という以上、重要なのは、この「焦土作戦」が有効であったか否か、すなわちこの策により、西郷をして、慶喜の処分を軽減せしめ、家名存続を保証させ、江戸攻撃を中止に追い込むことができたか、さらにはこの策が徳川の降伏条件の緩和に役立ったかという点である。

『解難録』の「三三　一火策」には、西郷にこの策が伝わった、伝わって西郷が臆して江戸攻撃を中止した、降伏条件を緩和したなどとは書かれていてない。「焦土作戦」により西郷が怯んで江戸攻撃が中止になったなどという史料はない。事実はその逆で、別の理由で江戸攻撃が中止になり、その結果「焦土作戦」は不要になったと勝自身が言っている。ただ最後にこのようにイザとなれば戦うぞという、強い気持ちで臨まなければ、交渉は成功しないと記しているに過ぎない。

この話は、火消しに火付けをさせるという発想が面白いためか、特に小説や漫画には必ずといってよいほど出てくる。先学もよく採り上げる。しかしそれが奏功したか否かという話は一切ない。しかも既述のように、火消しの頭等を廻り治安維持を依頼した話と、焦土作戦を考えた話とは別である。ところがこの二つの話が『解難録』に続けて載っているため（「三二　府下鼎沸、乾父使用」「三三　一火策」）、勘違いか意図したかは不明だが、後世の人がいつの間にかミックスしてしまい「定説」となったと考えられる。だが、西郷と勝の交渉の中に「焦土作戦」の話など出てこない。いずれにしても勝自身「火消しに火付けを命じた」とは一言も言っておらず、どこにも書いていていない。もし勝が命じたのであれば、『氷川清話』や『海舟語録』に得意顔で語っているはずである。

日本テレビの番組(1)の中で、火の燃え広がる様子をコンピューターでシミュレーションして見せ、解説では「江戸の町にはスパイがいる。それが分かった相手は当然ひるむじゃないですか。その情報だけでも十分交渉の切り札になった」と言っている。TBSの番組(2)も「これが西郷に届くかどうかということですよね」と似たような解説をしている。

テレビ放映について触れたので、最後にマンガの記載について論じたい。単なるマンガならどのように書かれてもマンガだから、で済ませられるが、いわゆる学習漫画、となるとそうはいかない。例えば蜘蛛やダンゴムシを昆虫と書いてはならない。そんなことをすればたちまちクレームが来て訂正をさせられるであろう。その前に監修でチェックされ修正するであろう。ところが「焦土作戦」は、学習漫画に、勝が火消しに火付けを依頼する場面が堂々と描かれている。当然監修もされている。以下に二例を示す。

《資料8》『勝海舟』(3)（学研まんが 人物日本史、127）

> 勝「談判が決裂したときは、江戸の町を火の海にして　官軍と戦うつもりだ　放火に協力してくれ!!」
> 火消し・やくざの親分たち「幕府のヘッポコ役人の命令なら聞きやしませんが、勝先生のおたのみとあれば、なんでもやりやすぜ！　官軍を、江戸の火で、あぶってやりまさあ！
> 江戸をいちばん愛している勝先生が……、その江戸に火をつけろとおっしゃるんですか

らね。われわれ江戸っ子の意気を、見せてやりまさあ」

《**資料9**》『勝海舟』(4)(コミック版 日本の歴史34 ポプラ社、95～6)

一方その頃　海舟は江戸火消しの元締め新門辰五郎宅にいた
勝「アンタに頼みがある　新政府軍が江戸に入ったら　町に火をかけてもらいてぇんだ」
新門「ええっ！　旦那　あっしらは火消しですぜ　火をかけろだなんて……」
勝「どのみち戦になりゃ燃えちまうんだ！　だったら少しでも進軍を遅らせて　和平交渉に持ちこむのが狙いよ」
新門「江戸の町民はどうするんで？」
勝「抜かりはねぇ　その前に漁船を使って房総へ避難させるさ　頼む！　これができるのは火の扱いを熟知しているアンタしかいねぇんだ！」
新門「……承知しやした！　でも　そうならないことを祈っておりやすぜ　勝の旦那」

もし本当に新門辰五郎が、勝からこのような指示があったなら、むしろ次のように啖呵を切って断ったのではなかろうか。「冗談じゃネエ！　あっしらは火消しですぜ。火を消せというなら、火の中に飛び込んで行ってでも消しヤスが、火を付けるなんザア、火消しの名折れだ、末代までの恥だ。いかに勝の旦那の願いでも、これぱっかりはお断りいたしヤス！」と。

　これらのマンガを見ると、他の項目についての信頼性も揺らぎかねない。これらを検証するのが目的ではないが、学習漫画はおしなべてこんなものかも知れない。マンガに限らず監修者は、その図書を権威付けるため名を貸すことが多いようで、必ずしも本の中身をしっかり監修しているとは限らない。したがってマンガをもってその監修者の考えを批判しても始まらないが、児童に俗説を史実であるかの如く伝えて欲しくはない。

　マンガなどは批判しても始まらないが、著名な作家などが真しやかに書くと、真実と思いこまれてしまう。故半藤一利は『明治維新とは何だったのか(5)』の出口治明との対談で「町火消の新門辰五郎（一八〇〇？～一八七五）をはじめ、江戸のヤクザや鳶職なんかもみんな集めて、いざというときにどこにどう火をつけるかという段取りや分担まで指示していました」「『あんたたちは火を消すのが上手いんだから、つけるのも上手いだろ』とか言ってね」(143）と語っている。こうした内容が書かれた本はたくさんあり、半藤はそれを読み信じてこう語ったのであろう。

（3）先学は、「焦土作戦」そのもの、効果・意義に言及せず

松浦玲は、『勝海舟』（中公新書）では、二頁にわたって「焦土作戦」を解説している。「火消しに火付けを依頼した」とは書いていないが、「市街を焼く」（『海舟日記』）に続けて「四つ手駕籠で火消しの頭などをたずねて廻った」（『氷川清話』）話を引用している。これを読めば「火消しに火付けを依頼した」と思うであろう。『勝海舟』（筑摩書房）では、「江戸焦土作戦が嘘だというのではない。山岡が帰り対案ができてから策をめぐらすというのが嘘である。焦土作戦については戊辰以来会計記でも『焼討手当』その他に弐百五拾両を計上しており架空の話ではない」（360～1）と書いている程度であるが、否定はしていない。しかしその効果等については全く記載がない。

原口清は「江戸を一挙に焦土と化す用意もしていた」（301）と語るのみである。

勝部真長は、『海舟日記』『氷川清話』『解難録』から延々と七頁にわたり解説しているが、例によって紹介するのみで、その効果がどうであったかなどには言及しない。ムダに終わったと勝自身が言うのを引用しているだけである。唯一の勝部のコメントは、小栗上野介を引き合いに出して、「土地の博徒を捕えていじめたりするから、博徒の恨みを買って、官軍に密告され、

結局、つまらぬことで処刑されてしまった。博徒を扱う術を知らなかったからである」（183）と言い、勝が下情に通じていたことを評価するだけである。

念のため付記すると、勝部の小栗上野介に関する記述は見当外れである。小栗は地元の博徒を捕らえていじめたりなどしていない。このころ各地で一揆・打ちこわしが起こっており、小栗が罷免され所領地の上州権田村に移住した直後、二千人ほどの近隣の村の暴徒が権田村に押し寄せて来た（三月二日）。これは近隣の村の博徒が村人を脅し、けしかけたもので、小栗はそれに反撃、追い払ったのである。博徒に脅されこれに与した隣接四ヶ村の村役人が直ぐに詫びにやって来ている。この経緯は『小栗上野介』[6]（村上泰賢）（205～8）に詳述されている。

石井孝は、「焦土作戦を考慮した（『海舟日記』）」という程度であり、直ぐその後に「しかし、これは海舟にとっては最後の戦術であって、その前に彼は、外圧を利用して」と、持論の「パークスの圧力」に話が移ってしまう（『勝海舟』、171）。

萩原延壽は、「ひそかに『焦土作戦』の策をめぐらした。これは、東征軍の側にも、『焦土作戦』の計画があることを耳にしたからである」（15）と記載し、勝の『鶏肋』（《史料7》）の一節を引用するのみである。

江藤淳は、八頁にわたり『解難録』の「一火策」を引用したりして「焦土作戦」について論じている。そして「海舟が新門の辰五郎に依頼したのは、単なる治安維持ではなかった」「彼《勝》はこの消火の専門家に、放火の準備を命じたのである。『おれが火をつけろといったら、早速火をつけて、御府内を焼きはらってしまえ』と勝安房はいった」（159）と書いている。ところが江藤はこの話を伊藤仁太郎の『幕末の海舟先生』から引用していると自ら述べている。実はこの伊藤仁太郎は「双木舎痴遊」という号を持つ戦前の講釈師で、政治講談を語っていた。「講釈師見て来たようなうそをつき」と言われるように、江藤自身も伊藤の話を紹介しておきながら「この講談調の逸話はなかなか面白いが、面白すぎて……」とやや否定的である。だが江藤は「決戦に転じた場合とるべき、焦土戦術と都市ゲリラの用意も完了した。房総の地に江戸市民を避難させる渡船の手筈もととのっている」（165）と、「焦土作戦」「都市ゲリラ」の準備を肯定している。前述の半藤一利もこの伊藤の著書を読んでいるかも知れない。

佐々木克は、勝が「焦土作戦」を立て、任侠の親分や火消しの頭に協力を求めたと述べ、「勝にとっては徳川家およびその家臣の存亡がなによりも優先し、一般の市民などは生命さえ助かれば、まずそれでよいと考えていたにすぎなかったのである」（54）と結んでいる。

「焦土作戦」に全く触れない先学も多いが、触れても史料の内容を紹介する程度で、その効果や意義に踏み込んで記述しているものは皆無に等しく、江藤淳と佐々木克のコメントなどは例外と言えよう。

【注】

（1）日本テレビBS「江戸無血開城の真相と秘策江戸焦土作戦に迫る」

（「片岡愛之助の歴史捜査」、二〇一五年一二月一〇日）

（2）TBS BS「江戸無血開城 勝海舟」
（「THE歴史列伝」、二〇一五年一一月一三日）

（3）『勝海舟』（学研まんが 人物日本史 学習研究社、一九八四年）監修 樋口清之

（4）『勝海舟』（コミック版 日本の歴史34 幕末・維新人物伝 ポプラ社、二〇一三年）
企画・構成・監修 加来耕三

（5）『明治維新とは何だったのか』（半藤一利・出口治明、祥伝社、二〇一八年、143）

（6）『小栗上野介』（村上泰賢 平凡社新書、二〇一〇年）

おわりに

序章で「無血開城」を西郷の立場から見ると分かりやすいと述べた。西郷は明治維新の中心にいた。原口泉氏は『西郷どんとよばれた男』(1)で、西郷は大久保利通・木戸孝允とともに「維新の三傑」と並び称されるが、最大の功労者は西郷であると言う。これは原口氏に限らずよく言われるが、原口氏は、維新を推進する最大勢力となった「薩長同盟」から、「大政奉還」(徳川幕府から政権奪取)、「王政復古」(新政府樹立)、戊辰戦争(旧幕勢力掃討)、そしてその戦いの最大の山場「江戸無血開城」まで、「維新のための大きな節目に、いずれも西郷がもっとも重要な役割を果たしました」(16)と言う。

その通りであろう。そして最後は江戸総攻撃により、慶喜の首を取るか身柄を確保して、江戸城に錦の御旗を掲げる予定であった。ところが破竹の勢いで猛進してきた西郷は、最後の最後で壁にぶつかり跳ね返されてしまった。それは大きく手を広げて行く手を阻む鉄舟であった。西郷は余勢を駆って鉄舟を踏み潰して行くこともできたはずだが、鉄舟の要求で朝命をひっくり返され、京都まで押し戻されてしまった。これが武力によってではなく鉄舟という人間の説得によってである。これが「駿府談判」であり、「江戸嘆願」でないことはすでに本論で見てきた通りである。

だが「俗説」は、これを「江戸嘆願」と言う。勝は有名なメモ魔であり、多弁・雄弁である。しかも自己顕示欲が極めて強い。にもかかわらず、どのように西郷を説き伏せたかを一切記録に残していない。『海舟日記』は疎か、『解難録』『鶏肋』などにも書き残していない。『氷川清話』にすらその具体的な西郷説得内容は語っていない。なぜか。そのような談判がなされなかったからである。にもかかわらず「無血開城」は西郷と勝の会談で成ったと言われる。

「俗説」が定着した原因は、「ナアニ、維新の事は、己と西郷とでやったのサ」(『海舟語録』218)といったホラ話を勝が語っているだけではない。勝自身はやったと書いても、語ってもいないにもかかわらず、勝がやったことにしてしまった話が数多くあるからである。次の諸説が、「無血開城」に関する「俗説」というより「虚説」であることは本論で述べた通りである。

○鉄舟を駿府に派遣した。
○徳川家の政治の最高責任者であった。
○サトウに、パークスから西郷に圧力をかけてもらうよう依頼した。
○火消しの頭新門辰五郎等に、市街に火を付けるよう依頼した。

これら「虚説」は勝の責任ではないが、こうした多くの「虚説」が組み合わされて、伝記や小説が書かれ、次第に定着していったのである。

ここで一つ見落としてはならぬことがある。それは「西郷・勝が江戸で会談」したという事実と「無血開城が決定」したという事実とは別であるが、意外とこの区別がなされておらず、両者を結び付けてしまうことである。元寇の際、「元軍を撃退」した事実と元軍調伏の「加持祈祷」との間には科学的な因果関係はない。にもかかわらずこの二つの事実を神風を介して結びつけてしまうのと同じである。以下に「会談」と「無血開城」を結び付けた例を列挙する。

（1）明治神宮外苑「聖徳記念絵画館」には「江戸開城談判」という大きな壁画が飾られ、「《西郷と勝が》会談しました。この結果、江戸城の明け渡しが決定し」という解説が付されている。非常に有名な壁画なので少々説明すると、当初計画では候補は、二世五姓田芳柳が描いた下絵、四月一一日の城明渡しの図二件であった。一件は玄関前もう一件は城内で、いずれも題は「江戸開城」であった。「江戸開城」であれば、西郷・勝の事前の会談というのは相応しくない。にもかかわらずそれに変更された理由は、この絵の寄贈者が西郷・勝の子孫であり、「江戸開城」の儀式には勝が参加していないため、寄贈者に忖度したからである。しかもタイトルを「江戸開城嘆願」ではなく「江戸開城談判」にしたため、「作られた歴史」が「正史」となってしまい、これがほとんどの教科書に掲載されている。これは山本紀久雄氏による研究成果で雑誌『ＶＥＲＤＡＤ』（62〜5）に詳述されている。[2]

（2）ＪＲ田町駅近くの旧薩摩藩屋敷跡地には「西郷・勝会見の碑」が建ち「江戸無血開城を取り決めた『勝・西郷会談』の行われた薩摩藩邸跡の由緒ある場所です」という案内が掲

げられている。碑には「西郷吉之助書」と刻まれている。この吉之助は隆盛の孫である。

（3）二〇〇三年には墨田区役所の敷地に大きな「勝海舟銅像」が建てられ、その台座には「西郷隆盛との会談によって江戸城の無血開城をとりきめた海舟は、江戸を戦禍から救い……」と墨田区長によって書かれた「建立の記」が掲げられている。

なお本書の目的は飽くまで「無血開城」の真実を究明することで、勝に対する批判もその限りにおいてであり、勝を全面否定する意図は毛頭ない。勝ファンが銅像や碑を建てるのは自由である。だがその解説が真実でないとすれば問題である。まして公共物の場合はなおさらである。

「西郷山岡会見之史跡」が静岡市の二人の会見場所にある。静岡市教育委員会の説明板には、従来「勝海舟の命を受けた幕臣山岡鉄太郎」と書かれていたが、地元の研究者達の地道な努力により二〇一七年に「最後の将軍徳川慶喜の命を受けた旧幕臣山岡鉄舟」と正しく書き改められた。「過ちては則ち改むるに憚ること勿れ」である。

数学の確率の超難問に次のような「モンティ・ホール問題」というのがある。(3)

【モンティ・ホール問題】

ＡＢＣ三つの箱の一つに、当たりのボールが入っている。回答者は最初に一つ（たとえばＡ）を選ぶ。出題者は、残った二つ（Ｂ・Ｃ）の内、ボールの入っていない外れの箱（たとえばC）を開ける。そこで出題者は回答者に改めて、初めに選んだ箱（A）にするか、残りの箱（B）に変更するかと提案する。どちらの方が当たる確率が高いか。

当たりの確率はA三分の一、B三分の二で、残りの箱（B）に変更した方が当たる確率は二倍も高くなる。

ところが、Cを開けた後、当たる確率はAとBとの二択でそれぞれ二分の一だから、変更してもしなくても同じと主張する人が極めて多いのである。これは実際にあったアメリカのクイズ番組の話で、マリリン・ボス・サヴァントという女性が「変更した方が二倍、当たる確率が増える」と雑誌のコラムに書いたことに対し、多くの数学者（1000人近い博士号保持者も含まれていたという）が「変更してもしなくても、確率はどちらも二分の一で変わらない」と反論して大論争になった。一口で言えば、B・Cの合計の確率は三分の二で、外れのCを外してもBだけの確率は変らず三分の二だからマリリンが正しい（A 1/3・B・C 2/3）。なぜかと言うと、出題者はボールが、Bにあれば C を開け、Cにあれば Bを開けるから、B・Cどちらにあっても当たりとなるからである。繰り返すと回答者は、ボールがBにあってもCにあっても当たりで、Aにある場合のみ外れとなる。このことを理解すれば難問でも何でもないのだが、当時一流の数学者が中々納得せず、一般には容易に理解されないため「超難問」と言われているのである。

なぜここで唐突にこの話を持ち出したかというと、「無血開城」も同様に、いくら史料で説明しても、「西郷と勝」と思い込んでいる人たちに中々理解されないからである。「モンティ・ホール問題」はすぐに理解できなくても、これは「超難問」なので仕方ないが、勝自身が鉄舟に会ったことはないと言っている史料を見ているにもかかわらず、鉄舟は勝の使いだと言ったり、本書を読んでまだ「無血開城」は「西郷と勝」だと言ったりする人は理解に苦しむ。

二十二人の先学もほとんどが俗説を信じているので、一般の作家等はなおさらである。「九江戸焦土作戦」で半藤一利氏が出口治明氏との対談で「火消しに火付けを命じた」という話を信じていると述べたが、著名な歴史作家なので少々付言すると、『明治維新とは何だったのか』の別の箇所でも俗説を信じこれを語っている。「陸海軍の総裁として、また抜擢されて全権を任された」（138）と述べているが、海軍の総裁ではなく全権を委任されてなどいないことはすでに述べた。また「鳥羽・伏見の戦いから逃げ帰ってきた慶喜が浜離宮に来いという」（138）と語っているが、勝は慶喜に呼び出されたわけでもなく、このとき慶喜と会話もしていない。勝が慶喜や閣老たちに「これだから、私が言はない事ぢやあない」と啖呵を切ったという『海舟語録』の自慢話からの類推であろう（82～3）。勝は『海舟日記』三月一一日条に「板倉閣老へ附きて、其荒増しを聞くことを得たり」と自ら書いているように、板倉からやっと事の顛末を聞いただけである。こうした俗説を信じるのは半藤氏や出口氏に限ったことではないが、かくして虚説が拡散していくのである。

草森紳一氏は、いかに史料を駆使して論じても、「（西郷・勝）両巨頭の腹芸で、江戸の無血開城は成ったという大見出しの絶大な効果の前には、影が薄いのである」と言い、さらに「江戸開城は、西郷と勝の二人芝居になっている」「人は、このほうが、わかりやすいからである」とも言う。[4]

本郷和人東京大学史料編纂所教授は、数学の定理と同様、歴史も「『簡潔で美しく』説明できなければ意味はない。説得力は生まれません」と述べている。[5] ならば簡潔に美しく説明する。

それは「『江戸無血開城』に関する『定説・通説』（『勝説』）を証明する史料はない」に尽きる。

本書の中心テーマである五章の「江戸嘆願」）について言えば

○勝が西郷を説得したという史料はない。

念のため各章について順不同で列挙すると次のようになる。（ ）内は章。

○勝が鉄舟に派遣を命じたという史料はない（一）。

○勝が政治・軍のトップに任命されたという史料はない（三）。

○西郷が「パークスの圧力」「大奥の女性の嘆願」により江戸総攻撃を中止したという史料はない（四・八）。

○勝が火消しに火付けを命じたという史料はない（九）。

○「京都朝議」で、勝の要望が受け入れられたという史料はない（七）。

ところが

○鉄舟が西郷を説得し「江戸無血開城」を実現したという史料はある（二）。

そして、

○「無血開城」は、勝が西郷を説得して実現したという史料を示した先学はいない（六）。

本書は、「学術上の問題提起」として論じたものであり、今後「無血開城」を研究されたり、「無血開城」をテーマに執筆されたりする場合の参考になれば幸いである。そのため引用史料・資料は極力多くを、原典に当たらずとも済むようそのまま掲載した。念のため頁も付記した。「無血開城」研究に一石を投じられれば幸いである。

【注】

（1）原口泉『西郷どんとよばれたおとこ』（NHK出版、二〇一七年）

（2）山岡鉄舟研究会会長・山本紀久雄「山岡鉄舟　神にならなかった鉄舟（其の二十二）「江戸開城談判壁画の怪」『VERDAD』NO.302（ベストブック、二〇二〇年六月号）

（3）杉原厚吉『スウガクって、なんの役に立ちますか？』（誠文堂新光社、二〇一七年、130〜3）

『Ｎｅｗｔｏｎ』「確率のきほん」（ニュートンプレス、二〇一八年、46〜7）

（4）草森紳一『勝海舟の真実』（河出書房新社、二〇一一年、295〜6）

（5）本郷和人『「違和感」の日本史』（産経新聞出版、二〇二一年、32）

巻末１　「江戸無血開城」年表

西暦 1800	和暦・慶応/明治 年	月	日	事　　項	備　　考
1866	2	1	21	薩長同盟	坂本龍馬斡旋　西郷隆盛・木戸孝允
67	3	9	11	薩兵入京、長・芸出兵密約	土佐は公武合体論崩さず
		10	3	大政奉還建白（土佐藩→幕府）	容堂・後藤象二郎　慶喜に建議
		10	14	**大政奉還**　上表（15勅許）	討幕の密勅（偽勅）岩倉・大久保
		11	15	坂本龍馬暗殺	
		11	23	薩摩藩兵　入京	
		11	29	長州藩兵　摂津上陸・西宮屯集	
		12	9	**王政復古**　小御所会議	幕府・摂関制廃止、三職制
		12	25	薩摩邸焼討ち（庄内藩士〔酒井家〕）	
68	4	1	3	戊辰戦争　**鳥羽・伏見の戦い**（～4）	
		1	7	慶喜追討令	
		1	10	慶喜以下２７名の官位剥奪、旧幕領直轄	
		1	11	慶喜、帰東	
		1	12	大評定（～14）	
		1	15	小栗上野介罷免	
		1	19	ロッシュ、慶喜に再挙勧告。拒絶	1. 26第２回面会、1. 27第３回面会
		1	20	尾張藩・青松葉事件	～1. 25　佐幕派家老以下１４名斬首
		1	21	和宮の嘆願使者土御門藤子京へ出立	2. 30帰府
		1	22	勝・一翁に和宮守衛・帰京の内命	
		1	23	旧幕府、家職の組織に改編	勝　陸軍総裁
		1	25	局外中立を布告（英米仏伊蘭普）	
		2	3	天皇親政の詔	
		2	9	有栖川宮熾仁親王東征大総督に任命	
		2	12	慶喜蟄居（寛永寺・大慈院）	田安慶頼・松平斉民（確堂）に後事を託す
		2	12	西郷　京都進発	
		2	14	西郷　東征大総督府下参謀に任命	
		2	15	有栖川宮　京都進発	
		3	5	有栖川宮　駿府到着	
		3	5	鉄舟　勝訪問	
		3	6	東征軍　軍議　江戸総攻撃３月１５に決定	
江戸無血開城		3	9	鉄舟・西郷会談**「駿府談判」**	「無血開城」実質決定
		3	11	和宮の使者玉島、篤姫の使者つぼね江戸出立	玉島は東山道岩倉具定、つぼねは東海道西郷
		3	12	輪王寺宮　有栖川宮熾仁親王に面会	嘆願不成功　19帰府
		3	13	西郷・勝会談**「江戸嘆願」**（1）高輪	降服条件内容質問
		3	14	西郷・勝会談**「江戸嘆願」**（2）田町	「駿府談判」の確認、条件緩和嘆願
		3	20	**「京都朝議」**	「無血開城」正式決定
		3	21	サトウ　勝訪問	
		3	27	勝　パークス訪問	
		3	28	西郷　パークス訪問	
		4	4	城明渡し勅諚示達	「正式決定」言い渡し
		4	7	徳川　示達請書提出	「正式決定」受諾
		4	11	**江戸城無血開城**	慶喜水戸へ出立
		4	12	軍艦館山に退去（榎本武揚）	17品川に乗り戻す
		5	15	**上野戦争**（彰義隊）	
		5	24	徳川家達駿河府中７０万石に封ず	
		8	19	榎本武揚、品川より脱走（軍艦８隻）	仙台から蝦夷地へ
		8	23	会津戦争（～9. 22）	
	元	9	8	慶應→明治	
		10	25	箱館戦争（榎本ら五稜郭占領）	（12. 15新政府樹立）
69	2	5	18	**戊辰戦争終結**・榎本武揚降伏	

巻末2 『海舟日記』

本書で頻繁に引用するので、『海舟日記』について要点を述べて置く。詳細は『勝海舟全集』1（講談社）「解題」（松浦玲）、『勝海舟関係資料（海舟日記3）』（江戸東京博物館史料叢書）海舟日記第六冊「用箱日記・解説」（落合則子）参照。

【解説】

（1）自筆原本

○先ず、自筆原本がある。本来の日記第1～8巻。文久二年八月～明治三年六月。

○その他に、後から詳しく書かれた「慶応四戊辰日記」がある。慶応三年一〇月二二日～慶応四年五月一五日で、起筆は慶応三年一〇月二二日～四年一月二九日と言われる（松浦玲）。

○第6巻のみが、なぜか他と形式等が違い、タイトルが「用箱日記」と書かれている。慶応三年一月二八日～慶応四年四月二六日。

○第6巻「用箱日記」は前後が若干5巻・7巻と重複している。この「用箱日記」は業務用で、本来の『海舟日記』第6巻が別にあるのかも知れないがそれは不明である（落合則子）。

（2）**抄**

この自筆原本を元に「抄」なるものが作成された。

（3）**改造社**

昭和三年改造社は、（2）「抄」「第1〜8巻」を「其1〜8」とし、以下のように改変した。

【　抄　】　　　　　　【改造社】
「第1〜5巻」　　　⬇　「其1〜6」
「第6巻」（「用箱日記」）⬇　「其7」（「慶応四戊辰日記」）
「第7・8巻」　　　⬇　「其8」

（4）**勁草書房**

昭和四七年勁草書房は、（1）「自筆原本」をベースとし、「第6巻」に「慶応四戊辰日記」を併記した。

（5）**講談社**

昭和五一年講談社は松浦玲によると、改造社版を基にし、「其7」の「慶応四戊辰日記」を別建てとして独立させた。そして「其7」に、橋本敏夫の著書で紹介している海舟日記を組み込んだ。これは（4）勁草書房の「第6巻」に併記した「自筆原本」部分とおおむね合致していると言う。回りくどい解説だが、結局講談社の「海舟日記」は（2）「抄」と同じであり、これと別建ての「慶応四戊辰日記」と、二つの『海舟日記』を収録している。

（6）江戸東京博物館

平成一七年江戸東京博物館が発行した日記は（1）の自筆原本と同じものである。ただし「慶応四戊辰日記」は掲載していない。

以上を図示すると次のようになる。

海舟日記（幕末日記）

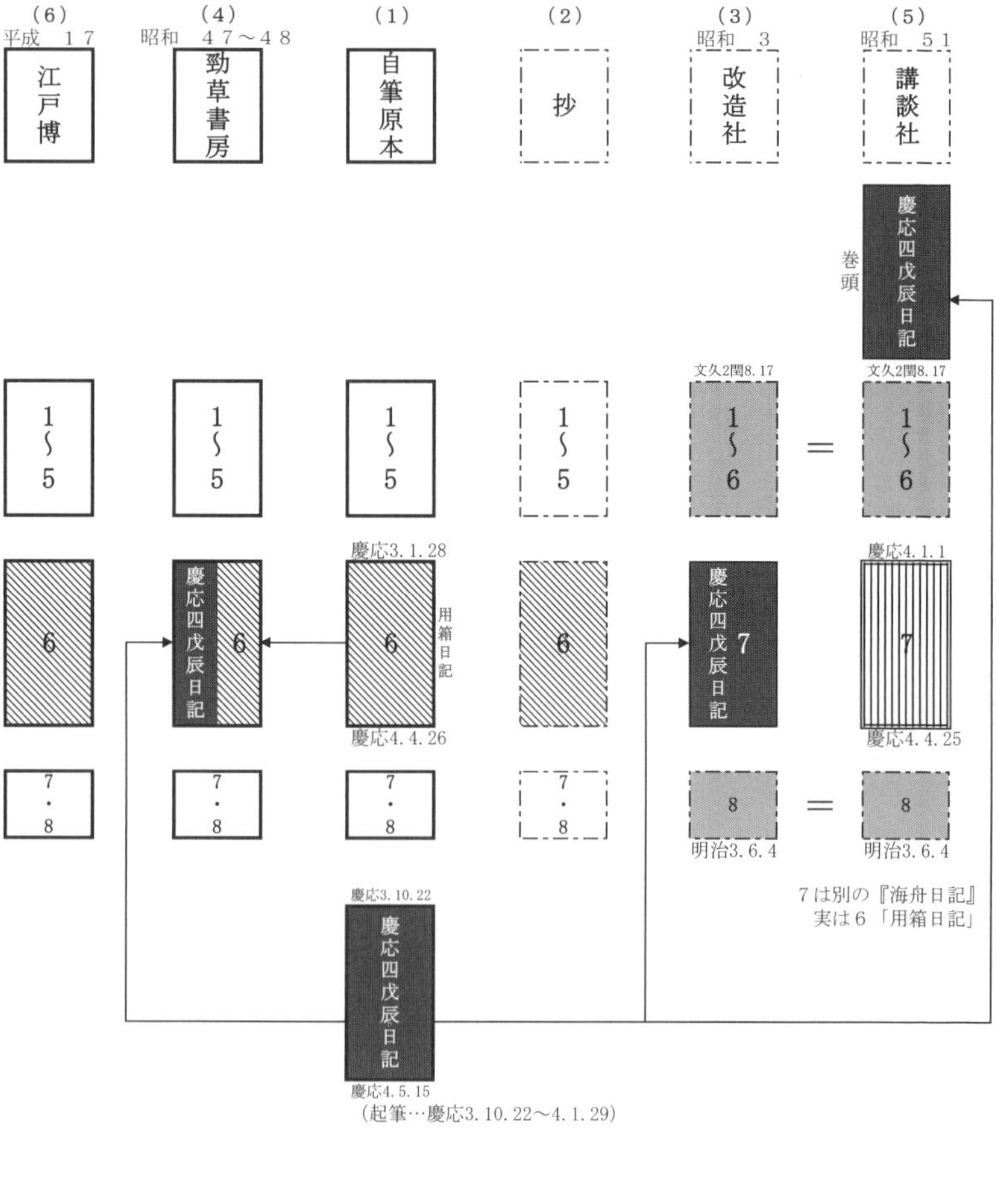

（6）
平成 17
江戸博
（4）
昭和 47～48
勁草書房
（1）
自筆原本
（2）
抄
（3）
昭和 3
改造社
（5）
昭和 51
講談社
巻頭
慶応四戊辰日記
文久2閏8.17
文久2閏8.17
1～5
1～5
1～5
1～5
1～6
=
1～6
慶応3.1.28
慶応4.1.1
6
慶応四戊辰日記
6
6
用箱日記
6
慶応四戊辰日記
7
7
慶応4.4.26
慶応4.4.25
7・8
7・8
7・8
7・8
8
=
8
明治3.6.4
明治3.6.4
7は別の『海舟日記』
実は6「用箱日記」
慶応3.10.22
慶応四戊辰日記
慶応4.5.15
（起筆…慶応3.10.22～4.1.29）

巻末3　勝海舟年譜

西暦	和暦				年齢	功績	交渉	その他	役職・地位	コメント	
1800	年号	年	月	日	(数え)						
1823	文政	6	1	30	1			生誕			
29		12			7				十二代将軍家慶五男初之丞学友		
31	天保	2			9			病犬に睾丸を噛まれ重傷			
40		11			18			剣術修業に専心、座禅開始		島田虎之助の内弟子	
43		14			21			蘭書学び始める			
47		4			25			蘭和辞書ヅーフ・ハルマ筆写		翌年完成	
50	嘉永	3			28			蘭学塾開く			
52		5			30			銃砲の鋳造			
53		6	7	12	31	**「海防意見書」**上申				△竹川竹斎『護国論』の模倣か	
55	安政	2	1	19	33				蕃書翻訳勤務		
			7					長崎海軍伝習			
57		4			35			長崎海軍伝習残留			
59		6	1	28	37				軍艦操練所教授方頭取		
60		7	1	13	38	**咸臨丸で渡米**(1.13品川出帆、5.6品川帰着)				×ほとんど船室で病臥	
	万延	元	6	24	38				蕃書調所教授方頭取助		2年
61	文久	元			39				講武所砲術師範役	**対馬事件交渉**　×ホラ	
62		2	7	4	40				軍艦操練所頭取		
			閏8	17					軍艦奉行並	10月坂本龍馬入門	
63		3	4	24	41	**神戸海軍操練所建設許可**				△短期間（10カ月）で廃止	
			12					将軍の海路上阪に従う			
64		4	2	9	42		**下関砲撃阻止交渉（①長崎派遣）**			×無駄骨	
	元治	元	5	14					軍艦奉行　安房守	5月神戸海軍操練所設置	
			8	14			**下関砲撃阻止交渉（②姫島到着）**			×空振り	
			9	11				西郷隆盛に会う（大阪）			
			11	2				帰府			3年2カ月
			11	10					軍艦奉行罷免、寄合	（1年7カ月）	
65		2	3	9	43					神戸海軍操練所廃止	
66	慶応	2	5	28	44				軍艦奉行再勤		
			6	26			**会薩調停**			×失敗　（4カ月）	
			9	2			**宮島会談**			×失敗	
			10	16				帰府			
67		3	5/10		45		教官調整(英蘭)/灯台設置(英仏米)			○成功　（1年3カ月）	
68		4	1	17	46				海軍奉行並		
			1	23					陸軍総裁		
			2	25					（軍事取扱）		
			3	13			**江戸嘆願**（①条件内容確認）				
			3	14			**江戸嘆願**（②条件緩和嘆願）			×失敗	
72	明治	5	5	10	50				海軍大輔	5.23赤坂氷川町に転居	
73		6	3	3	51		久光呼び戻しのため鹿児島派遣			○成功	
			10	25					参議兼海軍卿		
77		10	2	16	55		**西郷説得依頼**			×拒否	
87		20	5	9	65				伯爵		
88		21	4	30	66				枢密顧問官		
99		32	1	19	77			死去			

○成功　×失敗・成果なし　△どちらともいえない

網掛け部分は、勝が閑居していた時期（政権の中央から外されていた時期）。

巻末4　山岡鉄舟関係書

鉄舟の事績関係書は、次の四書である。

（1）『慶應戊辰三月駿府大總督府に於て西郷隆盛氏と談判筆記』（『談判筆記』と略す）（明治一五年三月）

（2）『慶應戊辰四月東叡山に屯集する彰義隊及諸隊を解散せしむべき上使として赴むき覚王院と論議の記』（『覚王院論議記』と略す）（明治一六年三月）

（3）『正宗鍛刀記』（明治一六年三月）

（4）『戊辰の変余が報国の端緒』（『報国の端緒』と略す）（明治二年八月）

なお、（1）『談判筆記』は、『明治戊辰山岡先生與西郷氏応接筆記』『西郷氏と応接之記』『両雄会心録』として刊行されているが、内容は同一である。

そしてこれらをまとめた書がいくつかある。

（ア）『戊辰解難録』（金田清左衛門編集、明治一七年六月）

（イ）『鉄舟居士の真面目』（『真面目』と略す）（全生庵住職・圓山牧田、大正七年六月）

（ウ）『鉄舟随感録』（安部正人、昭和一七年）

本書は、『鉄舟随筆』（明治三六年）、『鉄舟言行録』（明治四〇年）の復刻版である。

前記（ア）（イ）は（1）（2）（3）を含み、（ウ）はさらに（4）を含む。以上を一表にまとめると以下の通りである。

『戊辰解難録』	『談判筆記』＋『覚王院論議記』＋『正宗鍛刀記』
『真面目』	『談判筆記』＋『覚王院論議記』＋『正宗鍛刀記』
『鉄舟随感録』	『談判筆記』＋『覚王院論議記』＋『正宗鍛刀記』＋『報国の端緒』

○『戊辰解難録』＝『明治戊辰山岡先生與西郷氏応接筆記』
＝『西郷氏と応接之記』
＝『両雄会心録』
○『鉄舟随感録』＝『鉄舟随筆』＝『鉄舟言行録』

巻末5　山岡鉄舟年譜

西暦 1800	和暦 年号	年	月	日	年齢 (数え)	事　　項
36	天保	7	6	10	1	本所に小野朝右衛門４男（※）として生まれる
44	弘化	元			9	久須美閑適斎に真影流を学ぶ
45		2	8	24	10	小野朝右衛門　飛騨郡代に転任　高山到着
50	嘉永	3			15	書道の師・岩佐一亭より入木道５２世継承
						父の代参で伊勢神宮参拝　藤本鉄石に会う
51		4	9	25	16	母　病没
			12	5		父の招請で剣の師・井上清虎　高山に到着
52		5	閏 2	27	17	父　病没
			7	29		江戸帰着
55	安政	2			20	山岡静山に槍術を学ぶ、禅修行（願翁和尚）
			6	30		静山急死
						年末、山岡家の養子、英子と結婚
56		3			21	幕府講武所の剣術世話役となる
60	万延	元			25	清河八郎らと「虎尾の会」結成
61	文久	元	5	20	26	清河人を斬り逃亡
62		2	12	13	27	浪士取締役
63		3	2	8	28	**浪士組上洛**(3. 28帰府)
			4	13		清河暗殺
			4	15		御役御免・小普請入り、閉門蟄居
			11	15		江戸城火災　泥舟と共に警護に駆けつける
			12			閉門蟄居解除
64	元治	元			29	浅利又七郎義明に剣を学ぶ
66	慶応	2	9	23	31	「鉄舟」と号す
68		4	3	9	33	**駿府談判**　3. 13/14江戸嘆願
			4	11		江戸無血開城（4. 10慶喜より「来国俊」拝領）
69	明治	2	9	20	34	静岡藩権大参事
71		4	11	13	36	茨城県参事（〜12. 9）
			12	27		伊万里県権令（〜5. 2. 24）
72		5	6	15	37	**明治天皇侍従**（天皇２１歳）
73		6	5	5	38	皇居炎上　淀橋の邸より駆けつける
74		7	3	27	39	西郷説得のため九州に派遣
78		11	8	23	43	竹橋騒動　御座所守護　天皇刀所望
			11	4		天皇巡幸（鉄舟供奉）。静岡にて牧之原茶畑開墾の功に対し中條・大草に金一封下賜
80		13	3	30	45	**大悟**徹底（星定和尚）、滴水和尚より印可
						浅利と試合う。浅利より一刀流（中西派）継承
						無刀流開く
81		14	5	14	46	宮内少輔
82		15	3		47	**『談判筆記』**
			6	15		宮内省に辞表提出 6. 19宮内省御用掛 6. 25**免官**
						井上馨持参の勲章受け取らず
			10/11			家達より**「武蔵正宗」**拝領
83		16	2	11	48	**『正宗鍛刀記』**
						全生庵創建
			11	20		**春風館道場**開場式
85		18	3		50	小野業雄より一刀流（小野派）を相伝、瓶割刀を受く。以後**一刀正伝無刀流**を称す
			8	29		川施餓鬼（隅田川 僧侶1500名）西郷の塔婆最大
87		20	5	24	52	子爵に叙せられる
88		21	6	19	53	従三位
			7	19		座禅のまゝ大往生　勲二等

※　５男とする説もある。

巻末6　鉄舟生誕地（「すみだ」地域学研究家　松島茂氏）

山岡鉄舟は小野朝右衛門高福（六〇〇石）が御蔵奉行であった天保七年に生まれている。御蔵奉行が住むのは拝領屋敷ではなく役宅である。ただし、御蔵奉行は七名で、浅草御蔵に役宅が二軒、本所御蔵に五軒の役宅がある。「武鑑」には通常、拝領屋敷か役宅が示される。「武鑑」に本所御蔵の役宅を通常「本所御蔵屋敷」と示すのに対し、小野朝衛門のみ「向両国御蔵屋敷」としている例がある。両国の川向こうである本所蔵屋敷には、俗に四軒屋敷といわれる役宅と別に、伯耆守屋敷に隣接したもう一軒がある。この屋敷は、当初は本所御蔵奉行組頭の屋敷であり、後に組頭の役名が無くなってからは、石高の高いものの屋敷となった。つまり、御蔵奉行の中でもっとも石高の高い六〇〇石の小野朝右衛門の役宅は、この松平伯耆守屋敷に隣接する役宅とするのが当時の習わしでは妥当である。よって、この役宅こそ山岡鉄舟が生まれた屋敷といえる。現在は旧安田庭園の東南の角地の住宅辺りになる（墨田区横網一－一二）。反対側の旧安田庭園西北の角地には、武蔵正宗を所蔵する刀剣博物館がある。

【山岡鉄舟生誕地】

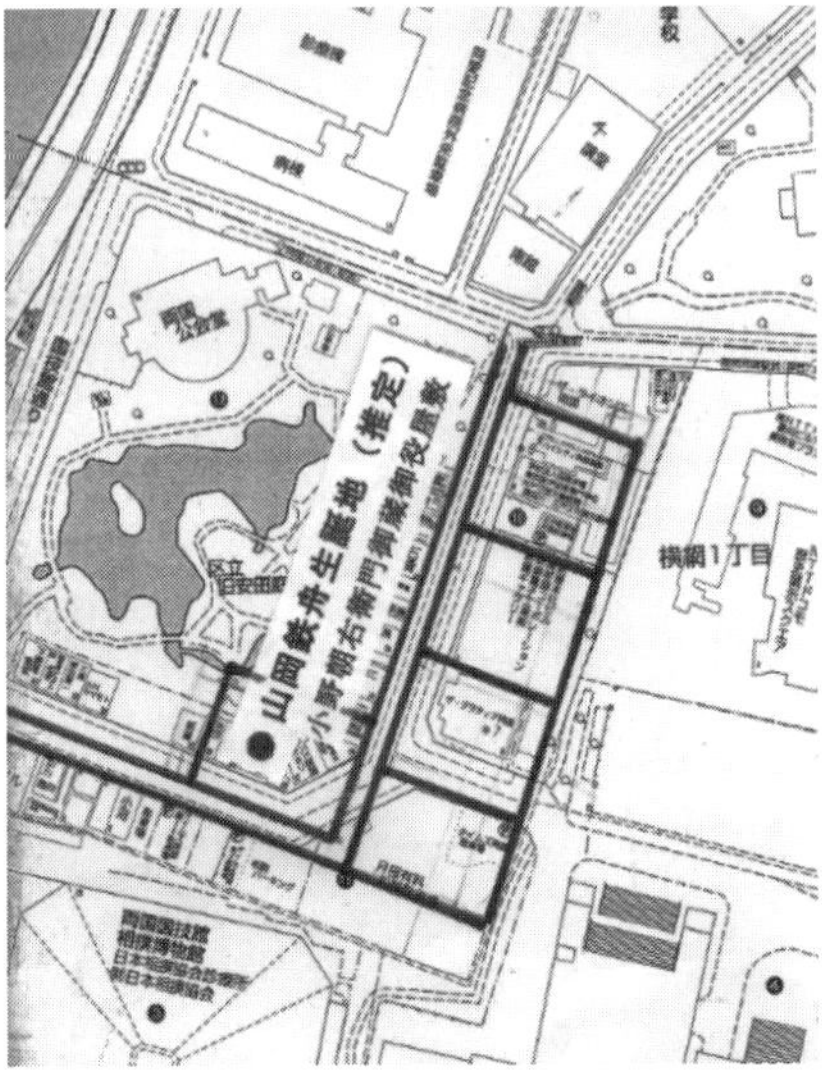

【刀剣博物館】

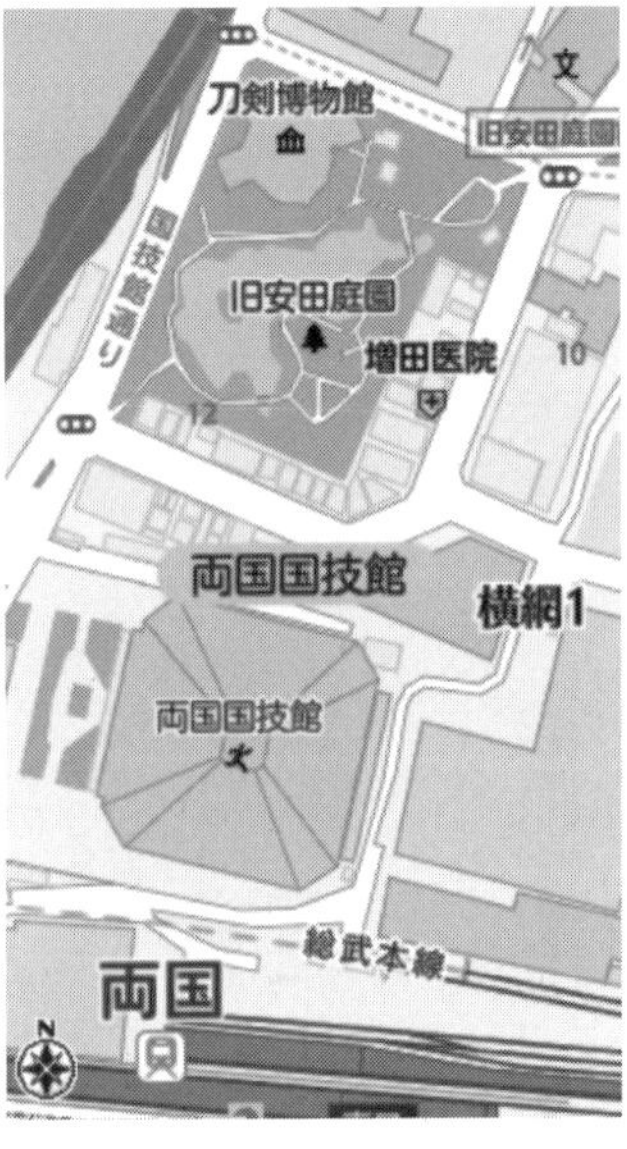

刀剣博物館は、旧安田庭園内の両国公会堂跡地に建設され、二〇一八年一月に移転した。

巻末7　主要人物の没年

明治　5　10　15　20　25　30　35　40　45　｜　大正　5　10　15

大村益次郎	(46)	2
木戸孝允	(45)	10
静寛院宮・和宮	(32)	10
西郷隆盛	**(50)**	10
大久保利通	(49)	11
岩倉具視	(59)	16
天璋院・篤姫	(48)	16
山岡鉄舟	**(53)**	21
大久保一翁	(71)	21
三条実美	(55)	24
松平容保	(58)	26
有栖川宮熾仁親王	(61)	28
後藤象二郎	(60)	30
陸奥宗光	(54)	30
勝 海 舟	**(77)**	32
黒田清隆	(61)	33
福沢諭吉	(67)	34
木村喜毅	(72)	34
高橋泥舟	**(69)**	36
榎本武揚	(73)	41
伊藤博文	(69)	42
明治天皇	(61)	45
徳川慶喜	(77)	2
井上馨	(80)	4
大隈重信	(85)	11
山県有朋	(85)	11

(　　) 内の数字は享年（数え年）　その後ろの数字は没年（和暦）

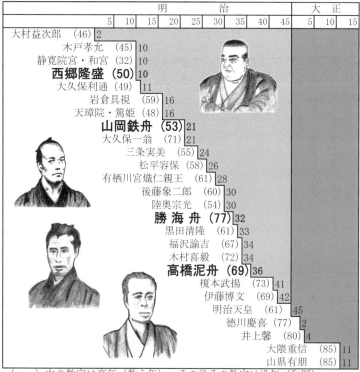

巻末8　筆者の「無血開城」に関連する著述

○「山岡鉄舟 最近の鉄舟研究あれこれ」（『VERDAD』二〇一六年六～九月、ベストブック）

英国公文書に基づく『一外交官の見た明治維新』（『サトウ回想録』）の分析。

○『英国公文書などで読み解く江戸無血開城の新事実』（山岡鉄舟研究会）（二〇一七年四月）

○「江戸無血開城の新事実―英国公文書などで読み解く」（『経友』一九九号、二〇一七年一〇月　東京大学経友会）

○「『江戸無血開城』の「俗説」」（学士会報　第九三一号、二〇一八年七月）

○『勝海舟の罠』（二〇一八年四月、毎日ワンズ）

○「江戸無血開城は勝海舟の功績というのは『俗説』」（『幕末維新の真実』第6章）、二〇一八年九月、廣済堂出版）

○「西郷―鉄舟、理と情の〝江戸無血開城の真実〟」（『先見経済』、二〇一八年一〇月）

水野 靖夫（みずの やすお）

1943年　東京に生まれる。
1966年　東京大学経済学部卒業。
　　　　三和銀行（現三菱ＵＦＪ銀行）入行。
　　　　ニューヨーク、ブエノスアイレスの駐在を含め、
　　　　主に国際部門に勤務。
2003年　退職後は、漢字・歴史の研究・執筆・講演活動に従事。
（著書）
「漢字の力」の鍛えかた（三笠書房）1997年
微妙な日本語使い分け字典（ＰＨＰ研究所）2003年
なぜか書けないやさしい漢字（アルク）2003年
微妙な日本語使い分けドリル（ＰＨＰ研究所）2004年
ビジネス国語の常識問題（ＰＨＰ研究所）2004年
Ｑ＆Ａ近現代史の必須知識（ＰＨＰ研究所）2006年
意外と書けないよく見る漢字（ＰＨＰ研究所）2008年
「広辞苑」の罠（祥伝社）2013年
勝海舟の罠（毎日ワンズ）2018年

定説の検証
「江戸無血開城」の真実
西郷隆盛と幕末の三舟　山岡鉄舟・勝海舟・高橋泥舟
2021年6月30日　初版第１刷発行

著　者　水野靖夫
発行者　谷村勇輔
発行所　ブイツーソリューション
〒466-0848 名古屋市昭和区長戸町4-40
TEL：052-799-7391 / FAX：052-799-7984
発売元　星雲社（共同出版社・流通責任出版社）
〒112-0005 東京都文京区水道1-3-30
TEL：03-3868-3275 / FAX：03-3868-6588
印刷所　モリモト印刷

万一、落丁乱丁のある場合は送料当社負担でお取替えいたします。
ブイツーソリューション宛にお送りください。
　ISBN978-4-434-28495-3